LES

IGNORANCES DE MADELEINE

CORBEIL. — TYP. ET STÉR. CRÉTÉ

Chap. XIII.

VOYEZ, MES ENFANTS, RIEN N'EST PLUS FACILE QUE DE SE TROMPER
AVEC CES CHAMPIGNONS.

LES
IGNORANCES
DE MADELEINE

PAR

Mlle EMILIE CARPENTIER

OFFICIER D'ACADÉMIE

PARIS
LIBRAIRIE THÉODORE LEFÈVRE ET Cie
2, RUE DES POITEVINS

LES
IGNORANCES DE MADELEINE

CHAPITRE PREMIER

UNE MAUVAISE NOUVELLE.

M. de Mussy était à table, entouré de sa femme et de ses trois enfants, pour le repas du soir. On était à la fin de février, le temps était relativement doux, et une longue promenade au bois avait aiguisé tous les appétits. On s'était bien amusé, chacun des enfants racontait ses impressions, et le père promenait autour de lui un regard de complaisance. Maxime entrait dans sa quatorzième année ; c'était un bon écolier faisant ses études au lycée Louis-le-Grand où il était externe. Observateur calme, réfléchi, il aimait à connaître la raison des choses ; sa passion était la lecture, et il ne reculait pas devant un livre sérieux. Le trait saillant de son caractère était une tendance très marquée à la raillerie, et son humeur frondeuse s'exerçait surtout aux dépens de sa sœur Madeleine. Cette dernière, plus jeune que son frère d'une année, était une jolie blondine aux yeux noirs, très grande pour son âge : cette croissance avait dû la fatiguer et expliquait ses allures nonchalantes et un peu indifférentes. Indifférente, elle l'était, mais, entendons-nous, pour l'étude seulement. Les jeux, les visites, les promenades en voiture, les fêtes d'enfants avaient le don de la faire sortir de son apathie, et elle apportait au plaisir une vivacité et un entrain qui la métamorphosaient. Elle était donc, quoique très bonne enfant au fond, ignorante, coquette et paresseuse. M. de Mussy, que son poste au ministère des finances tenait éloigné de la maison pendant la journée, ne souffrait pas qu'on grondât Madeleine devant lui, et l'heure du retour du père était le signal très apprécié de la clôture des études. Assez sévère pour son fils, il ne demandait à ses filles que d'être gaies et bien portantes. Laure, la dernière née — elle n'avait que sept ans — était la joie de la maison. Toujours contente, aimant et caressant tout le monde, elle ne prenait pas garde aux moqueries de Maxime ni aux jérémiades de Madeleine, et courait sans cesse, à travers la maison, cherchant à voir tout, se glissant partout, bavardant, riant, sautant, chantant et méritant, on ne peut mieux, le surnom de Furet que lui avait donné son frère. Madame de Mussy, d'une santé délicate et surmenée par les soins de l'intérieur auxquels venaient s'ajouter les mille et une agitations de la vie parisienne, était assez faible pour ses enfants. Elle désirait pourtant faire de ses filles des femmes éclairées et instruites, mais tous ses projets étaient sans cesse entravés et elle se désolait sans résultat.

— « Le bois était beau, tout plein de soleil, disait Maxime ; j'ai vu des petites fleurs bleues dans le gazon déjà haut.

— Allons, voilà Maxime qui va nous faire un cours sur les herbes, dit Madeleine ; c'est pourtant assez ennuyeux. Moi, j'ai regardé les voitures et les dames en belle toilette qui étaient dedans ; c'est bien plus amusant. J'ai vu un équipage avec trois laquais, en habit blanc galonné, montés derrière. Maman croit que c'est la voiture de l'ambassadrice d'Autruche.

— D'Autruche ! Qu'est-ce que tu nous dis là ? fit Maxime vexé du mépris que sa sœur manifestait pour ses fleurs bleues.

— J'ai dit d'Autriche, papa m'a entendu.

— Oui, ma chérie, fit M. de Mussy en passant un quartier d'orange glacé à sa favorite.

— Oh ! Autruche ou Autriche, cela est bien égal à Madeleine ; va, père, je parie qu'elle ne saurait pas dire la différence qui existe entre ces deux mots.

M. de Mussy ouvrait la bouche pour réprimander son fils, quand le timbre de la porte retentit, et, presque aussitôt, un domestique entra dans la salle à manger, porteur d'une dépêche qu'il présenta à son maître. Celui-ci la regarda dessus, dessous, et dit, non sans inquiétude :

— C'est de mon frère Didier, de la Martinique ; pourquoi donc m'envoie-t-il une dépêche ?

Mais à peine eut-il ouvert le papier, qu'une pâleur livide couvrit son visage ; il se laissa tomber sur sa chaise et murmura à sa femme, d'une voix étouffée :

— Emmène les enfants, et reviens vite.

Madame de Mussy, aussi troublée que son mari, éloigna Maxime et ses sœurs de la salle à manger, puis y revint en hâte.

— Lis, lui dit son mari, le visage inondé de larmes, et en lui tendant la dépêche.

« La Martinique, Saint-Pierre, 25 février 1875.

« Votre frère Didier de Mussy dangereusement blessé. Nègres révoltés dans la plantation. Didier vous supplie de venir sans retard. Mes enfants et moi vous en prions aussi. Louise de Mussy. »

— Cette pauvre Louise ! dit madame de Mussy dont le bon cœur était profondément touché par le malheur qui fondait sur les siens. Ce malheureux Didier ! Il faut leur répondre aussitôt, mon ami ; les dépêches pour l'étranger partent-elles encore à cette heure ?

— Il ne s'agit pas de dépêches, ma chère femme, dit M. de Mussy, ou du moins, celle que je vais envoyer sera pour annoncer mon départ.

Et comme madame de Mussy faisait un geste pour protester, il continua :

— Je ne me pardonnerais pas une hésitation ; mon frère est malheureux, les siens en danger, il m'appelle, j'y vais.

Deux larmes roulèrent sur les joues de madame de Mussy, mais elle ne répliqua rien : elle connaissait assez son mari pour savoir combien toute prière pour le retenir serait inutile quand il s'agissait de son frère unique et bien-aimé.

— On ne dira rien aux enfants, ce soir, dit-il en prenant affectueusement la main de sa femme. Je vais envoyer Julien à l'agence de navigation la plus voisine pour me renseigner sur le prochain départ pour les Antilles. Nous conviendrons ensuite ensemble des mesures à prendre pendant mon absence, qui peut se prolonger pendant plusieurs mois.

On était le 27 février, et le départ du premier transatlantique, en destination pour Buenos-Ayres, avec escale sur la Martinique, s'effectuait le 2 mars. Il n'y avait pas de temps à perdre. M. de Mussy consacra la journée suivante à ses affaires. Il avait dû aller solliciter un congé illimité de son ministre et régler les choses afin d'enlever à madame de Mussy toute préoccupation et tout souci. Il la voyait bien assez inquiète, malgré les préparatifs qu'un si prompt départ l'obligeait de surveiller. La journée du 1er mars fut réservée pour être passée en famille. Les enfants, instruits du grand voyage qu'allait entreprendre leur père, quoique ignorants des tristes circonstances qui l'avaient motivé, se pressaient autour de lui avec les allures inquiètes des moutons qui voient partir le berger.

Maxime était sérieux ; il écoutait, avec la volonté ferme de les suivre, les recommandations que lui adressait M. de Mussy, concernant ses études.

Madeleine ne quittait son père des yeux que pour les reporter vers sa mère : elle devinait que quelque chose de grave se cachait sous les paroles pleines de réticence par lesquelles lui avaient répondu ses parents. La petite Laure seule échappait au malaise général, et courait de l'un à l'autre porter ses sourires ou ses baisers. Elle donnait des commissions à son papa ; Maxime lui avait appris bien des choses extraordinaires sur le pays de son oncle Didier ; elle avait surtout envie de ces petits oiseaux qui ne sont pas plus gros que des mouches, et d'un petit homme noir pareil à celui qui jouait si bien de la flûte à l'exposition, mais celui-là serait vivant. M. de Mussy promettait tout, comme bien on pense. Il savourait ces instants passés au milieu des siens, avant un si périlleux et si lointain voyage. Le bruit d'une voiture s'arrêtant devant la porte fut signalé par Laure.

— C'est une visite ! dit Madeleine d'un ton ennuyé.

— Je ne reçois pas aujourd'hui, dit madame de Mussy en souriant à son mari. Cette journée n'est qu'à nous et bien à nous. La consigne est donnée.

Cependant on entendait un bruit de voix, l'une vibrante et élevée, l'autre plus basse et plus humble.

— Que se passe-t-il donc? demanda madame de Mussy contrariée à la pensée qu'un étranger pouvait venir troubler leur douce réunion.

La réponse ne se fit pas attendre ; elle vint d'elle-même sous la forme d'un grand vieillard encore très vert, et dont la physionomie intelligente et spirituelle séduisait à première vue.

— L'oncle Saint-Elme ! dirent les trois voix des enfants avec une intonation joyeuse.

— Mais oui, c'est moi, dit le nouveau venu en embrassant madame de Mussy et en secouant cordialement les deux mains de son neveu. A-t-on jamais vu être plus borné que votre valet ; il me parlait de consigne, comme si la consigne me regardait jamais chez mes enfants, et il enveloppa toute la famille dans son clair et affectueux regard.

— Jamais ! cher oncle, dit M. de Mussy, puisque vous voilà, vous allez partager nos inquiétudes et nos tristesses.

Et en quelques mots, M. Saint-Elme de Louvres — c'était le nom de l'oncle — fut mis au courant de la situation.

— Diable ! diable ! disait-il en tiraillant par un geste qui lui était familier sa longue barbiche grise, il ne va peut-être pas faire bon pour toi, là-bas, mon cher Paul ; et se reprenant, sur un regard de son neveu : Je veux dire que tu vas arriver pour la saison brûlante.

— C'est encore préférable à la saison des pluies, reprit M. de Mussy.

— C'est possible. Tous ces parages me sont bien connus, continua l'oncle Saint-Elme, et je puis t'en parler savamment.

— C'est cela, mon cher oncle, nous allons en causer, en attendant le dîner, car vous nous restez.

— Toujours, mon ami. Je suis venu, comme tous les ans, à l'approche du printemps, faire mon tour chez vos horticulteurs de Paris, et j'ai trouvé une foule de plantes nouvelles qui vont faire de mes serres les plus jolies de la Normandie.

Pendant le dîner, M. de Louvres s'arrêta tout à coup de savourer une succulente tranche de gigot, et dit à brûle-pourpoint :

— Savez-vous quelle bonne idée me vient ?

— Mais, mon oncle, je crois qu'il ne vous en vient que de bonnes.

— Merci, mon cher Paul. Voici ce que je me disais : la famille de mon neveu a toujours vécu très unie ; je suis sûr qu'une séparation, quelque courte qu'elle soit, va désorganiser toute la couvée. Un peu de distraction lui ferait grand bien. Or, voici le printemps qui commence à montrer le bout de son aile ; la campagne va être dans toute sa beauté ; ma maison est grande ; je la leur ouvre à deux battants.

— Ah ! mon cher oncle, dit M. de Mussy, soyez remercié pour cette bonne pensée, et son regard interrogea sa femme.

— Certainement, reprit-elle, que si nous ne vous gênions pas, mon oncle, nous serons très heureux de votre invitation.

— Oui ! oui ! dirent Maxime et Laure, frappant des mains. Madeleine seule n'avait rien dit : elle détestait la campagne où, comme elle disait, il n'y avait que du vert.

— L'offre est tentante, assurément, dit M. de Mussy après avoir examiné les physionomies autour de lui ; le plus grand, je dirai le seul obstacle que j'y vois, est causé par Maxime qui, au milieu d'une année, ne peut interrompre ses études.

— En combien est-il, demanda l'oncle Saint-Elme.

— En troisième, mon oncle, reprit Maxime.

— Et tu as quatorze ans.

— Mais, de mon temps, tu aurais été en avance d'un an au moins. D'abord, à la rigueur, mon cher Paul, tu sais que je me sens encore très capable de diriger ton fils. Enfin, comme moyen terme, nous sommes à une demi-heure de Rouen, et Maxime pourra suivre les cours de notre excellent collège.

— Eh bien, mon oncle, tout bien considéré, j'accepte votre offre généreuse, et je vous confie ma petite famille.

— Merci, Paul ; je t'assure que tu ne te repentiras pas, et qu'un air pur colorera plus richement ces petites joues pâlies de Parisiennes. Elles ont besoin d'oxygène.

— Qu'est-ce que cette *eau*-là, oncle Saint-Elme, dit Madeleine avec la petite moue que lui faisait faire l'idée seule de la campagne.

— Oh ! c'est trop fort, dit Maxime ; que va-t-elle imaginer là ? Elle ne connaît même pas les gaz qui composent l'air que nous respirons.

— Eh bien, nous le lui apprendrons, dit gaiement M. de Louvres ; et rassure-toi, ma mignonne, ce ne sera pas en t'enfermant dans une chambre, devant un livre à l'écriture fine et serrée ; ce sera devant le plus gai et le plus beau des livres, celui qu'on lit au soleil, en courant, en respirant à pleins poumons, et qui renferme les plus belles images.

— Lequel, cher oncle, dit Madeleine encore toute rouge de l'apostrophe peu courtoise que lui avait si délibérément lancée Maxime.

— Le livre de la nature, ma mignonne, et nous tâcherons d'y lire un peu ensemble. On apprend beaucoup par les yeux.

— Plus j'y pense, mon cher oncle, et plus je trouve votre idée excellente, répéta M. de Mussy. Je vais partir plus tranquille, d'abord, en laissant les miens en si bonnes mains, et puis, j'ai idée que mes enfants tireront un grand avantage de vivre quelque temps avec un esprit si ingénieux et une intelligence si cultivée que les vôtres.

M. de Louvres sourit ; il le pensait aussi.

Les préparatifs que nécessita le voyage si rapidement improvisé de madame de Mussy et de ses enfants firent une heureuse diversion au chagrin que causa le départ du père. On ne s'était jamais quitté, et l'Amérique, c'était si loin ! L'oncle Saint-Elme fit tout ce qu'il put pour rassurer, consoler et distraire la petite famille qui pendant quelque temps allait devenir la sienne.

M. de Mussy était parti le 2 mars, de la gare Montparnasse, pour Saint-Nazaire. Le lendemain, sa femme et ses enfants, accompagnés de leur oncle, prenaient place dans un compartiment de première classe, à la gare Saint-Lazare, ligne de Dieppe.

CHAPITRE II

UN DROLE DE CHEVAL.

Départ pour la Normandie. — Le chemin de fer. — Papin, sa marmite et ses malheurs. — Les anciennes diligences. — Les trombes.

— Mes enfants, dit M. de Louvres à ses neveux, je vous prie de me considérer comme étant tout à votre disposition, et de me demander tout ce qui vous passera par la tête, je serai toujours prêt à répondre à vos questions.

— Ah! bien, mon oncle, vous en entendrez de drôles, si Madeleine daigne sortir de son indolence pour vous en adresser.

— Maxime! dit madame de Mussy d'un air de reproche. Le sifflet du départ retentit en cet instant et, pour un moment, suspendit toute conversation. La machine souffla plusieurs fois, le train s'ébranla, partit d'une allure calme d'abord, puis accéléra son mouvement, jusqu'à ce qu'il eût atteint le degré de vitesse dans lequel il devait se maintenir.

— Dans deux heures nous serons à Rouen, dit l'oncle Saint-Elme. Quand j'étais enfant et que mon père m'emmenait à Paris, nous partions à six heures du soir et nous arrivions le lendemain à midi.

— Vous aviez donc de bien mauvais chevaux, oncle, dit Laure en détournant la tête du coin où elle s'était blottie pour mieux voir tout ce qui allait défiler devant elle.

— Mais non, petite, c'étaient au contraire de fameuses bêtes, bien nourries et robustes; elles allaient d'un joli trot.

— Pendant tout le trajet? demanda Maxime.

— Quelle distance crois-tu d'abord qu'il y ait de Paris à Rouen?

— Je ne sais pas, dit le collégien en rougissant; combien? trente lieues peut-être?

— Il y en a quarante.

— Ah! ah! monsieur le savant, dit Madeleine enchantée, vous avez donc oublié votre géographie!

UNE JOLIE PETITE CHARRETTE ANGLAISE ATTENDAIT NOS VOYAGEURS
A LA GARE DE MONVILLE.

M. de Louvres. — Tu penses bien que ce n'étaient pas les mêmes chevaux qui faisaient toute la route. Il y avait des relais de quatre lieues en quatre lieues.

Maxime. — Seize heures pour faire quarante lieues, c'était bien long.

L'oncle Saint-Elme. — Cela ne fait pas tout à fait quatre lieues à l'heure. Qu'aurais-tu dit, si tu avais vécu au dix-septième siècle, au temps du roi Louis XIV ; on mettait alors plusieurs jours pour aller à Rouen, et les routes étaient si peu sûres qu'un bon chrétien, avant de partir pour un voyage qui nous semble aujourd'hui bien court, faisait souvent son testament.

Madame de Mussy, tressaillant. — C'est que les voyages, plus que tous les événements de la vie commune, nous cachent l'inconnu. On se quitte, sait-on quand l'on se reverra !

L'oncle Saint-Elme. — Les voyages n'offrent pas plus de dangers réels, — à en excepter quelques expéditions aventureuses — que la vie ordinaire. N'est-on pas du soir au matin et du matin au soir, sous le coup d'accidents, de maladies, de catastrophes qui peuvent nous atteindre sans sortir de chez nous? Avec ces pensées, on ne vivrait pas ; et nous sommes sur la terre pour vivre et bien vivre. Acquérons donc la somme de connaissances qui, en éclairant notre esprit, nous fait la vie plus facile, plus sûre, mieux entendue, et confions-nous, avant tout, à Dieu.

Madame de Mussy approuva son oncle du regard.

Laure. — Tiens, je vois une grande pompe avec beaucoup d'eau ; qu'est-ce qu'on va faire de cela?

Maxime. — C'est pour donner à boire au grand cheval qui nous conduit.

Laure. — Tu veux rire, Maxime. J'ai été bien souvent en chemin de fer, je n'ai jamais vu de cheval pour le traîner.

En ce moment, un train venant en sens inverse croisa avec la rapidité de la foudre celui qui emportait les enfants. « Hou ! » fit Laure en se renfonçant avec un sentiment involontaire d'effroi.

Madame de Mussy, souriant. — Qu'en dis-tu, Laurette, ne voilà-t-il pas en effet un cheval qui court bien !

Laure. — Mais non, maman, ce n'est pas un cheval, il se nourrirait de quoi alors?

M. Saint-Elme. — Il se nourrit de charbon et d'eau, il a une respiration formidable, tu entends bien; pschu! pschu! et il jette du feu et de la fumée par ses naseaux; c'est tout à fait une bête de l'Apocalypse.

Madeleine. — Voilà mon oncle qui fait comme Maxime, il se moque de nous. Dites-nous plutôt comment cette grosse machine nous emporte? Est-ce que c'est la fumée qui, en sortant par le grand tuyau, entraîne les wagons?

Maxime, riant. — De la fumée qui nous emporterait; il faudrait que nous ne pesions pas plus que des plumes; ah! Madeleine, tu ne comprendras donc jamais que les contes de fées?

M. Saint-Elme. — Madeleine a en effet commis une erreur, mais je lui sais gré de l'avoir dite, d'abord parce que je puis lui en prouver la fausseté, ensuite parce que, avant de la dire, elle a pensé, elle a réfléchi. Se tromper n'est pas un crime, mon petit neveu. Écoutez-moi donc, je vais tâcher de me rendre aussi intelligible que possible. Vers la fin du dix-septième siècle, il y avait dans la ville de Blois un médecin nommé Denis Papin, qui était très observateur et très savant. Il pensa le premier que la vapeur d'eau pouvait être employée comme une force capable de mettre en mouvement d'énormes masses. D'abord, et j'aurais dû commencer par là, qui de vous trois a vu bouillir de l'eau?

— Moi! moi! moi! dirent les enfants en chœur.

M. Saint-Elme. — Et qu'avez-vous remarqué?

Laure. — Que ça faisait du bruit.

M. Saint-Elme. — Oui; et toi, Madeleine!... et toi, Maxime?

Maxime. — Que lorsque l'eau avait bouilli longtemps, elle faisait sauter le couvercle.

M. Saint-Elme. — Excellente observation qui nous prouve qu'elle a de la force. Et ensuite?

Madeleine. — Je me souviens qu'une fois, Mariette, la femme de chambre, avait mis pour notre toilette de l'eau plein une grande bouilloire, on avait entendu l'eau bouillir très longtemps, et quand elle a retiré le vase du feu, il n'y avait plus une goutte d'eau.

M. Saint-Elme. — Cette observation-là vaut celle de Maxime; et je te demanderai, mignonne, qu'est-ce qu'était devenue l'eau?

Madeleine. — Ah! ça, je ne le sais pas.

Maxime. — Elle était partie dans l'air de la chambre, où elle s'était répandue.

M. Saint-Elme. — Retenez donc ceci : quand on chauffe de l'eau très fort, elle devient de la vapeur ; or, la vapeur a l'esprit contrariant; quand on la tient enfermée dans un vase clos, elle veut s'échapper, et, pour en arriver là, elle presse fortement contre les parois du vase qui la retient captive. Si elle trouve une issue, elle s'échappe en sifflant d'un air vainqueur, et se répand en tous sens, de façon qu'il est à peu près impossible de dire quel est son volume. Supposez que vous prenez une bombe en fonte très grosse et très forte, vous l'emplissez d'eau, vous la bouchez hermétiquement, et vous la posez sur un feu ardent : qu'arrivera-t-il?

Laure. — L'eau ne sera pas contente, parce qu'elle ne pourra pas se sauver.

M. Saint-Elme. — Elle se sauvera, mais pour en arriver là, elle brisera la bombe en mille pièces qui seront lancées en tous sens.

Maxime. — Et gare là-dessous, alors!

Madeleine. — Mais c'est très dangereux cette vapeur, mon oncle; je voudrais déjà être arrivée, car d'après ce que vous nous dites, je vois bien que c'est elle qui nous fait marcher.

M. Saint-Elme. — Voilà justement ce qui est admirable; c'est que l'homme a trouvé le moyen d'employer cette force en la dirigeant avec art. Je vous ai dit que Denis Papin, le premier, démontra que l'on pouvait tirer parti de cette force expansive du fluide. Il faut trois choses pour la production de la vapeur d'eau : du feu, de l'eau, une chaudière. Papin construisit un vase en fonte; il le remplit aux deux tiers d'eau, le boucha d'un couvercle vissé, auquel il avait adapté une soupape de sûreté, et il le mit sur un feu ardent; au bout d'un certain temps, il ouvrit un petit robinet, et la vapeur, s'échappant avec un bruit assourdissant, s'élança à plusieurs mètres de hauteur. Cet appareil se nomme la marmite de **Papin**.

Maxime. — Tenez, mon oncle; voyez donc comme le vent en chasse de notre côté; tenez, ce gros nuage.

M. Saint-Elme. — La vapeur est invisible : ce que tu vois c'est du brouillard qu'elle produit en se refroidissant à l'air.

Madeleine. — Mais, mon oncle, je ne vois pas du tout comment cette marmite peut faire marcher le chemin de fer.

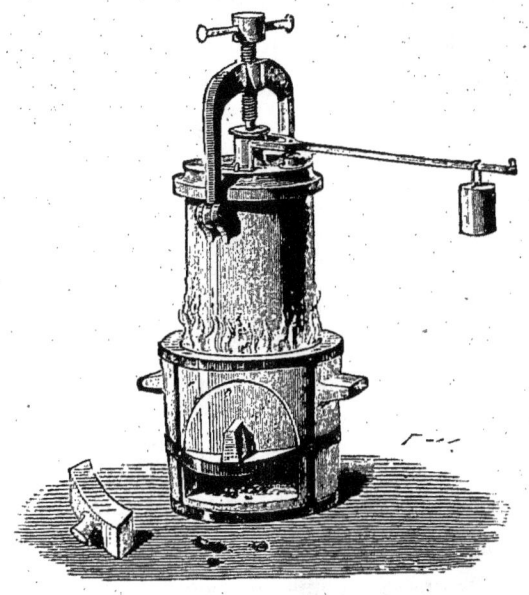

La marmite de Papin.

Maxime. — Oh! cela va devenir plus difficile, et je suis sûr que tu n'y comprendras rien.

M. Saint-Elme. — Approchez-vous de moi tous deux, car j'aperçois Laurette qui s'est endormie; je vais, en m'aidant du dessin, achever de vous faire comprendre. Papin fit communiquer avec la vapeur que produisait sa marmite un grand tube ou cylindre comme celui-ci, dans lequel paraît glisser aisément un piston. La vapeur entrait par le canal V et poussait en haut le piston B; en même temps il faisait refroidir l'extérieur du cylindre de façon que la vapeur condensée redescendait et laissait un vide que venait occuper le piston; il avait ainsi repris sa façon première, et un nouveau jet envoyé de la marmite le faisait remonter. La vapeur, en le faisant ainsi monter et descendre alternativement, produisait deux mouvements contraires et réguliers. La première machine à vapeur était inventée.

Madeleine. — Mais, mon oncle, et le chemin de...

Maxime. — N'interromps donc pas. J'ai parfaitement compris.

M. Saint-Elme. — Pour en finir avec ce pauvre et illustre Papin, je vous dirai qu'exilé comme protestant, lors de la révocation de l'édit de Nantes, il porta son invention à l'étranger. Mal secondé en Angleterre, il passa en Allemagne, et installa sa machine à vapeur sur un bateau muni de roues qu'il fit fonctionner sur la Fulde, une rivière qui se jette dans le Weser; mais, au moment d'entrer dans ce

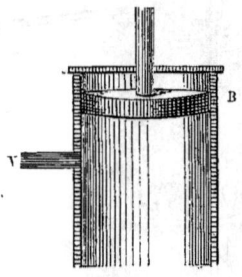

Cylindre et piston.

fleuve, les bateliers lui en barrèrent l'entrée et mirent en pièces le bateau, pour la construction duquel il avait employé ses plus importantes ressources. Depuis ce temps, il mena une vie fort triste et mourut dans la misère.

Madeleine. — Quels méchants que ces bateliers! ne les a-t-on pas punis?

L'oncle Saint-Elme. — Ils étaient ignorants, et la crainte de voir dans Papin un rival qui leur aurait fait du tort les a rendus criminels. Maintenant, me voilà tout au chemin de fer de Madeleine.

On arrivait à Oissel, où le train eut un arrêt de quelques minutes. M. de Louvres les mit à profit.

Voyez, dit-il à ses neveux, cette grande locomotive de cuivre, en face de nous, et suivez-moi, nous allons reconnaître toutes les parties dont nous avons parlé. D'abord, voici le foyer à l'arrière, où le chauffeur jette en ce moment des briquettes de charbon de terre; puis la chaudière dans laquelle la vapeur se forme; elle rencontre des deux côtés de la cheminée, vers le bas, un tuyau qui la conduit dans un cylindre muni d'un piston et tout à fait semblable à celui de Papin; elle pousse le piston en arrière, ce piston pousse à son tour ce morceau de fer qui ressemble à un bras et qui prend la roue;

Papin et les bateliers du Weser.

le mouvement est donné, la roue tourne, la locomotive marche et entraîne tous les wagons.

Maxime. — En vérité, mon oncle, ce n'est pas plus difficile que cela!

M. Saint-Elme. — Je suis heureux que tu trouves la chose simple, cela prouve que tu m'as compris. Mais ce sont souvent les choses les plus simples dont on s'avise le moins, ainsi on a passé dix-sept siècles en laissant perdre une force qui aurait pu être utilisée.

Madeleine. — Vous ne nous avez pas dit à quoi servait la cheminée.

M. Saint-Elme. — Comme toutes les cheminées, à laisser passer la fumée, et en plus, une partie de la vapeur; la vapeur entrée dans les deux cylindres, qu'on appelle tiroirs et qui sont, je le répète, de chaque côté des roues, s'échappe par en bas.

Madeleine. — Oh! oncle Saint-Elme, voyez donc, la grosse locomotive jaune se met en marche. Les roues tournent; oui, je vois le grand bras qui les pousse, et je distingue parfaitement la tige de fer qui sort des tiroirs; bon, la voilà qui rentre. Alors, c'est la vapeur qui la pousse; un, deux! un, deux! j'ai compris, j'ai compris!

M. de Louvres se frotta les mains, et madame de Mussy, qui avait suivi la leçon avec un intérêt véritable, embrassa Madeleine, heureuse de la voir témoigner un zèle scientifique si peu habituel chez elle.

Le train se remit en marche, et, après un court arrêt à Rouen, on arrivait à la gare de Monville où la jolie charrette anglaise de l'oncle Saint-Elme attendait les voyageurs. Le cocher fut laissé à la gare pour veiller aux bagages, et M. de Louvres, après avoir confortablement installé sa famille, prit lui-même les rênes; il encouragea de la voix la jolie jument qui hennissait de joie en le retrouvant, et la voiture partit au trot.

Le temps était superbe, le soleil, qui s'était mis de la fête, éclairait le délicieux pays normand. De beaux pâturages où paissaient gravement de robustes bestiaux, de petits ruisseaux bordés de peupliers courant à travers les prés, couverts de pommiers; au loin, la masse noire que formait le bois de Clères, se découpant sur le ciel bleu; des paysans croisant la voiture et saluant avec bonhomie, tout cela formait un ensemble charmant qui plaisait au premier coup d'œil. Les jeunes de Mussy ressentaient la gaie influence de cet aimable paysage et témoignaient leur joie. « A la bonne heure! disait Madeleine, ce n'est pas comme au bois de Boulogne, où les allées sont alignées, les chemins bordés de barrières, et où l'on marche sur du sable; ici, c'est joli, il y a beaucoup de routes imprévues, et quoique je n'aime pas l'herbe, il me semble que j'aimerai beaucoup à me promener dans ces jolis sentiers.

L'ONCLE SAINT-ELME. — Vous trouvez ce pays riant et gai, mes amis, et vous avez raison ; mais un jour, cette belle campagne a été terriblement dévastée, et certes, avec son ciel noir et menaçant, ses arbres renversés, son herbe tordue, vous ne l'auriez point reconnue.

MADAME DE MUSSY. — Et qu'est-ce qui avait produit ces ravages? un orage sans doute?

M. SAINT-ELME. — Pire qu'un orage!

LAURE. — Pire qu'un orage ! qu'est-ce que cela pouvait donc être? Je trouve que rien n'est plus effrayant que le tonnerre, et dès qu'il commence à rouler, je cours me cacher la tête sur les genoux de maman.

M. SAINT-ELME. — Oui, pire qu'un orage, mignonne; un de ces phénomènes terribles qu'on nomme une trombe.

LAURE. — Une trompe, vous voulez dire, oncle Saint-Elme?

MADAME DE MUSSY. — Eh bien, Laurette, depuis quand les enfants prétendent-ils savoir mieux que les grandes personnes?

M. SAINT-ELME. — Une trombe, j'ai bien dit. L'air est comme la vapeur, il a une force extraordinaire, et il devient la cause de terribles catastrophes.

MADELEINE. — Mais sans air nous ne pourrions vivre, pourtant.

M. SAINT-ELME. — C'est évident ; je répète qu'il a une plus grande force encore que la vapeur, je n'en veux pour preuve que ces ouragans terribles qui éclatent dans les pays chauds et que j'ai été à même d'observer lorsque j'étais dans la marine. Le vent a une vitesse de 40 mètres par seconde, et alors il renverse les arbres, brise les voitures, désempare les vaisseaux et rase les maisons. Or, qu'est-ce que le vent, sinon l'air mis en mouvement?

Et M. de Louvres se mit à éventer ses petites-nièces avec la main.

Qu'est-ce que je fais? je remue l'air et il bouge.

Le 19 août 1845, vers une heure de l'après-midi et par une chaleur accablante, des pêcheurs de Rouen remarquèrent un nuage noir et menaçant qui se formait sur la Seine; ils furent très étonnés de le voir s'allonger vers la terre comme un long tube, noir à sa partie supérieure, rouge à sa partie inférieure, qui allait toujours en s'amincissant et finit par raser les eaux du fleuve, qui se mirent à bouillonner en cet endroit. Bientôt le tube, ou plutôt le cône, qui avait un diamètre de 8 à 10 mètres, après avoir suivi les hautes falaises, s'élança dans la vallée que nous suivons, et la parcourut en tournoyant sur lui-même avec une vitesse effrayante.

Maxime. — J'aurais voulu voir ce phénomène qui n'est pas commun.

Madame de Mussy. — Dieu te préserve d'assister à de si terribles spectacles, mon pauvre enfant ! Je me souviens parfaitement de ce que vous dites là, mon oncle : c'était la trombe de Monville.

M. Saint-Elme. — Trombe est en effet le nom que l'on donne à ce météore. Celui dont je vous parle poursuivit son chemin en zigzags brusques comme la foudre, et gagna ainsi la vallée de la Scie qu'il suivit jusqu'à la mer. Au départ, il avait 10 mètres de diamètre, il en acquit bientôt 40, et s'évasa même jusqu'à 300. Aussi que de ravages il avait faits ! trois filatures entières avaient été réduites en miettes, écrasant sous leurs débris des centaines d'ouvriers ; les chênes les

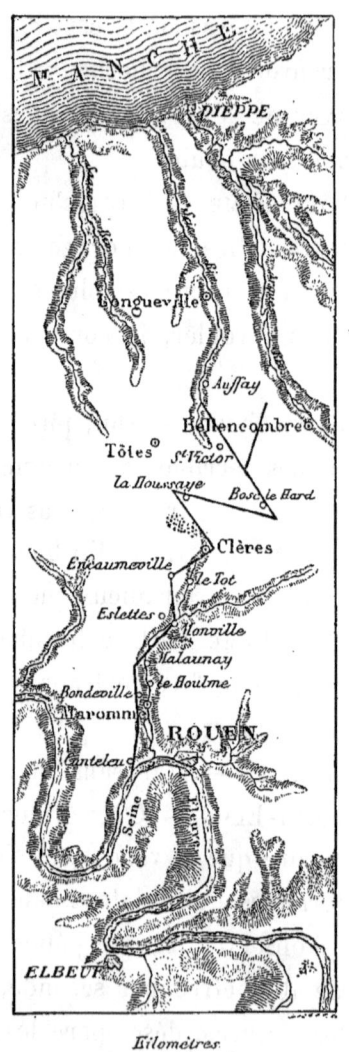

La trombe de Monville.

plus robustes étaient déracinés et brisés ; tous les pommiers qui s'étaient rencontrés sur la marche du fléau gisaient à terre, fendillés et hachés, des haies entières avaient été arrachées. On retrouva à une grande distance des poutres, des arbres qui avaient été entraînés. Un berger fut soulevé et emporté dans sa petite logette. Aujourd'hui, tout cela a été réparé par la nature et par la charité; mais vous voyez que j'avais raison de dire que si vous étiez venus ici, vers la fin d'août 1845, vous auriez trouvé la vallée méconnaissable.

Maxime. — Il me semble avoir lu qu'il y avait plusieurs espèces de trombes.

M. Saint-Elme. — Certainement; c'est un phénomène très fréquent en mer, et, tant que la colonne nuageuse ne gagne pas les eaux, il n'y a pas de danger; mais quand elle arrive à sa complète formation, et qu'elle prend sa course folle avec accompagnement de pluie, de grêle et d'éclairs, en faisant tourbillonner les vagues, malheur au vaisseau qu'elle atteint! Il y a aussi, dans les déserts d'Afrique, des trombes de sable qui se produisent de la même manière et font la terreur des caravanes.

A ce récit, la petite Laure s'était blottie contre sa mère, et regardait avec défiance le beau pays que traversait la charrette : elle se demandait si l'on allait y voir de ces horribles choses. Madeleine, le teint animé par le grand air, ne partageait pas les craintes de sa petite sœur et paraissait toute disposée à se réconcilier avec la campagne; quant à Maxime, il était tout bonnement ravi d'avoir un oncle si instruit, si complaisant, et il se réjouissait de passer quelque temps avec lui.

— Si vous le vouliez, maman, dit-il avec abandon, mon oncle me ferait bien faire ma classe, je n'irais pas au collège, et, mes devoirs faits, j'apprendrais avec lui mille choses nouvelles.

— Mon cher enfant, reprit madame de Mussy, outre que tu oublies les volontés de ton père, je trouve que tu disposes sans gêne aucune du temps de notre excellent oncle.

— Tant que je vous aurai avec moi, reprit M. de Louvres, mon temps vous appartient; et d'abord, je veux vous apprendre à soigner mes fleurs; je me trouverai ainsi avoir amené d'excellents aides. Quant à toi, Maxime, tu iras au collège tous les matins, tu en reviendras tous les soirs, excepté le jeudi et le dimanche. Pour ces jours-là, nous réserverons nos expériences et nos promenades.

Maxime n'eut pas le temps de faire à son oncle la belle réponse qu'il méditait : on apercevait à l'extrémité d'une avenue d'ormes une maison blanche à demi cachée sous la verdure.

— C'est là, avait dit l'oncle Saint-Elme, et la petite jument avait joyeusement accéléré son pas léger et rapide.

CHAPITRE III

PETITE MAISON ET GRAND JARDIN.

La campagne normande. — L'oxygène. — L'air. — Lavoisier. — La respiration de l'homme et des plantes.

M. Saint-Elme de Louvres était un ancien capitaine de vaisseau, retiré du service après une carrière utile et glorieuse. Il ne s'était pas marié, il avait consacré les loisirs de son existence à l'étude et à la culture des fleurs qu'il aimait passionnément. Très versé dans toutes les sciences, très observateur, ayant beaucoup vu, beaucoup voyagé et sachant lire, comme il le disait, dans le grand livre de la nature, il était un guide précieux pour de jeunes intelligences. Avec cela, gai, ouvert, indulgent pour l'ignorance et la jeunesse, comme tous ceux qui savent et qui ont vécu, il était du commerce le plus agréable. Dans ses fréquents voyages à Paris, voyages dans lesquels il visitait toujours son neveu de Mussy et sa famille, il avait été frappé du complet défaut de pratique de l'éducation des enfants, et en particulier de Madeleine. Quelques notions sèchement données et retenues plus ou moins mal par l'indifférente petite fille formaient tout son bagage scientifique ; ce triste résultat faisait, pour l'avenir, pressentir à M. de Louvres une de ces femmes superficielles, dont l'esprit vide est aussi incapable de guider des enfants que de s'intéresser aux travaux de l'homme éclairé qui peut devenir son époux. L'esprit de Maxime lui semblait, certes, en meilleur état ; mais, ennemi déclaré de la routine, M. de Louvres déplorait le temps de l'écolier presque exclusivement consacré aux études grecques et latines, quand les éléments des sciences naturelles et historiques étaient si négligés. « Quelle bonne affaire pour ces enfants, s'ils pouvaient vivre un an à la campagne, en pleine nature ! ils apprendraient à voir tant de choses qui leur échappent, et ce serait charmant de développer en eux cette précieuse faculté d'observation sans laquelle l'instruction réelle n'existe pas. » Voilà ce que se disait le bon oncle Saint-Elme, et justement l'événement vint servir ses désirs. Nous verrons comment il en profita. On arrivait devant la maison, close par une grille, autour de laquelle s'enroulait un lierre robuste qui la rendait invisible au passant curieux. Des arbres de toute espèce, plantés çà et là, la faisaient paraître comme au milieu d'un bois ; il n'y avait, devant, aucune plate-bande régulière ; le long des murs se dressaient, d'un côté, le bois sec et sarmenteux d'une vigne, de l'autre, le tronc d'un immense rosier qui, dans la saison, devaient courir le long des fenêtres et suspendre leurs fleurs et leurs rameaux en gracieux festons.

— Quelle petite maison ! dit Laure en regardant l'habitation de son oncle. Avec ses deux étages et sa largeur moyenne, elle contrastait en effet avec les bâtiments parisiens si élevés qu'ils empêchent de voir le ciel, et si larges qu'on serait tenté de les prendre pour des casernes ; il est vrai qu'il y en a aussi beaucoup qui ressemblent à des palais. Celle-là était pleine de gaieté avec ses volets verts, ses murs gris et rouges, son balcon de bois l'entourant comme celui d'un chalet. Ce fut l'impression qu'elle produisit sur la petite fille, qui répéta : La belle petite maison !

— Elle sera assez grande pour vous loger tous, reprit M. de Louvres en souriant. Suivez-moi que je vous la fasse visiter, et, montant un perron de quelques marches, il suivit un vestibule aux murs duquel étaient suspendues des plantes, des armes, des têtes de cerfs, des faisceaux de lances et de roseaux, et qui s'ouvrait sur un jardin à perte de vue.

— Quel grand jardin ! s'écria encore Laure en frappant des mains.

— Cela fait compensation, dit madame de Mussy — et tu auras là de quoi exercer tes petites jambes.

— Voici le labyrinthe, dit l'oncle Saint-Elme, où vous trouverez bon nombre de plantes de montagne ; là-bas, nous avons le bois.

Et, traversant une longue allée bordée des deux côtés par des plates-bandes très soignées dont l'uniformité était rompue par de nombreux massifs, l'oncle arriva le premier devant un étang dont les bords étaient couverts d'herbes de toute espèce, et dans les eaux duquel s'ébattaient des canards gros et petits, en compagnie de cygnes et d'oies. Un petit bateau, en ce moment amarré à la rive, permettait de se promener sur cette immense pièce d'eau.

— Mais c'est un paradis que votre retraite, mon cher oncle, dit madame de Mussy.

— Qu'est-ce donc que ce joli kiosque en paille ? demanda Madeleine en indiquant un pavillon situé au milieu d'un pré où paissaient quelques vaches.

— C'est le château des abeilles, mon enfant.

— C'est un vrai jardin des plantes ici, dit Maxime qui dévorait tout du regard.

— Là-bas, c'est la basse-cour et le pigeonnier, mais comme vos estomacs doivent commencer à réclamer, nous remettrons une visite plus détaillée à l'après-midi ; maintenant que vous avez vu l'ensemble du désert où je vous ai entraînés, allons reprendre des forces.

Madeleine avait passé son bras sous celui de son excellent parent.

— Mon cher oncle, lui dit-elle, j'ai à vous dire que votre maison me plaît beaucoup ; mais tout ce qu'elle renferme m'est étranger ; quoique j'aie vu des champs et de l'eau, je sens que bien des choses me sont inconnues, et je serai bien contente si vous voulez me les expliquer comme vous l'avez déjà fait à propos des chemins de fer et des trombes. M. de Louvres était si content qu'il embrassa Madeleine, et l'on entra dans la salle à manger. Un homme se tenait à la porte, son bonnet de matelot à la main.

— C'est Gros-Grain, mon matelot, qui n'a pas voulu me quitter, et qui me sert tour à tour de valet de chambre, de jardinier, de concierge, sans en être plus fier pour cela. Il en sait long sans en avoir l'air. C'est un excellent cœur, et il se mettra en mille pour vous être agréable. N'est-ce pas, Gros-Grain?

— Oh! d'abord... Monsieur, Mesdames... on sait que... mille sabords!... pardon!... Et Gros-Grain, ne pouvant pas arriver à tourner sa phrase comme il l'entendait, brusqua la situation en disant : Je suis tout à votre service.

Madeleine regarda à deux fois le vieux loup de mer à qui la peau tannée et brune, les sourcils épais, la chevelure noire et touffue donnaient un air de rudesse et de brusquerie qui choquèrent d'abord les instincts délicats de la petite Parisienne. Laure tourna autour de lui, l'examinant comme une bête curieuse; et paraissant très étonnée des gros anneaux d'or qu'il portait aux oreilles. Maxime l'envisagea avec plus de plaisir, il flairait un bon compagnon.

Louisot, dit Gros-Grain parce qu'il excellait à prédire les gros temps en mer, était devenu un parfait jardinier après avoir été un très bon marin ; il possédait toute la confiance de son maître, et avait souvent son approbation dans les discussions parfois vives qui s'élevaient entre l'ancien matelot et Pierret, le second jardinier, ou Joseph, le cocher et cuisinier. Nous devons avouer que Gros-Grain n'était pas toujours juste, et qu'il professait un secret mépris pour ses deux camarades qui n'avaient jamais quitté le plancher des vaches. Il n'y avait pas de femmes dans le service de M. de Louvres ; cette particularité, qui semblait devoir gêner madame de Mussy, fut d'un très bon effet pour Madeleine, qui dut se servir elle-même dans maintes petites circonstances.

La journée s'acheva dans la prise de possession de l'appartement que l'oncle Saint-Elme abandonnait à ses neveux. Le lendemain, dès sept heures, Madeleine et sa petite sœur quittaient la maison et s'élançaient joyeusement dans le jardin. Madame de Mussy, que la pensée de son mari ne quittait guère, resta chez elle, et se mit à commencer une sorte de journal, où elle avait l'intention de consigner tout ce qui aurait marqué pendant leur séparation. Ses filles couraient en aspirant le bon air matinal, tout en poussant de petits cris de joie comme des oiseaux en fête. La première personne qu'elles rencontrèrent fut leur oncle qui, muni d'un sécateur, coupait les branches inutiles d'un jeune rosier.

L'oncle Saint-Elme. — A la bonne heure, mes petites Parisiennes, vous voilà déjà debout; allez, courez, respirez tant que vous pourrez, pour bien emplir vos poumons d'oxygène; j'ai hâte de vous voir rouges comme des pommes d'api. Maxime est parti avec Gros-Grain qui a porté une lettre de moi au proviseur du lycée; nous le reverrons ce soir; quant à vous, jouez et regardez. Je suis bien sûr que la journée ne se passera pas sans que vous ayez appris quelque chose de nouveau.

Madeleine. — Mon oncle, voilà deux fois que je vous entends parler de l'oxygène, vous plairait-il de me dire ce que c'est?

L'oncle Saint-Elme. — Très volontiers, mignonne; mais comme il fait un peu frais, nous allons causer en marchant. L'oxygène est un gaz qui, uni à un autre gaz appelé l'azote, forme l'air respirable, c'est-à-dire celui sans lequel nous ne pourrions vivre. Nous sommes plongés dans l'air comme le poisson dans l'eau, nous en sommes enveloppés, il pèse sur toutes les parties de notre corps et, comme il est lourd, nous portons, sans nous en apercevoir, un poids de six à huit mille kilogrammes.

Madeleine incrédule. — Oh! mon oncle, je ne sens aucun poids; comment cela se fait-il?

L'oncle Saint-Elme. — A l'intérieur de ton corps, tu as aussi de l'air et des gaz, ils maintiennent ainsi l'équilibre en pressant en sens inverse de l'air; j'ai en réserve plusieurs expériences sur ce sujet. N'anticipons pas. Sur 100 parties d'air, il y en a 21 d'oxygène et 79 d'azote. C'est l'oxygène qui nous donne la vie; nous en absorbons chacun 500 litres par jour, et il y a sur la terre un milliard d'habitants. Les animaux en prennent autant que nous, et, sans oxygène, le feu ne pourrait pas brûler. Juge quelle consommation en est faite, par jour, sur le globe.

Madeleine. — Mais si l'on en use tant, il n'en restera plus, et nous mourrons, et les animaux mourront aussi.

L'oncle Saint-Elme, riant. — Le fait est que la situation est grave, d'autant plus que ce gaz que nous prenons, nous le rejetons sous la forme d'un nouveau gaz, l'acide carbonique qui, s'il envahissait l'atmosphère, nous tuerait aussi infailliblement que le manque d'oxygène. Que dis-tu de cela?

Madeleine. — Je dis, mon oncle, qu'il y a quelque chose là-dessous que j'ignore, mais qui doit tout compenser.

L'oncle Saint-Elme. — Parfait, et tu mérites bien que je te l'apprenne. Regarde autour de toi, que vois-tu?

Madeleine. — Des arbres, des rosiers, des herbes, tout ce qu'il y a dans un jardin.

L'oncle Saint-Elme. — Eh bien, mon enfant, ce sont en effet les végétaux qui sauvent la situation. Ce gaz acide carbonique — qui est formé par une partie de l'oxygène que nous avons absorbé et par un autre gaz, le carbone, produit par nos aliments — va servir à la respiration des plantes.

Madeleine. — Les plantes respirent? vous voulez dire les animaux, oncle?

Laure, qui saisit un mot par-ci par-là. — Mais on ne les voit pas bouger; moi, quand je respire, je souffle.

L'oncle Saint-Elme. — Les feuilles des plantes sont pourvues en dessous de petites ouvertures appelées *stomates* par lesquelles entre l'air. La sève, qui est le sang de la plante, retient le carbone, qui *formera les tissus du végétal*, et rejette l'oxygène, qui retourne dans l'air.

Madeleine. — Alors, c'est parfait, il n'est pas perdu.

— Rien ne se perd dans la nature, Madeleine; tout a son utilité, son rôle et sa fonction; Dieu l'a voulu ainsi, dit M. Saint-Elme tout en tirant de sa poche un petit microscope. Asseyons-nous un instant sur ce banc, nous allons regarder des stomates.

Laure va me cueillir quelques feuilles. L'oncle plaça alors sous les yeux des enfants l'envers d'une feuille qu'il avait disposée dans le microscope grossissant plusieurs centaines de fois.

— Je vois des petits ronds tout verts entourés de bourrelets, dit Madeleine. C'est très curieux, en vérité.

Laure voulut voir aussi.

L'oncle Saint-Elme. — Dans certaines plantes aquatiques, les stomates sont à la surface des feuilles parce que, là seulement, elles sont en contact avec l'air.

J'ai encore quelque chose à ajouter quant à la respiration des plantes, c'est qu'elles ne prennent le carbone et ne rejettent l'oxygène que le jour, en pleine lumière; dès qu'il fait nuit, elles respirent comme les animaux et, gardant l'oxygène, rejettent de l'acide carbonique. Que faut-il conclure de là, Madeleine?

Madeleine. — Que les plantes sont dangereuses la nuit.

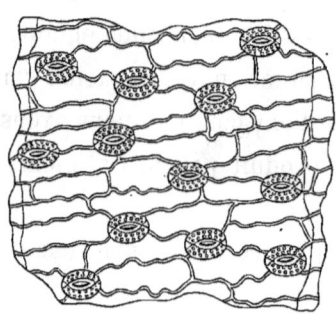

Les stomates.

L'oncle Saint-Elme. — Pas en plein air, parce que leur respiration est peu active; mais dans un endroit fermé, dans une chambre par exemple, on s'exposerait à être asphyxié, si l'on s'endormait avec beaucoup de fleurs près de soi. L'asphyxie est la privation momentanée ou totale de la vie par l'absorption d'un gaz malsain ou la suspension de la respiration.

Madeleine mettant la main sur sa poitrine. — Oh! que cela doit faire mal de ne pas pouvoir respirer à son aise! Mais, mon oncle, vous ne nous avez rien dit de cet autre gaz, l'azote; à quoi sert-il?

L'oncle Saint-Elme. — Il a un rôle modérateur, il empêche l'oxygène d'agir avec trop d'énergie, et de plus, il sert à former nos organes, notre chair, nos muscles.

Madeleine. — Que c'est singulier! je ne me doutais pas que j'étais en gaz.

L'oncle Saint-Elme. — C'est pourtant vrai, les gaz, en se réunissant, se combinant, forment les êtres qui peuplent l'univers. Pendant longtemps, on avait cru que l'air était un élément, c'est-à-dire un corps indécomposable formé d'une seule matière. Un grand savant, nommé Lavoisier, fut le premier qui décomposa l'air et reconnut les gaz qui le forment. Il a ainsi créé une science nouvelle, la chimie, qui s'occupe de la décomposition et de la recomposition des corps.

Madeleine. — Mais alors, les feuilles sont des chimistes, et nous aussi, puisque nous décomposons l'air; il est vrai que nous le faisons sans le vouloir. Ce savant Lavoisier a dû être bien récompensé pour une si fameuse découverte, n'est-ce pas vrai, mon oncle?

L'oncle Saint-Elme. — Hélas! non; il vivait à une époque néfaste, sous la Terreur; il avait été fermier général, et tous les fermiers généraux ayant été enveloppés dans une condamnation collective, il fut guillotiné, sans que les furieux qui l'envoyèrent à l'échafaud eussent le moindre égard pour ses découvertes passées et pour celles qu'il méditait encore.

Madeleine. — Vous l'aviez bien dit, mon oncle, que nous apprendrions encore quelque chose de nouveau. Moi qui n'aimais point les plantes, je vais les chérir comme de fidèles amies, et ce soir, j'attraperai bien Maxime en lui racontant tout ce que vous nous avez dit.

L'oncle Saint-Elme. — Les plantes sont des amies, mignonne, mais il ne serait pas prudent de se fier à toutes; il y en a qui sont de cruelles ennemies pour les imprudents ou les ignorants, nous verrons cela quand nous les étudierons d'un peu près. Maintenant, allez donc rejoindre Pierret que je vois là-bas, et dites-lui de vous accompagner à la basse-cour pour dénicher les œufs frais pondus.

Chap. IV.

N'AYEZ POINT DE CRAINTE, MAM'ZELLE, TENEZ, VOILA
CE QUE BLIDAH VOUS DEMANDE.

CHAPITRE IV

DEUX NOUVEAUX PERSONNAGES.

La basse-cour. — Naissance d'un poulet. — Un œuf. — L'âne d'Afrique.

Un grand garçon aux cheveux d'un blond jaune, à la taille efflanquée, s'avançait dans la direction des enfants, regardant de ci, de là, d'un air attentif, s'arrêtant de temps en temps pour secouer un rameau ou pour examiner une feuille.

—Monsieur Pierret! Monsieur Pierret! Oncle Saint-Elme vous prie de vouloir bien nous emmener pour dénicher les œufs frais.

Pierret fut d'abord un peu surpris, ce qui ne changeait pas beaucoup sa physionomie dont le caractère dominant était un étonnement naïf que Gros-Grain qualifiait très peu galamment de bêtise, ce en quoi il se trompait. Pierret était simple, mais attentif, soigneux à l'excès et c'était un bon aide jardinier; ayant toujours vécu aux champs, il était familier avec tout ce qui touchait aux travaux de la terre. De plus, il aimait à s'instruire, et avait lu beaucoup de livres de jardinage et autres. Il ôta le grand chapeau de paille qu'il portait fort en arrière et qui devait le garantir aussi bien de la pluie que de la neige et du soleil, car il ne le quittait ni hiver, ni été, et dit doucement :

— Venez par ici, mes petites demoiselles. Seulement je ne sais pas si nous ferons une grosse récolte, je n'ai guère entendu les poules chanter; enfin nous allons voir.

Et, précédant les deux sœurs, il les conduisit dans une basse-cour vaste et spacieuse, une vraie basse-cour normande. La grange était surmontée d'un pigeonnier autour duquel voltigeaient de superbes pigeons et de mignonnes tourterelles au collier noir et à la robe d'un gris rosé; l'étable attenait à la grange, et poules, coqs, canards allaient, venaient, criaient, s'ébattaient dans la cour plantée d'arbres vigoureux et ornée d'une vieille pompe qui eût fait le bonheur d'un antiquaire.

Le bruit que faisait tout ce petit peuple réjouit beaucoup Laure :

on venait justement de leur jeter du grain, et les poules picoraient joyeusement sous les yeux paternels de leurs époux les coqs, qui attendaient pour prendre leur part que ces dames fussent restaurées. Pierret furetait dans tous les coins de la cour, et jusqu'au pied

La basse-cour.

de la petite haie d'épine fraîchement taillée qui l'entourait, pour y chercher les œufs que les capricieuses poules pondent, préférant ces cachettes au poulailler où elles ont leurs nids.

— Il s'en perd souvent, dit-il. Ces drôles de bêtes ont beau être bien traitées, elles ont comme cela des idées à elles. Allons, ce n'est point mal, en voici déjà huit. Entrez avec moi dans cette petite grange, vous allez voir nos couveuses, seulement prenez garde à ne point les effaroucher.

Dans trois paniers bas et larges, disposés à quelque distance l'un de l'autre, étaient couchées des poules, les ailes étendues ; elles jetèrent un œil inquiet sur les visiteuses.

— Cot ! cot ! cot ! fit Pierret en imitant leur gloussement pour les rassurer.

Madeleine et Laure n'osaient point approcher de peur de troubler ces pauvres bêtes.

— Vous arrivez au bon moment, dit le jardinier ; il y a du nouveau chez la poulette blanche.

La poulette blanche était celle qui occupait la place la plus proche des petites filles ; elle semblait très préoccupée ; elle s'agitait sur son nid, promenant un regard inquiet sur ses poussins puis le ramenant sur ses œufs ; elle posait la tête dessus, paraissait écouter, et de temps en temps, elle poussait un petit cri, et s'arrêtait comme si elle eût attendu une réponse. Tout à coup, elle se mit à picoter un de ses œufs.

— Monsieur Pierret, Monsieur Pierret, empêchez-la donc, dit Madeleine très inquiète, elle va les casser.

Pierret cligna des yeux d'un air entendu.

— Laissez-la faire, dit-il ; sauf votre respect, elle connaît son affaire mieux que vous et moi. La poulette picotait toujours ; au bout d'un certain temps, elle avait pratiqué un trou rond à la partie supérieure de l'œuf. « Cot ! cot ! » fit-elle tout doucement.

— Ça marche ! ça marche ! dit Pierret en se frottant les mains.

Le trou s'était agrandi, et laissait voir un léger duvet jaune qui se mit à remuer, et une petite tête, ornée de deux beaux yeux noirs semblables à des perles, apparut.

— C'est un oiseau ! dit Madeleine ; que c'est gentil, que c'est mignon !

Laure frappait dans ses mains. Elle n'avait jamais assisté à pareille fête ; songez donc ! voir naître un petit poulet, car c'en était un ;

bientôt la partie supérieure du corps se montra tout entière; il avait travaillé avec sa mère, et tous deux détruisaient à qui mieux mieux cette coquille qui le retenait en prison. Enfin ses pattes furent libres, il se souleva, regarda autour de lui d'un air étonné, et sortant du nid, se mit à trotter sur le sol comme s'il n'eût jamais fait que cela. Une partie de la coquille enfermait encore sa queue, mais il s'en fut bientôt débarrassé et, après avoir couru quelque temps, en poussant de petits sifflements, il revint se coucher sous sa mère.

La mère de famille.

— Qu'elle est belle! dit Laure ravie en s'approchant de la poulette blanche pour la flatter; mais la mère de famille n'entendait point la plaisanterie, et un vigoureux coup de bec appliqué sur les doigts de la petite la laissa tout interdite.

— Il ne faut point la tourmenter, dit Pierret, tenez, comme elle fait les gros yeux, et comme elle bat des ailes! Ah! dame, c'est une fameuse couveuse. Sortons, maintenant.

Madeleine prit par la main Laure, qui était toute penaude, et elles revinrent dans la basse-cour.

— Nous allons porter ces œufs à la cuisine, dit Pierret; et nous ferons le grand tour par le pré, si cela vous plaît, mes petites demoiselles.

— Cela nous plaît, Monsieur Pierret, dit Madeleine, ce que nous avons vu était bien amusant. Mais dites, comment ce petit qui était dans son œuf n'étouffait-il pas ?

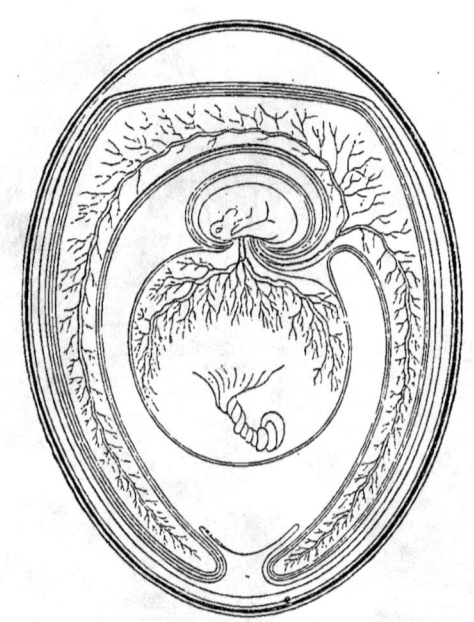

Intérieur d'un œuf.

Pierret regarda à deux fois la nièce de son maître pour voir si elle ne se moquait point de lui; Madeleine était très sérieuse.

— C'est vrai, pensa Pierret, ces jolies demoiselles des villes savent bien parler, elles ont de belles petites façons, que n'ont point nos grossières paysannes, mais elles ignorent beaucoup de choses qui nous paraissent si simples.

— Je ne suis pas bien savant, dit-il, mais je sais lire, et j'ai appris comme cela quelques petites choses. L'œuf des poules, et de tous les oiseaux sans doute, se compose de quatre parties : la coquille qui est calcaire, c'est-à-dire pierreuse, mais qui cache des pores ou petits trous par lesquels l'air entre; le blanc, le jaune, et, au milieu du jaune, une petite tache blanche qui est le germe. C'est du germe que sortira l'oiseau; la partie qui se forme la première est son cœur, puis sa tête et ses membres; pour se former, il a absorbé le blanc et le jaune. Si vous faites attention, quand vous ouvrez un œuf pour le manger, vous verrez qu'à l'intérieur, d'un côté seulement, il y a un vide entre le blanc et la coque, c'est la chambre à air, vous voyez que l'animal peut respirer. Vous avez vu le petit poulet courir; si ç'avait été un caneton, il aurait marché à la mare tout de suite et se serait mis à nager. Les pigeons, par exemple, ne sont point si drus à l'heure de leur naissance, ils ne bougent point et sont plusieurs jours aveugles.

— Merci, Monsieur Pierret, je comprends maintenant que les petits poulets vivent dans leur coque puisqu'ils y ont de l'air.

On était arrivé au pré dont l'herbe était verte comme de l'émeraude, et au milieu duquel six vaches paissaient avec délices.

— Vous pouvez approcher sans crainte, dit Pierret aux petites filles qui côtoyaient l'herbage sans oser y entrer, ces vaches-là sont douces et apprivoisées. Tenez, tendez votre petite main, mam'zelle; et tirant une poignée de gros sel de la poche de son tablier, il en mit une partie dans la menotte de Laure; vous allez vous faire amie avec elles en leur donnant de ça.

Laure, un peu craintive, suivait son guide, quand elle fit un bond en arrière en s'écriant :

— Oh! le gros chien!

Pierret et Madeleine éclatèrent de rire.

— Mais c'est un âne, un amour de petit âne, dit l'aînée des jeunes de Mussy, en courant au-devant d'un âne d'Afrique, en effet moins gros qu'un chien de Terre-Neuve.

— N'ayez point peur, mam'zelle, dit un garçonnet d'une dizaine d'années en se levant de l'herbe sur laquelle il était assis, Blidah est douce comme une barbis.

— Une barbis! dit Madeleine, qu'est-ce que cela?

Chap. IV.

LE GARDE CHAMPÊTRE ALLAIT LES CONDUIRE EN PRISON.

Et elle envisageait non sans défiance la tête ébouriffée du berger et ses grands yeux sauvages.

— C'est une moutonne, quoi ! dit avec brusquerie le petit paysan en regardant hardiment la jeune fille.

— La tête de Petit-Jean vous étonne, dit Pierret.

Il y a déjà deux ans de ça, le garde champêtre du pays le ramassa avec sa sœur, la Lupette, comme ils volaient des pommes de terre dans un terrain à M. de Louvres ; il allait les conduire en prison; mais notre maître est bon et humain, il pensa que des enfants ne volent pas des pommes de terre par gourmandise, et il apprit bientôt qu'une pauvre veuve, la Denise, mourait de faim avec ses enfants, à deux pas de la maison. Il les prit tous sous sa protection, et leur donna de l'ouvrage. La Denise fut employée à sarcler les jardins et à travailler aux champs; Petit-Jean avait la tête trop dure pour faire un bon jardinier, on en a fait le berger de nos vaches, et il les aime par dessus tout.

— Et la petite Lupette ? demanda Laure.

Pierret secoua tristement la tête, et dit tout bas, en s'éloignant de Petit-Jean :

— Celle-là, elle ne souffrira plus : mal nourrie, toujours malade, elle est morte, l'an passé. Mais il n'en faut pas parler devant le petit. Et Pierret, se retournant vers le pâtre, lui dit assez sévèrement :

— Tu sais, Petit-Jean, songe à être poli et accueillant avec les nièces de M. de Louvres. Et s'adressant à Madeleine, il ajouta : Ce jeune garçon n'est point très entendu ; Monsieur l'emploie quand même pour lui faire gagner son pain et celui de sa mère qui, à son tour, est devenue malade. Il est un peu innocent, il ne faut point lui en vouloir de ses singulières façons.

Petit-Jean, tout honteux de l'apostrophe que venait de lui adresser le jardinier, s'était approché des enfants et, tirant en avant une mèche de ses cheveux d'un blond ardent, selon l'antique façon de saluer des paysans, avait murmuré un respectueux « bien le bonjour, les maîtresses ! » Cela fit rire Laure et flatta Madeleine, qui, nous devons le dire, se croyait d'une essence bien supérieure à celle des paysans.

Le petit âne était très familier, on voyait que c'était le favori; il s'avançait sans façon vers les deux petites filles et effleurait leurs mains de ses naseaux. Laure, qui se rappelait l'humeur peu accorte de la poule blanche, recula d'abord.

— N'ayez point de crainte, mam'zelle, dit Pierret; tenez, voilà ce que Blidah vous demande. Et il tira de la poche inépuisable de son tablier une croûte de pain que l'âne prit avec des yeux brillants de joie et emporta en bondissant pour aller la manger plus loin.

Madeleine s'était avancée très bravement vers les vaches, belles normandes à la robe luisante, aux grands yeux doux.

— Viens, furet, dit-elle à sa sœur, apporte ton sel, n'aie pas peur; tiens, comme elles sont bonnes, je les flatte et elles ne bougent pas. Mais qu'est-ce qu'elles ont donc à remuer sans cesse la mâchoire? Est-ce qu'elles ont mal aux dents?

Petit-Jean éclata d'un gros rire moqueur qui déplut à Madeleine.

— C'est à M. Pierret que je parle, lui dit-elle d'un ton sec.

— C'est tout simple, dit le bon Pierret; les demoiselles de Paris ne connaissent pas beaucoup les choses des champs. Non, mam'zelle, elles n'ont point mal aux dents; elles ruminent, c'est-à-dire qu'elles font remonter la nourriture qu'elles ont mangée toute la matinée, et la remâchent pour qu'elle soit digérée suffisamment.

— Oh! les malpropres! dit Laure.

— Il n'y a rien de malpropre là, mam'zelle. Ces animaux ne sont point faits en dedans comme nous autres, voilà tout. Ils mangent vite; s'ils ne mâchaient point assez longtemps, ils ne pourraient point digérer les herbes fraîches ou sèches dont ils se nourrissent.

CHAPITRE V

LA MÉMOIRE DE MADELEINE.

La classification animale. — Les mammifères. — La baleine. — Les ruminants. — Le chameau. — Le renne. — Le pied fourchu des ruminants.

— Bravo! mon brave Pierret; je te remercie de répondre avec autant de complaisance et de bon sens aux questions de mes nièces. Va te débarrasser de tes œufs; j'ai entendu Gros-Grain qui t'appelait à cor et à cris du côté de la cuisine; moi je vais compléter tes explications auprès de ces mignonnes. Ah! te voilà, Petit-Jean! Bonjour, mon garçon, comment va ta mère?

— Point dru! allez, maître; all' continue à filer un drôle de coton! j'y ai pourtant fait un' soupe au pain et à l'iau à c'matin avant de départir pour ici; all' n'a point pu en manger une seule bouchée.

Et Petit-Jean essuya, du revers de sa main brunie au soleil, deux grosses larmes qui coulaient de ses grands yeux sauvages.

L'oncle Saint-Elme passa affectueusement la main sur la tignasse du garçon.

— Ne pleure pas, Petit-Jean, dit-il. J'enverrai Pierret, tantôt, chez toi avec du vin, et demain, j'irai moi-même. En attendant, tu peux aller manger à la cuisine, quand tu voudras.

Petit-Jean secoua la tête.

— Point avant que les bêtes ne soient rentrées, dit-il.

— Pierret te remplacera pour un moment, dit M. de Louvres en souriant. Je sais que tu es un bon petit pâtre, et que tu aimes tes bêtes.

— Elles m'aimiont aussi, maître, dit fièrement Petit-Jean.

— Pendant qu'on nous prépare le déjeuner, dit l'oncle Saint-Elme, nous allons traverser le pré qui sent si bon l'herbe, ce matin, et nous allons faire une petite causerie à nous trois. Avant de vous parler des ruminants, je dois vous dire que tous les animaux de la terre se divisent en deux classes : ceux qui ont des os et ceux qui n'en ont pas.

— Des animaux qui n'ont point d'os ! dit Madeleine très étonnée.

M. Saint-Elme. — As-tu vu un papillon?

Laure. — Il n'y en a pas beaucoup à Paris; mais j'en ai vu cependant.

M. Saint-Elme. — C'est un animal sans os. Ceux qui ont des os dont l'ensemble forme un squelette s'appellent les vertébrés; les autres sont les invertébrés. Les vertébrés ont une colonne vertébrale, le sang rouge, le corps couvert de poils, de plumes, ou d'écailles.

Madeleine. — Mais alors les oiseaux, les poissons, les chiens, les chats sont des vertébrés?

M. Saint-Elme. — Oui, Madeleine; puisque tu es si attentive, je crois pouvoir faire appel à ta mémoire, et je vais te nommer les cinq classes de vertébrés.

Laure. — Et à moi aussi, oncle Saint-Elme, vous faites appel à ma mémoire.

M. Saint-Elme. — Sans doute, ma mignonne. Les vertébrés se divisent en mammifères, qui nourrissent leurs petits de leur lait; en oiseaux, en amphibiens qui dans leur jeune âge ne vivent que dans l'eau et qui plus tard vivent aussi bien dans l'air que dans l'eau comme la grenouille; en reptiles et en poissons.

Madeleine. — Et les invertébrés, oncle, comment les divisez-vous?

L'oncle Saint-Elme. — Les invertébrés, qu'on appelle annelés parce que leur corps semble composé d'anneaux, comprennent : les insectes qui ont six pattes ; les araignées qui en ont huit ; les mille-pattes qui n'en ont pas mille, mais quelquefois quarante ; les crustacés qui ont le corps enveloppé d'une cuirasse comme les homards et l'écrevisse. Il y a encore les mollusques dont le corps mou est caché par une coquille comme le limaçon, l'huître, la moule; et les zoophytes dont le nom signifie animaux-plantes : ce sont les étoiles de mer, les anémones de mer, le corail. Nous pouvons donc dire que tous les animaux se divisent en vertébrés, annelés, mollusques et zoophytes. Voilà bien des mots nouveaux pour vos petites têtes. Je ne voudrais pas vous fatiguer.

Madeleine. — Je vous assure, cher oncle, que cela ne me fatigue pas et que je me les rappelle très bien tous ces noms. Quant à Laure, elle ne les a même pas entendus : elle cherche des fleurs dans l'herbe.

Laure. — Du tout, mademoiselle; je cherche des invertébrés, comme dit l'oncle Saint-Elme, et je n'ai trouvé que ce petit limaçon qui ne veut absolument pas sortir de sa coquille rayée de jaune et de brun.

Madeleine, triomphante. — C'est un mollusque ! Mais, oncle Saint-Elme, nous voilà bien loin de ces bons ruminants, et nous sommes arrivés à la fin du pré, je vois déjà l'étang. Ne voulez-vous plus rien nous dire ?

L'oncle Saint-Elme. — Retournons sur nos pas, cela prolongera la promenade. L'étude en plein air est moins fatigante. C'était ainsi que les anciens aimaient à professer. As-tu entendu parler de Socrate ?

Madeleine. — Oui, c'est ce sage que les Athéniens ont condamné à boire la ciguë.

L'oncle Saint-Elme. — Il enseignait ses doctrines à ses amis en se promenant. Son élève Platon, qui fut aussi célèbre que lui, aimait à enseigner ses nombreux élèves sous les ombrages d'un superbe jardin qu'un de ses amis, nommé Académus, avait mis à sa disposition. C'est même de là qu'on a nommé Académie, certaines sociétés savantes.

Madeleine. — Certes, c'est bien plus amusant que d'apprendre des mots, assise devant son pupitre, dans une salle d'étude où l'on ne voit seulement pas le ciel. Ici, je retiendrai tout ce que vous m'enseignerez et les grands mots ne me font pas peur.

L'oncle Saint-Elme. — Nous en emploierons cependant le moins possible. Maintenant revenons à nos moutons : ce sont aussi des ruminants. Pour le moment, ne nous occupons que des mammifères, il y en a de beaucoup d'espèces, faut-il dire les noms ?

Madeleine et Laure — Oui, oui. Nous allons joliment attraper Maxime ce soir, ajouta charitablement Madeleine qui avait toujours sur le cœur les moqueries de son frère.

L'oncle Saint-Elme. — En tête des mammifères nous mettrons l'homme.

Laure, indignée. — Comment, mon oncle, vous nous mettez parmi les bêtes.

L'oncle Saint-Elme. — Ma chère petite, l'homme a du sang rouge, des os, et tous les caractères des mammifères. C'est un animal par son corps; son intelligence lui assigne la première place dans l'échelle des êtres. Après lui vient le singe.

Madeleine. — Il me semble, mon oncle, avoir entendu dire que le singe était un homme dégénéré.

M. Saint-Elme, riant. — Qui dit cela? Les nègres d'Afrique qui prétendent même que l'orang-outang appartient à un peuple chassé de ses foyers par une nation ennemie, et que ce peuple, qui est venu chercher l'hospitalité parmi eux, ne veut point parler afin qu'on ne l'oblige point à travailler comme les autres hommes. On dresse cependant les singes à porter de l'eau, à piler les grains de cacao, mais ils sont généralement inférieurs, comme intelligence, à l'éléphant, au cheval, au chien. Après les singes, viennent les chauves-souris.

Madeleine. — Je croyais que c'était un oiseau! Elle a des ailes.

L'oncle Saint-Elme. — Erreur! ce que tu prends pour des ailes est la peau du dos et celle du ventre prolongée, amincie et soutenue par les os très allongés des doigts. Elle a des dents; un oiseau n'a qu'un bec corné; elle a des poils et non des plumes. Mais je reconnais qu'à première vue, on peut la prendre pour un oiseau. C'est son double aspect qui a permis à notre bon Lafontaine d'en faire l'héroïne d'une de ses jolies fables : *La Chauve-Souris et les deux Belettes*, et de lui faire dire, pour se tirer d'embarras :

> « Je suis oiseau, voyez mes ailes!
> « Je suis souris, vivent les rats! »

Disons, en passant, que cet animal qui ne sort que la nuit se nourrit d'insectes et rend ainsi un grand service à l'agriculture. On aurait donc tort de le détruire. Les insectivores ou mangeurs d'insectes, comme le hérisson et la taupe; les carnivores comme les tigres, les lions, les loups, les chiens; les martes; les édentés, comme le tamanoir; les rongeurs comme les lapins, les rats; les pachydermes ou peau dure comme les chevaux, les sangliers, les rhinocéros, les éléphants; les marsupiaux ou animaux à poches comme la sarigue; les amphibies comme les phoques; les cétacés comme la baleine; enfin les ruminants comme les bœufs, les moutons, les lamas, les girafes, les cerfs, les rennes composent la division des mammifères.

Madeleine. — Mon cher oncle, ne vous êtes-vous point trompé en disant que la baleine est un mammifère; je croyais que c'était un poisson.

L'oncle Saint-Elme. — C'est encore là une erreur assez commune. Les poissons ont des écailles, elle n'en a pas. Les poissons vivent dans l'eau exclusivement; la baleine est obligée de venir respirer l'air à la surface de l'eau; enfin les poissons naissent d'un œuf, la baleine a un petit vivant, le baleineau, qu'elle nourrit de son lait, et qu'elle élève avec tendresse.

Madeleine, riant. — Tendre comme une baleine! Je n'aurais jamais trouvé cela.

L'oncle Saint-Elme. — Ne ris pas, mignonne, de cet instinct touchant qui porte les animaux les plus hideux à soigner et aimer leurs petits; cela les rend intéressants.

Je t'engagerai, pour venir en aide à ta mémoire, à faire un petit tableau de ce que je viens de te dire. Il importe que ces divisions te soient bien connues pour ce que nous aurons à expliquer plus tard.

On était revenu de nouveau auprès des vaches si bien surveillées par Petit-Jean.

Les animaux ne se nourrissent pas tous des mêmes aliments. Les ruminants sont herbivores et comprennent bien des espèces : on en trouve dans tous les climats; dans les régions polaires où il fait si froid, on voit le renne, ce brave, courageux et sobre animal.

Madeleine. — Je croyais qu'il n'y avait plus de champs, ni d'arbres, dans tout le Nord.

M. Saint-Elme. — En effet, l'arbre qui pousse le plus au Nord est le bouleau, et on n'en voit plus même en Laponie, cette patrie du renne. Mais, sous la neige, il pousse sur la terre un lichen, une espèce de mousse blanche; cela suffit au renne, et, avec ses bois semblables à ceux du cerf, il sait bien chasser la neige pour aller chercher cette herbe dont il est très friand.

Laure. — Est-ce que les rennes ont du lait?

Madeleine. — Sans doute, puisque mon oncle a dit que c'était un mammifère.

M. Saint-Elme. — Ce lait très épais sert de nourriture aux Lapons qui ont des troupeaux de rennes, comme nous avons des troupeaux de vaches, de chèvres, de moutons. Avec ce lait, ils font du fromage; de plus, la chair du renne est bonne à manger, leur peau fournit à l'habillement complet de toute la famille depuis les gants jusqu'aux souliers. Avec les nerfs et les intestins tordus, ils font des cordes et du fil; les os sont travaillés pour former des cuillers. Enfin, le renne est employé comme bête de trait; c'est lui qui, d'un pas sûr et rapide comme l'éclair, emporte le traîneau sur les routes glacées, et permet, à ces peuples isolés des autres hommes, de se rapprocher d'eux; ils portent ainsi aux foires, des peaux, des poissons séchés et fumés, seuls produits de leur industrie.

Laure. — Oh! les bons animaux que les rennes!

L'oncle Saint-Elme. — Bons n'est pas le mot; ils sont de nature sauvage et rétive, et quelquefois ont de singulières fantaisies, celle, par exemple, de ne pas vouloir s'arrêter, ou de se retourner contre leur maître, de le renverser du traîneau avec l'intention de le fouler aux pieds.

Madeleine. — Ah! bien, si Maxime avait un renne, il lui en donnerait des coups de cravache.

L'oncle Saint-Elme. — D'abord le renne ne se laisse pas monter; ensuite il n'y a pas de cravache qui puisse avoir raison d'un renne en pleine révolte. Le Lapon, plus calme que ne le serait Maxime et plus résigné, renverse son traîneau, se couche dessous et attend que la fureur de son serviteur soit calmée.

Si le Nord a le renne, le désert a le chameau, un des plus curieux ruminants celui-là. Il traverse les sables brûlants, lourdement chargé, et peut rester plusieurs jours sans boire. Vous savez que l'estomac est une poche intérieure dans laquelle vont nos aliments pour être ensuite digérés ; eh bien, les ruminants en ont quatre.

Laure. — Quatre estomacs ! que de choses ils peuvent mettre dedans !

M. Saint-Elme. — Ils n'y mettent que des herbes vertes ou sèches, selon la saison, et la raison de ce luxe d'estomacs, c'est que les aliments pour être digérés ont besoin d'être imbibés de salive ; les ruminants ont, entre la bouche et le dernier estomac, une poche qu'on appelle la *panse* et qui renferme un liquide ; les aliments, qu'ils prennent en grande quantité, descendent dans cette poche et y restent le temps nécessaire pour être bien pénétrés du liquide ; alors, par une contraction légère, ils font remonter la nourriture et la mâchent sous leurs dents qui ne sont pas aiguës comme celles du chat par exemple, mais plates et larges pour broyer les végétaux comme sous une meule, c'est pour cela qu'on les nomme molaires. Au lieu de mouvoir les mâchoires de bas en haut comme Laurette va le faire tout à l'heure au déjeuner, ils les font aller de gauche à droite pour mieux écraser. Regardez bien les vaches qui sont devant vous.

Madeleine. — C'est vrai, elles les passent l'une sur l'autre. Je n'avais jamais remarqué cela. Vraiment, oncle Saint-Elme, on ne peut pas faire un pas chez vous sans apprendre quelque chose de nouveau.

L'oncle Saint-Elme. — Et la maison de l'oncle Saint-Elme est bien petite en comparaison de toute la terre !

Madeleine. — Y a-t-il des gens qui sont arrivés à tout savoir ?

M. Saint-Elme. — Non, mignonne ; et les plus savants ne peuvent que répéter cette parole d'un ancien philosophe : « Je vieillis en m'instruisant toujours. » Mais tu m'entraînes dans des digressions sans fin. Nous en étions au premier estomac ou panse ; de la bouche, les aliments vont dans le bonnet, dans le feuillet, où ils commencent à être digérés et dans la *caillette* où le travail s'achève. Le chameau est encore mieux pourvu, il a une cinquième cavité où il tient de l'eau en réserve, et, par une contraction semblable à celle dont nous parlions tout à l'heure, il en fait remonter une quantité suffisante pour humecter son gosier.

Laure. — Savez-vous, oncle, que le chameau est bien laid avec ses bosses et ses vilains genoux de travers.

Madeleine. — Il a l'air très bon et ses grands yeux sont très doux. Je suis sûre qu'il ne se révolte pas comme le renne.

M. Saint-Elme. — Non, il est pacifique, et l'éducation sévère qu'il reçoit le rend docile. Quand il est tout jeune, qu'il tette encore, on lui plie les quatre jambes sous le ventre, on le couvre d'une lourde couverture pour l'empêcher de se lever. On le prive de nourriture, et quand on lui en donne, c'est peu à la fois; enfin on l'habitue à se lever et à s'agenouiller au commandement. Plus tard, on le charge de lourds fardeaux quand il est ainsi couché, et il doit se relever de lui-même, portant jusqu'à mille kilogrammes. On l'appelle le vaisseau du désert, et les Arabes le nomment le navire de la terre; c'est bien son nom.

Laure, allant prendre la main de son oncle. — Maintenant, je ne dirai plus que le chameau est laid, et je l'aimerai puisqu'il est si utile et si malheureux.

On se trouvait revenu au point de départ, à la maison, et il était bien temps; le déjeuner était sonné, et Gros-Grain ne supportait pas qu'on fît attendre la cuisine; il poussa un soupir de satisfaction en voyant son maître rentrer à l'heure avec ses nièces. Le repas fut trouvé excellent; il était d'ailleurs assaisonné par un peu de fatigue et beaucoup d'appétit. Dans l'après-midi, le temps qui avait été si beau le matin se couvrit de nuages, et il se mit à tomber une pluie fine et serrée qui ne présagea rien de bon pour le jour suivant. Il pleut souvent dans ces régions et le mauvais temps s'y prolonge quelquefois.

Madeleine et Laure regardaient tristement la pluie fouetter les vitres; elles avaient été si contentes de leur promenade du matin qu'elles avaient espéré la recommencer avec leur maman pour lui redire tout ce qu'elles savaient de nouveau. Mais M. de Louvres était un homme de ressources ; la triste mine de ses nièces lui fit rechercher un nouveau moyen de les distraire, et, s'étant absenté, quelques instants après, il reparut porteur d'un grand album plein de gravures qu'il ouvrit devant les enfants. C'était un ouvrage sur les animaux ; elles cherchèrent d'un commun accord les ruminants avec lesquels leur oncle les avait tant intéressées le matin, et elles virent défiler devant leurs yeux charmés toute l'utile famille : le dromadaire d'Afrique ; le chameau à deux bosses d'Asie ; le lama, petit chameau sans bosse d'Amérique ; l'élégante girafe, le cerf, le chevreuil, le daim, l'élan, le renne, le buffle, le bison, les chèvres, les chamois, les jolies gazelles.

— Ces dessins sont très exacts, dit l'oncle qui, debout derrière elles, les regardait feuilleter le volume ; voyons, si vous commencez à savoir regarder. Madeleine, quels sont les traits qui t'ont frappée chez les ruminants?

Madeleine. — Ils ont plusieurs estomacs.

L'oncle Saint-Elme. — Cela, tu ne peux le voir ici, tu le sais parce que je te l'ai dit ; autre chose.

Laure. — Ils ont tous des cornes.

L'oncle Saint-Elme. — Tous! non ; il n'y en a qu'un qui fasse exception, lequel !

Et comme les petites filles ne répondaient pas : C'est le chameau, continua l'oncle. Quant aux autres ils n'ont pas les cornes de même nature ; les uns les ont creuses et ne les perdent jamais, comme les bœufs et les béliers ; les autres les ont pleines et les perdent tous les ans ; ce sont les cerfs, les élans, les rennes. Trouvez encore autre chose !

Madeleine. — Ils ont du poil et des dents plates, et ils donnent du lait.

L'oncle Saint-Elme. — Avez-vous regardé leurs pieds?

Madeleine. — Oui, ils sont coupés par le milieu.

L'oncle Saint-Elme. — Ils sont fourchus ou à deux doigts et terminés par un sabot.

MADELEINE. — Oh! mon oncle, que de choses nouvelles! j'ai peur de les oublier, et je voudrais me les rappeler pour pouvoir les redire à papa; il sera si content que j'aie appris tout cela.

MADAME DE MUSSY. — Les paroles s'envolent et les écrits restent. Tiens, prends ce gentil calepin anglais que j'avais acheté pour moi; tu y résumeras tout ce que notre cher oncle veut bien te dire; ce sera un excellent moyen pour te souvenir.

MADELEINE, enchantée. — Comment, maman, vous me donnez ce charmant cahier; comme il est joli avec ses coins argentés et la boucle qui le ferme. Je vous remercie beaucoup. Savez-vous comment je vais l'intituler?

Et comme madame de Mussy, heureuse d'avoir fait plaisir à sa fille, secouait négativement la tête, l'enfant reprit :

— Eh bien, je vais l'appeler *les Ignorances de Madeleine*.

— Bravo! dit l'oncle Saint-Elme; c'est déjà avoir fait un grand pas que de reconnaître qu'on ne sait pas grand'chose.

Toute l'après-midi, Madeleine fut très occupée de son nouveau travail; Laure avait été mise en face d'autres livres d'images, et M. Saint-Elme, après avoir ainsi installé sa famille, endossa son manteau de caoutchouc à capuchon, mit ses grandes bottes et alla achever de tailler ses chers rosiers, occupation qui avait été suspendue le matin en l'honneur des petites nièces.

CHAPITRE VI

NOUS BRULONS — A PROPOS D'UN CHEVEU.

L'air nécessaire à la combustion et à la respiration. — Mécanisme de la respiration. — Circulation du sang. — La vapeur d'eau dans l'air. — L'hygromètre à cheveu. — Le capucin à boyau. — Un cheveu au microscope.

Le lendemain, l'air était humide et froid, et les énormes bûches qu'on accumulait dans la grande cheminée brûlaient sans entrain, avec une lueur rougeâtre, à demi voilée par la fumée grise qui se formait sans cesse. M. de Louvres, assis de l'un des côtés de la cheminée, essayait, avec de longues pincettes, d'animer le feu maussade.

— Voilà ! dit-il à Madeleine qui était à côté de lui, l'air est chargé de tant de vapeur d'eau que ce diable de feu ne peut flamber, et rien n'est triste, à mon avis, comme de ne pas voir les flammes joyeuses danser dans l'âtre.

— L'air, dit Madeleine surprise, quel rôle joue-t-il là ?

— Sans air, ma chère enfant, il n'y aurait pas de feu. L'oxygène qui entre dans la composition de l'air est l'agent de la combustion. Il s'unit avec un corps inflammable, et c'est ce qui produit le feu. Et le corps en brûlant dégage de l'acide carbonique.

MADELEINE. — Mais, mon oncle, nous respirons de l'air, et pourtant cela ne produit pas de feu.

M. SAINT-ELME. — Notre respiration est une véritable combustion : vivre, c'est brûler.

Et comme madame de Mussy faisait elle-même un geste d'étonnement.

— Oui, ma chère nièce, insista M. de Louvres ; je ne demande qu'à prouver ce que j'avance. Et, prenant une cloche de verre qui recouvrait une plante rare, il plaça dessous une bougie qu'il alluma. La bougie brûla d'abord avec une flamme vive qui alla en s'affaiblissant peu à peu, jusqu'à ce qu'elle s'éteignît tout à fait. M. de Louvres prit une allumette enflammée et la plaça sous la cloche où elle s'éteignit à son tour.

— Pourquoi la lumière s'est-elle éteinte, oncle ? demanda Laure.

— Parce qu'elle a pris à l'air de la cloche tout l'oxygène qui lui était nécessaire pour brûler ; maintenant, il y a sous la cloche de l'acide carbonique, ce gaz qu'absorbent les plantes et qui nous tuerait si nous l'aspirions. Supposez maintenant qu'au lieu d'une bougie, j'aie mis un petit oiseau, il serait mort tout comme la chandelle, et je trouverais encore sous la cloche de l'acide carbonique et de l'azote, mais il n'y aurait plus d'oxygène pur.

Laure faisait la moue ; tuer comme cela un petit oiseau pour vous apprendre quelque chose, elle aimait bien mieux ne rien savoir du tout, par exemple ; sa mère la caressa, mais elle ne put l'empêcher de jeter à son oncle des regards gros de reproches. Elle voulait bien apprendre, mais si on ne faisait de mal à personne.

Laurette avait très bon cœur.

— Eh bien, continua l'oncle Saint-Elme, supposez la cloche dix fois plus grande, et qu'au lieu d'un oiseau j'y mette une petite fille, ce serait encore identique ; n'ayant plus la quantité d'oxygène nécessaire à la vie, elle serait, comme on dit, asphyxiée. Mais je ne veux pas plus la mort d'un oiseau que celle d'un enfant, et je désirais seulement vous démontrer qu'en respirant, nous produisions le même gaz qu'un corps qui brûle.

Madeleine. — Pourtant, mon oncle, un corps qui brûle produit des cendres.

L'oncle Saint-Elme. — Parfois c'est un corps solide ; mais quand c'est un gaz, il produit d'autres gaz, et pas de cendres. Chez les vertébrés l'oxygène pénètre d'abord dans des appareils, espèces de sacs destinés à recevoir l'air et à ne pas être traversés : ce sont les poumons.

— Où, où ? oncle, demanda Laure rassurée depuis la déclaration que lui avait faite M. de Louvres de n'attenter à la vie de personne.

— Là et là, ma mignonne, répondit l'oncle en posant son doigt à droite et à gauche de la poitrine de Laure. Mais il me paraît utile de vous décrire l'admirable organe de la respiration.

— J'allais vous le demander, dit madame de Mussy, car je crains que ces petites têtes ne comprennent que confusément.

L'oncle Saint-Elme. — L'air pénètre par le nez et la bouche chez l'homme, par le nez seulement comme chez le cheval par exemple ; il passe dans un tube qui s'ouvre au fond de la bouche et qu'on appelle trachée artère ; cette trachée se partage en deux branches qu'on appelle les bronches et qui forment à leur tour une infinité de petits tubes ressemblant à la racine d'un arbre et qui sont entourés par les poumons. Les poumons sont des poches assez semblables à des éponges et forment de nombreuses cellules, dans chacune desquelles s'ouvre un rameau de bronches. C'est dans ce petit sac que s'arrêtera l'air.

Tout en parlant, l'oncle Saint-Elme avait dessiné une figure permettant à ses nièces de suivre son explication.

Maintenant que voici l'instrument, voyons ce qui s'y passe, continua-t-il.

— Tu te souviens, Madeleine ; je t'ai dit que l'air était pesant, et, en conséquence, pressait sur tout.

— Oui, mon oncle.

— Poussé par tout le poids de l'atmosphère, il pénètre par le nez, la trachée artère, les bronches, et arrive dans les poumons qui alors augmentent forcément de volume ; la poitrine s'élargit grâce à nos côtes qui peuvent s'élever ou s'abaisser ; c'est ce qu'on appelle l'inspiration. Maintenant les poumons se vident d'air, les côtes s'abaissent, la poitrine se resserre : c'est l'expiration. Ces deux mouvements alternatifs forment la respiration.

Tenez, mettez les mains sur vos côtés, vous vous rendrez parfaitement compte de ce que je vous dis.

— C'est vrai, dit Laurette ; pfou, pfou ! c'est comme un soufflet.

— La comparaison n'est pas mauvaise, dit l'oncle Saint-Elme ; seulement chez nous, l'air suit la même route pour entrer que pour sortir, tandis que dans le soufflet il n'en est pas de même.

Voulez-vous savoir maintenant ce qui s'est passé dans les poumons ?

— Oui, dit Laure, mais je voudrais voir un poumon.

— N'as-tu jamais vu le mou qu'on donne aux petits chats ?

— Bien souvent, oncle ; la cuisinière a toujours deux ou trois chats, reprit Madeleine.

— Eh bien, ce mou qu'elle leur donne n'est autre que le poumon du veau.

Une fois l'air arrivé dans le poumon, il y rencontre le sang, car tout le sang de notre corps y passe en une demi-minute. Or, le sang se compose de petits globules qui s'emparent de l'oxygène de l'air et l'emportent avec eux dans leur course à travers le corps où ils le distribuent ; c'est ce qui nous donne la chaleur nécessaire à la vie, et comme il y a combustion, il y a formation d'acide carbonique ; ce gaz, ramené à son tour dans les poumons par le sang qui va et vient, en est expulsé. Je vous ai dit que ce gaz était contraire à la santé. Tout ce qui produit de l'acide carbonique demande donc à être, sinon éloigné de nous, du moins mis en état de ne pas nous nuire. Ainsi, il est bon de renouveler l'air dans une salle où se trouve une société nombreuse. Toi, Madeleine, tu n'as pas vu cela encore, mais ta maman a pu remarquer qu'à la fin d'un bal les bougies brûlaient avec une lueur terne et s'éteignaient quelquefois ; ce fait est dû à l'excès d'acide carbonique dégagé par tous les invités, et à la diminution de l'oxygène que chacun a absorbé.

Madeleine. — Mais, mon oncle, vous nous avez dit qu'on le rejetait mêlé au carbone.

L'oncle Saint-Elme. — Nous ne rejetons pas tout ; nous en gardons en nous six fois plus que nous n'en chassons.

J'ajouterai que par la même raison que j'émettais tout à l'heure, il serait mauvais de coucher avec du feu dans sa chambre ; il y aurait alors une double production d'acide carbonique causée par votre respiration et la combustion du bois. Les poêles doivent surtout être prohibés pendant le sommeil, parce qu'ils produisent, plus que les cheminées, des gaz malsains et quelquefois mortels.

La leçon devenait un peu sérieuse, elle fut interrompue par un bâillement sonore de la petite Laurette.

— Furet ! lui dit sa sœur d'un ton de reproche.

— Ne la gronde pas, Madeleine, reprit M. de Louvres, elle me permet de compléter mon explication.

Ce bâillement est causé par un besoin d'air qui cause la contraction de la bouche et du palais. Cette enfant est restée immobile bien longtemps, elle a besoin de changer de place. Va, saute, promène-toi un peu, mignonne, et respire bien.

Les soupirs se produisent aussi quand la respiration ne se fait pas avec assez de rapidité, vous voyez que ce n'est pas toujours un effet du chagrin. Le sanglot et le rire, qui se ressemblent si peu, ont une même cause, ils sont causés par la contraction d'une membrane sur laquelle sont posés les poumons, et qui, en se rétrécissant ou se détendant, modifie le mécanisme de la respiration.

Mᵐᵉ de Mussy remercia son oncle, et se promit d'assister désormais aux leçons. On s'aperçut alors qu'il était six heures. En effet, Maxime ne tarda pas à rentrer, et Madeleine n'eut rien de plus pressé que de lui montrer son nouveau carnet. Le jeune collégien n'était point charitable, il ne se fit pas faute de prédire à sa sœur que ce beau zèle de s'instruire ne tarderait pas à s'éteindre, parce que d'abord elle était paresseuse, ensuite parce que les filles ne comprennent rien aux sciences.

— Tu me permettras de te contredire, mon petit neveu, dit M. Saint-Elme, qui avait entendu cette peu courtoise déclaration; elles comprennent tout aussi bien que les garçons; Madeleine te le prouvera, je t'en préviens. Ensuite, je te dirai que l'étude des sciences naturelles, dans leurs généralités, est très utile aux femmes parce qu'elles aboutissent à l'hygiène, et que l'art de prévenir les maladies et d'entretenir la santé est un des plus précieux à pratiquer pour celles à qui sera confiée plus tard la garde du foyer domestique. Les hommes ont des spécialités, les femmes ont besoin de notions générales en tout.

Le jeune Maxime rougit beaucoup et se tut, ne trouvant sans doute rien à répondre qui en valût la peine.

Il est sans contredit très agréable de regarder les images, mais il est bien plus amusant de se promener, même quand il pleut. Je ne sais si telle est votre manière de penser, mais du moins c'était celle de Laure. Aussi, le lendemain, quoiqu'il plût à verse, elle supplia son oncle de l'emmener avec lui; elle pouvait très bien affronter le temps humide, avec son léger manteau imperméable en tissu anglais, ses jambières en maroquin et ses caoutchoucs. Grosgrain, en la voyant sautiller autour de son oncle ainsi équipée, se sentit tout d'un coup rempli d'intérêt pour une fillette qui ne reculait pas devant les gros temps, et, intérieurement, il en fit sa favorite. Madeleine, dont la gorge était délicate, dut rester auprès de sa mère, elle trouva encore à s'occuper en achevant de rédiger, de souvenir, tout ce que le bon oncle Saint-Elme lui avait appris. Lorsque, après une promenade de deux heures, Laurette rentra, sa mère et sa sœur n'eurent qu'une parole :

— Pauvre Laure, comme te voilà coiffée !

Les jolis cheveux blonds de la petite fille que, chaque soir, sa maman prenait la peine de rouler sur des bigoudis pour les rendre ondulés le lendemain, pendaient épars sur ses épaules en mèches longues et inégales.

— Ma pauvre Furet, lui dit sa sœur, tu as tout à fait l'air d'une noyée ; est-ce que tu es tombée dans l'étang ?

Et comme elle affirmait qu'elle n'était tombée nulle part, M. de Louvres qui la suivait se contenta de dire :

— C'est encore la faute de cette coquine de vapeur d'eau. C'est elle qui éteignait mon feu hier, c'est elle qui défrise Laurette aujourd'hui.

— Comment cela, oncle ? demanda Madeleine.

— Je crois vous avoir dit qu'outre l'oxygène et l'azote qui forment l'air dans un rapport invariable, il s'y trouve d'autres gaz; la vapeur d'eau est un de ceux-là.

MADELEINE. — Je ne me souviens pas que vous nous ayez dit cela, oncle, mais maintenant je me le rappellerai.

M. SAINT-ELME. — Cette vapeur d'eau est abondante quand on dit que l'air est humide. Pour se rendre compte de sa proportion plus ou moins considérable dans l'air, on a imaginé un petit instrument qui se fait avec un cheveu.

— Avec un cheveu ! dit Madeleine très étonnée.

L'ONCLE SAINT-ELME. — Oui; on a remarqué que certains corps se modifiaient au contact de l'air humide, c'est-à-dire qu'ils prennent la vapeur d'eau et s'allongent ; tels sont les cheveux, les cordes à violon. C'est en observant ce fait qu'un célèbre physicien du dix-huitième siècle, Saussure, a imaginé l'hygromètre à cheveu. Après avoir bien dégraissé le cheveu, il l'a tendu sur un cadre en métal. Quand il fait humide, le cheveu s'allonge et fait mouvoir une aiguille placée sur un cadran en demi-cercle ; quand il fait sec, il se resserre et ramène l'aiguille dans le sens contraire. On a marqué des degrés sur le cadran on peut ainsi calculer l'état hygrométrique de l'air avec exactitude. Et voilà pourquoi cette pauvre Laurette est toute défrisée : ses cheveux ont pris la vapeur d'eau, ce qui les a allongés plus que de raison. Tenez, voici encore une preuve à l'appui de ce que je vous dis, ajouta M. de Louvres, en prenant un petit capucin en carton dont le capuchon recouvrait toute la tête et le visage. Ce capuchon est retenu endedans par une corde à boyau, une corde à violon, si vous voulez ; aujourd'hui qu'il pleut, la corde s'est allongée et le capuchon est venu retomber sur la tête du petit moine ; qu'il fasse sec demain, la corde se resserrera, et le capuchon tiré en arrière laissera la tête à nu. On nomme cet instrument un hygroscope.

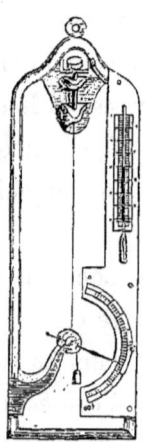
Hygromètre.

— Oh ! que c'est gentil ! dit Laure ; c'est un joujou cela !

— Même avec les joujoux, mignonne, il y aurait beaucoup à apprendre, dit en souriant l'oncle Saint-Elme. Puisque nous avons parlé des cheveux, je veux vous en montrer un au microscope.

Et M. de Louvres, tirant le petit instrument qui ne quittait guère sa poche, s'arracha un cheveu et, le plaçant convenablement, le mit sous les yeux des enfants.

— Oh ! s'écria Madeleine, je ne vois point de cheveu, mais un gros tube clair avec de petites branches.

— C'est le cheveu, dit M. Saint-Elme, regarde-le bien ; il est formé de deux parties : une enveloppe cornée...

Madeleine, interrompant. — Nos cheveux sont en corne !

L'oncle Saint-Elme. — Certainement, d'une substance analogue à la corne des animaux. Plus intérieurement, il y a un autre tube dans lequel circule le liquide qui donne la couleur à nos cheveux ; ils tiennent au cuir chevelu par une racine ou bulbe, et sont alimentés par une petite glande. Les couleurs différentes des cheveux sont dues au liquide qu'ils renferment. Il y en a de blonds, de noirs, de roux, de châtains. Un savant allemand qui ne savait sans doute quoi faire de son temps s'est avisé de compter les cheveux d'une tête blonde, d'une tête châtain, d'une tête noire. Le résultat de ce singulier et patient travail a été le suivant : les cheveux les plus touffus sont sur les têtes blondes ; il y en a environ 600,000. Ensuite viennent les cheveux châtains, puis les noirs, qui sont les moins épais.

MADELÉINE. — Alors c'est Laurette qui a le plus de cheveux, et papa aussi puisqu'ils sont blonds. Maman en a moins avec ses jolis cheveux noirs doux comme de la soie ; et Maxime et moi, nous sommes dans le milieu, dans la moyenne comme on dit.

L'ONCLE SAINT-ELME. — Pour finir notre entretien sur ce chapitre, je vous dirai qu'il faut donner de grands soins à la chevelure, cet ornement naturel, mais ne pas abuser des pommades ni des cosmétiques. Un peu de pommade pour ceux qui ont les cheveux secs ; une eau aromatique pour ceux qui ont les cheveux gras. Voici ma consultation donnée.

CHAPITRE VII

VOYAGE D'UN GRAIN DE RAISIN. — UNE CONSPIRATION.

La digestion. — Vers blancs. — Les nuages. — Le temps qu'il fera d'après les animaux. — Les plantes.

L'un des soirs qui suivit, tout le monde était réuni à table pour le souper ; nous avons dit que l'oncle Saint-Elme, fidèle aux anciens usages, dînait à midi. On s'entretenait de M. de Mussy qui, malgré sa promesse, n'avait encore envoyé aucune dépêche, et depuis quelques jours, sa femme avait peine à dissimuler son inquiétude. M. de Louvres faisait tous ses efforts pour la rassurer, en lui disant qu'il n'y avait point de télégraphe établi aux Açores où le *Transatlantique* devait relâcher. Il s'était laissé entraîner par ses souvenirs de marin, et

VOYAGE D'UN GRAIN DE RAISIN. — UNE CONSPIRATION. 65

racontait les péripéties de l'une de ses traversées en Amérique.

Au dessert, deux mets se disputaient les honneurs de la table : un superbe fromage blanc et une élégante corbeille de raisins frais. Ces fruits étaient un envoi d'Espagne que M. de Louvres avait reçu de ses amis. Laure avançait déjà la main vers les belles grappes dorées,

Une fromagerie.

quand sa mère lui dit : Laurette ! pour arrêter cet élan un peu prématuré. Mais, maman, vous savez que je n'aime pas le fromage.

L'oncle Saint-Elme. — Il faut tout aimer ou au moins manger de tout, petite. Ce fromage-là se recommande à toi, il est fait avec le lait de nos petites vaches que tu admirais. Si tu es sage, demain, on te fera assister à sa fabrication. Tu ne verras pas une fromagerie organisée comme celles de Suisse, mais cela t'amusera quand même, j'en suis sûr. Tu verras comment on fait cailler le lait en y mettant un morceau d'estomac du veau ; c'est ce qu'on nomme la présure ; elle sert à hâter la coagulation de la partie solide du lait, la *caséine* qui est riche en azote ; ensuite on fait égoutter le petit lait dans un linge fin. — Pierret te montrera tout cela.

Madeleine. — Est-ce que Pierret fait aussi le fromage de Gruyère ?

M. Saint-Elme en riant. — Non, par la raison qu'il ne se lance que dans les fromages frais. Les fromages cuits et comprimés se fabriquent en Suisse, en Hollande, en Angleterre. Ils sont très nutritifs parce qu'on les fabrique avec du lait non écrémé. Et, dans ces pays, ils suffisent presque à la nourriture des habitants. Les fromages donnent une grande quantité d'azote et de matières grasses.

Madeleine. — Ce matin, j'ai vu M. Gros-Grain déjeuner d'un gros morceau de fromage, et comme je lui conseillais d'ôter la pelure, il m'a dit « qu'il ne voulait rien perdre ».

M. Saint-Elme. — Gros-Grain a un estomac robuste, mais il n'en a pas moins tort d'être à ce point économe. Les moisissures qui couvrent les fromages sont malsaines ; de même, quand les fromages sont anciens, trop faits, il s'y produit ce qu'on appelle du caséate d'ammoniaque qui a parfois causé des empoisonnements. On n'a pas cela à craindre dans nos fromages frais faits pour être mangés tout de suite.

Laure mangea du fromage et, en récompense de sa docilité, reçut une magnifique grappe de raisin qu'elle se mit à savourer en connaisseuse.

Maxime, pour la taquiner, voulut lui arrêter brusquement la main qu'elle portait à la bouche, mais pas assez tôt pour l'empêcher d'avaler le grain de raisin, seulement elle l'avala de travers, et fut prise d'un accès de toux suivi d'une véritable suffocation ; déjà, la figure de la pauvre petite, du rouge passait à une teinte violacée ; Mme de Mussy inquiète l'avait prise sur ses genoux ; M. de Louvres lui inclina la tête en avant et lui frappa légèrement sur la nuque, Laure fit un effort et le grain de raisin fut rejeté, mais tout le monde avait eu une belle peur. Maxime, tout penaud, demanda pardon à sa petite sœur. L'oncle Saint-Elme, qui n'aimait point à voir les gens tristes, fit prendre à Laure un petit canard trempé dans son café brûlant, ce qui la ragaillardit, et il dit en souriant :

— Tout cela n'est arrivé que parce que le raisin n'a pas suivi son chemin. Mais oui, il devait passer par l'œsophage et il essaye de s'introduire dans la trachée artère où l'air seul a la permission d'entrer. Il y a pourtant une petite porte appelée l'épiglotte qui ferme le larynx (entrée de la trachée artère) quand on avale en voulant trop se hâter. Laure a brouillé toutes ses fonctions et a avalé de travers. Le danger n'a pas été grand ; il aurait pu le devenir. Tout corps étranger qui est introduit dans la trachée peut causer l'asphyxie ; en tout cas, c'est toujours une très pénible opération pour l'extraire. A l'avenir, plus de ces mauvaises plaisanteries, comme de faire peur quand on boit, de frapper dans le dos, que sais-je ? un tas de tours qui révèlent encore plus d'ignorance que de malice.

Pour dissimuler son trouble, Maxime, qui se sentait particulièrement visé, hasarda une diversion, et dit à son oncle :

— Oncle Saint-Elme, vous devriez bien, à propos de ce vilain grain de raisin, nous indiquer la route qu'il avait à parcourir.

— C'est fort simple, dit M. de Louvres, il avait à suivre le chemin tout tracé pour nos aliments. La bouche, l'œsophage, long tube en arrière de la trachée artère aboutissant à une poche assez semblable à une cornemuse et qui est l'estomac. Les aliments, selon leur nature, y séjournent de une heure à quatre heures.

— Et qu'est-ce qu'ils font là-dedans ? demanda Maxime.

— Ils s'imbibent d'un suc particulier appelé suc gastrique qui tapisse l'estomac et se changent en une matière appelée chyme. Ensuite le chyme passe dans le pylore, conduit étroit qui le mène aux intestins. Là s'achève la digestion. Dans son chemin, l'aliment métamorphosé a reçu un suc assez semblable à la salive que lui envoie une glande appelée pancréas ; il reçoit aussi à son entrée dans l'intestin la bile qui est versée par le foie. Le foie occupe tout le côté opposé à l'estomac.

— De la bile ! mais, mon oncle, j'ai entendu dire bien souvent qu'il ne fallait pas se faire de bile.

— Il n'en faut pas en excès, car alors on aurait de cruelles maladies, mais elle est indispensable à la digestion. Le chyme est donc arrivé dans l'intestin grêle, qui est très long ; il le parcourt en entier en s'avançant comme un ver qui rampe. Chemin faisant, la partie de l'aliment qui n'a pas été dissoute par la salive ou par le suc gastrique se fond complètement, et alors se forme le chyle, liqueur jaunâtre qui est la partie que nous devons conserver de nos aliments; le chyle remonte par de petits vaisseaux absorbants jusqu'à la hauteur du cœur, où il entre dans une grosse veine et vient ainsi augmenter la masse de notre sang.

— Comment! la viande, le pain, le fromage, tout cela se change en sang?

— Oui, mon enfant ; au bout de huit heures, la transformation entière est accomplie et le but de la digestion qui est de dissoudre nos aliments est rempli. Les dents ont broyé, la salive a changé le pain et toutes les farines en sucre...

— En sucre! interrompit Laure en passant sa langue sur ses lèvres.

— La langue a poussé les aliments dans l'arrière-gorge, le suc gastrique a dissous la viande et les matières animales, le foie, le pancréas, les intestins ont tous travaillé ; cela s'opère toutes les fois qu'on mange.

— Je ne m'en étais jamais aperçue, dit Madeleine en attachant sur son oncle de grands yeux pleins d'étonnement et de curiosité.

— Heureusement, mignonne. Quand on est en bonne santé, ce travail se fait sans qu'on en ait conscience. Il ne faut pas qu'on sente son estomac ; c'est ce que je vous souhaite jusqu'à demain matin. Il est neuf heures, il y a longtemps que les petits oiseaux dorment la tête sous leurs ailes.

Et, après les baisers du soir, chacun se retira chez soi, enchanté les uns des autres.

Ce même soir, Madeleine et sa sœur étaient montées dans leurs lits après avoir fait la prière en commun ; Laure qui tombait de sommeil s'était, à peine la tête sur l'oreiller, endormie tout de suite ; Madeleine, l'esprit rempli de ce que son oncle lui avait appris de nouveau, voyait repasser dans son cerveau, un peu confusément, nous le reconnaissons, ces hôtes nouveaux dont elle ne soupçonnait pas, hier encore, l'existence, et qui étaient logés en elle où ils se livraient à leur mystérieux et constant travail. Elle entrait tout doucement dans cet engourdissement qui précède le sommeil, et commençait à n'avoir plus de notions bien nettes sur le foie, les globules sanguins, les chameaux et les hygromètres. Tout à coup, elle fut tirée de son assoupissement par le bruit d'un pas lourd, faisant crier le gravier des allées du jardin.

Elle ne se rappelait pas si elle avait dormi ; elle se croyait à une heure beaucoup plus avancée de la nuit, et elle se sentit frissonner. Vous me direz qu'un homme qui marche dans un jardin, cela ne constitue pas un fait bien extraordinaire, surtout quand il y a des domestiques et des jardiniers qui peuvent avoir affaire ; mais la nuit, l'imagination, plus disposée à croire au danger, est prête à faire des fantômes des choses les plus naturelles et les plus simples. A tort ou à raison, Madeleine se sentit prise par la peur et, dès lors, ne raisonna plus. Les pas continuaient à se faire entendre, ils se rapprochèrent et s'arrêtèrent juste devant la maison ; il sembla à Madeleine qu'on introduisait une clef dans la serrure, et elle distingua très bien le bruit de la porte glissant sur ses gonds, suivi de l'autre bruit non moins reconnaissable d'un pas sur l'escalier. On montait. Les pas résonnèrent adoucis, amortis dans le corridor sur lequel s'ouvraient toutes les chambres, celle des enfants comme celle de M. de Louvres.

Elle entendit qu'on frôlait sa porte ; elle voulut crier, mais sa voix ne put sortir de sa gorge resserrée par la peur ; alors elle se glissa hors de son lit, et, retenant son souffle, chercha la porte de la chambre de sa mère qui communiquait avec la sienne. Il faisait sombre, elle ne s'orientait pas ; elle s'arrêta soudain en entendant des voix tout près d'elle ; non des voix claires et éclatantes, mais comme un murmure mystérieux qui lui parut menaçant.. Quelques lambeaux de phrase arrivaient à ses oreilles : « Oui, ils sont arrivés, disait-on ; faut-il les nourrir à rien faire, ces gourmands, ces voraces ? Chut ! chut ! fit une autre voix, ce soir, je les ai vus, ils dévoraient. Il faut s'en débarrasser à tout prix. Le froid ne les tuera pas à présent. En avant les grands moyens, parents et enfants seront brûlés, hachés comme chair à pâté. Ça leur apprendra à ne pas rester chez eux. J'irai chercher main forte et gare à eux!... » Chacune de ces phrases dites brusquement était ponctuée de chut! chut! prononcés par l'interlocuteur qui voulait modérer son complice; Madeleine en était sûre, c'étaient des malfaiteurs qui en voulaient à la vie de quelqu'un. Parents et enfants! on tuerait tout; quels parents et quels enfants auraient mieux fait de rester chez eux?... Madeleine suait à grosses gouttes. Les conspirateurs se remirent en mouvement, et ils repassèrent devant la chambre sans faire la moindre tentative d'effraction, il faut le reconnaître ; Madeleine, paralysée par la peur, sentit ses jambes lui revenir quand la porte d'en bas se fut refermée ; alors seulement elle appela d'une voix désespérée : « Maman! maman! » Madame de Mussy se leva précipitamment, et parut bientôt armée d'une bougie.

— Qu'as-tu, ma fille, demanda-t-elle tout inquiète de la pâleur de Madeleine.

— Maman, maman, sauvons-nous, dit la petite fille en s'accrochant après sa mère, sauvons-nous, vite; cachez Laure et Maxime et moi; il y a des assassins, je les ai entendus, vite! vite! ils vont revenir.

Madame de Mussy, croyant à un accès de fièvre, prit Madeleine dans ses bras, et l'emportant dans sa chambre, fit tous ses efforts pour la calmer. Elle lui frotta le front avec de l'eau de Cologne, lui fit avaler une pilule d'éther, ce qui la remit un peu, mais ne l'empêcha pas de lancer des regards effarés vers les croisées et les portes.

Madame de Mussy, ne comprenant trop rien au récit entrecoupé de sa fille, s'avança vers une des fenêtres ouvrant sur le jardin ; elle vit, en effet, des lumières qui allaient et venaient à travers les arbres.

— Je ne sais ce que c'est au juste, dit-elle ; les jardiniers auront eu quelque travail à préparer, quelque piège à tendre. Sois sans inquiétude, Madeleine, ajouta-t-elle plaisamment, si l'on nous tue, nous aurons la consolation de mourir ensemble.

— Oh! maman! dit Madeleine en joignant les mains, ne dites pas des choses pareilles!

Cependant le calme de sa mère l'apaisa, et lorsque madame de Mussy l'eut fait coucher dans son propr lit, elle sentit peu à peu s'évanouir ses terreurs et s'endormit en tenant la main de sa mère. Le lendemain, quand elle se réveilla, il faisait grand jour. Madame de Mussy, tout à fait rassurée sur la santé de sa fille en la voyant fraîche et souriante, lui demanda si elle était bien sûre de n'avoir pas rêvé. Madeleine était bien sûre que non, et dès qu'elle fut habillée, elle pria sa mère de l'accompagner auprès de son oncle pour l'instruire de ce qui se passait la nuit dans sa maison.

La première personne qu'elles rencontrèrent fut Gros-Grain ; sa grosse figure avait une expression joyeuse; et il examinait le ciel avec attention.

— Salut ! Mesdames, dit-il ; on aura peut-être du beau temps aujourd'hui, les petites demoiselles pourront se promener ; allons, tant mieux ; ça va ! ça va bien.

Madame de Mussy, sans s'arrêter à demander ce qui allait si bien, s'informa où était son oncle.

— Me voici ! ma nièce, dit M. de Louvres, l'air encore plus triomphant que son matelot. Vous me voyez enchanté et délivré d'une vraie préoccupation.

— En vérité ? dit madame de Mussy en interrogeant des yeux l'oncle Saint-Elme.

— Oui, et bien que j'aie passé une nuit quasi blanche, je ne me plains point. Imaginez-vous que mes domestiques et moi, nous nous sommes pendant plusieurs heures livrés à un travail d'extermination.

Un sourire passa sur les lèvres de madame de Mussy.

— Lequel, mon oncle ?

— L'hiver a été, à quelques jours près, particulièrement doux ; par conséquent, le froid n'a pu détruire nos ennemis intimes, les insectes nuisibles, et en tête de tous, le man. Le man est le ver qui sort de l'œuf pondu par les hannetons; rien n'est destructif et gourmand comme cette vilaine larve, molle et blanchâtre. Remarquez qu'avant de pondre, messieurs les hannetons choisissent une excellente terre bien labourée ; cet instinct, peut-être très touchant pour leur progéniture, est fatal aux végétaux et aux arbres qui meublent le champ choisi par eux. Rien n'est vorace comme le man, et il reste quatre ans sous la terre avant de devenir hanneton. Or, hier soir, en faisant sa revue, Pierret, qui est un précieux observateur, a vu plusieurs hannetons sortir de terre dans ce joli pré qui borde l'étang. Cela a été un trait de lumière pour lui ; il est venu trouver Gros-Grain qui m'a réveillé, et je suis venu constater le fait. Jugez donc ! des ormes séculaires auraient eu leur existence compromise par ces affreuses bêtes ! nous avons creusé une tranchée à

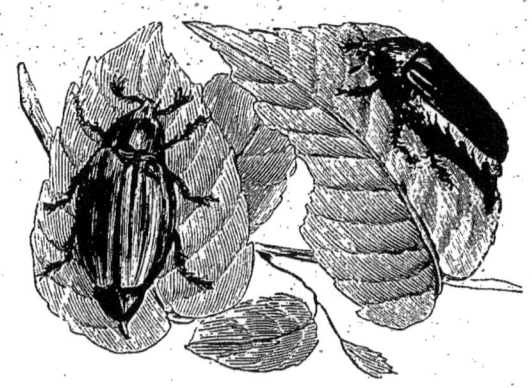

Hanneton.

la profondeur de dix centimètres, et nous en avons trouvé plusieurs. Ce matin, tous nos gens, la pioche en main, sont venus nous aider, et on en a, jusqu'à présent, tué plus de trois cents ; ma pépinière aurait été dévorée.

M. de Louvres s'arrêta stupéfait en voyant sa nièce, madame de Mussy, rire aux éclats, et répéter d'une grosse voix en s'adressant à Madeleine. « Parents, enfants, seront brûlés et hachés comme chair à pâté. » La petite fille, qui n'avait pas tardé à comprendre, riait aussi, mais d'un air embarrassé. Ce fut madame de Mussy qui se chargea de mettre son oncle au courant, et je laisse à penser si l'affaire des hannetons resta célèbre. La bande d'assassins qui a vraiment existé, dit l'oncle Saint-Elme, avait comme acteur des plus ardents ce diable de Gros-Grain qui est là-bas planté en observation. Que fais-tu, mon garçon? lui demanda M. de Louvres.

— C'est le temps que je ne puis déchiffrer pas plus qu'un grimoire, aujourd'hui. Tout à l'heure il disait beau, maintenant je ne sais plus ce qu'il dit.

— Si l'on veut savoir le temps, on n'a qu'à aller regarder le petit capucin de mon oncle, hasarda Madeleine toujours un peu honteuse de sa folle terreur nocturne.

— Oui dà, reprit Gros-Grain d'un air railleur; ces petits joujoux-là, ça marque en général le temps qu'il fait et non celui qu'il fera. J'en sais aussi long qu'eux; quand il pleut, je vois bien que c'est le moment d'ouvrir mon parapluie.

— Et quand il fait du soleil, celui d'ouvrir mon ombrelle, dit en sautillant Laurette qui avait rejoint sa mère et sa sœur.

— Il n'y a pas à dire, continua Gros-Grain, le meilleur livre pour lire le temps qu'il fera, c'est celui-ci, et sa forte main brune indiquait tout le ciel. Les brouillards et les nuages en savent plus long que nous.

— Les nuages, reprit Madeleine en riant, ils changent de forme à toute minute.

— Mademoiselle, reprit le matelot, comme vous êtes la nièce de mon commandant, il se peut que vous ayez raison en ayant l'air d'avoir tort; mais vous me permettrez de vous dire que les nuages sont de différentes espèces, et qu'un marin confondrait plutôt un nègre avec un blanc qu'une *balle de coton* avec une *queue de chat*.

Et comme Madeleine souriait vaguement, sans trop comprendre.

— Gros-Grain a raison, lui dit M. de Louvres, les marins sont obligés d'interroger, à chaque heure du jour, le ciel; les nuages et les vents sont leurs plus précieux indicateurs.

— Les balles de coton? les queues de chat? répéta Madeleine tout en regardant le ciel où elle n'apercevait rien de semblable.

— Ce sont les matelots qui les ont ainsi baptisés, continua l'oncle Saint-Elme répondant à l'interrogation que renfermaient les paroles de sa nièce; ils ont d'autres noms dans la langue scientifique. Les *cirrus* sont des filaments déliés qui se forment à de grandes hauteurs.

— Pardon de vous interrompre, oncle Saint-Elme, dit Madeleine, mais je ne sais pas d'où viennent les nuages.

M. Saint-Elme. — Te rappelles-tu la bouillotte, remplie d'eau chauffée et produisant de la vapeur?

Madeleine. — Sans doute; quel rapport? il n'y a pas.....

L'oncle Saint-Elme. — De bouillotte? c'est ce qui te trompe, ou plutôt ce sont les mers, les fleuves, les lacs qui se chargent de fournir l'eau ; le soleil la chauffe et, quand elle est suffisamment chauffée, elle devient de la vapeur; en vertu de sa légèreté, elle s'élève. Plus on monte, plus il fait froid ; elle se condensera donc, formera d'abord un brouillard léger, puis un brouillard plus épais : ce sont les nuages. L'eau ainsi condensée forme une foule de petits globules assez semblables à des bulles de savon. Le brouillard proprement dit n'est qu'un nuage très près de la terre. Les brouillards se forment quand le sol est plus chaud que l'air. Ainsi, le matin, on en voit souvent sur les rivières ; l'eau est alors plus chaude que l'air et la vapeur qui s'évapore à sa surface forme des brouillards. Tu as entendu dire que l'Angleterre était souvent environnée de brouillards; ils sont dus à un courant d'eau chaude, le Gulf-stream, qui vient d'Amérique et qui baigne les côtes de l'Angleterre ; son eau étant plus chaude que l'air, il s'élève des brouillards à sa surface.

Madeleine. — Je vous remercie, mon oncle ; maintenant que je sais ce qui cause les nuages, je serai très contente d'apprendre leurs noms.

M. Saint-Elme. — Je parlais des cirrus; ceux-là mêmes que Gros-Grain appelle des queues de chat parce qu'ils forment de longues traînées blanches. Ce sont eux qui produisent parfois autour de la lune une couronne. N'est-ce pas, Gros-Grain ?

Gros-Grain. — Oui, mon commandant, ils se forment à 6000 mètres, et quelquefois 10000, et pour les pays où ils paraissent, ils annoncent la pluie dans quelques jours.

M. Saint-Elme. — Les *cumulus* sont les nuages les plus communs dans nos climats; ils ont une forme arrondie et s'amassent souvent les uns sur les autres. Ils montent le jour et redescendent vers le soir. Leur couleur blanche et leur rondeur les ont fait nommer *balles de coton* par les gens de mer. Tenez, en voilà qui se dessinent sur le ciel bleu. Pleuvra-t-il, Gros-Grain ?

Gros-Grain. — Sans doute ; il y en a trop, ils vont se rapprocher et dans une heure le ciel sera tout gris. C'est encore de l'eau. L'été, ils n'annoncent pas toujours le mauvais temps quand ils sont légers.

M. Saint-Elme. — Il y a encore les stratus qui paraissent le soir quand le soleil se couche, et qui forment des bandes horizontales. Quelquefois les nuages ont une forme qui tient du stratus et du cumulus, on les appelle alors cumulo-stratus et ils produisent des pluies, souvent des orages. On appelle nimbus, des nuages descendus assez près de la terre pour paraître noirs. Tu les connais, n'est-ce pas, camarade ?

— Oui, commandant, ce sont ceux qui apportent les gros grains, reprit le matelot sans sourciller. Ils m'ont servi de parrains, soit ! cela faisait rire l'équipage ; il faut bien qu'on s'amuse ; mais avouez que je ne me trompais pas souvent.

— Je l'avoue, répliqua M. de Louvres, et très volontiers. Voyons, pronostique-nous un peu le temps.

— Quand le ciel est bleu clair et brillant, avec de petits nuages bien formés, c'est le beau temps. Quand les étoiles sont très brillantes et la lune voilée, c'est de l'eau. Le ciel jaune, au coucher du soleil, annonce le vent s'il est brillant, la pluie s'il est pâle ; le ciel rouge, toujours du vent. Quand le soleil se couche dans un beau ciel orangé sans nuage, c'est le beau fixe.

« Ciel pommelé, femme fardée ne sont point de longue durée. »

Et Gros-Grain, tout fier de sa citation, se mit à rire à belles dents. Il rit encore plus fort, quand le vent s'étant élevé tout à coup chassa devant lui de gros nuages gris, et que de larges gouttes d'eau tombant sur les causeurs les obligèrent à rentrer.

— Allons, se dit-il à demi-voix, Gros-Grain a toujours son coup d'œil, il n'a pas besoin de regarder si les mouettes gagnent le large ou volent vers la terre pour prédire un coup de vent.

— Les animaux d'ici nous font connaître le temps tout comme vos bestioles de la mer, dit Pierret qui, en venant rendre compte à son maître du résultat excellent de la guerre aux mans, avait entendu la dernière partie de l'entretien.

Nos hirondelles rasent la terre, nos grenouilles croassent et quit-

Le beau temps.

tent l'étang, les lézards se sauvent dans leurs trous, les canards s'enfoncent dans la mare et crient, les poules se grattent quand il va faire mauvais temps; mais le plus sûr, c'est encore ce que disent nos plantes.

— Les plantes parlent, demanda Laure émerveillée et très disposée à faire un retour vers les contes de fée.

— Pardon, excuse, ma petite patronne, dit l'honnête Pierret, elles parlent sans parler, comme on dirait d'un muet. Ainsi quand le trèfle se dresse bien droit, il va tomber de l'eau, de même quand la pimprenelle ouvre sa fleur. Mais s'il doit faire du sec, c'est le souci qui s'ouvre, et il se clot s'il doit pleuvoir.

— Merci, Pierret, dit M. de Louvres, tu parles bien aussi, toi.

— Mais, cher oncle, demanda Madeleine d'un air sérieux, comment a-t-on pu savoir toutes ces choses?

Le mauvais temps.

— En regardant, en observant. Je te l'ai dit, la nature est un grand livre qui répond à tous ceux qui l'interrogent. Les paysans, ces simples, savent y lire bien souvent mieux que nous.

Madeleine fit une petite moue : nous savons qu'elle n'aimait pas les paysans.

Cependant la prophétie de Gros-Grain avait mis tant d'énergie dans sa réalisation, que l'on dut rentrer bien vite au risque d'être inondé. Madeleine ne se récria pas ; elle ne reculait plus devant une journée passée à lire ou à écrire ; le genre d'études que lui faisait faire son oncle l'enchantait ; elle marchait de surprise en surprise, et ne voulait rien oublier. Madame de Mussy, assez étrangère aux choses des champs, se laissait elle aussi gagner par l'intérêt qui passionnait ses enfants ; elle en vint même à revoir et corriger les extraits que faisait Madeleine. Elle n'attendait plus de dépêche de son mari qu'à son arrivée à la Martinique ; tout ce qui pouvait la distraire était donc bien accueilli.

CHAPITRE VIII

LE CABINET DE TOILETTE.

Zoophytes. — Éponges. — La tortue et l'écaille. — L'éléphant et l'ivoire. — Le savon. — La bougie. — La distillation.

Un matin, l'attention de M. de Louvres, alors occupé, en compagnie de Pierret, à tailler le gigantesque rosier qui tapissait le devant de la maison, fut brusquement attiré par des cris aigus ; il prêta l'oreille et distingua, en même temps que la voix irritée d'un enfant, une voix plus grave qu'il reconnut pour celle de madame de Mussy.

— Qu'y a-t-il donc? demanda-t-il en s'avançant vers la fenêtre d'où partait tout ce bruit. La tête souriante de Madeleine s'avançait pour répondre à son oncle, quand quelque chose, lancé de l'intérieur, vint effleurer la main de l'oncle Saint-Elme.

— Une éponge ! dit-il, moitié riant, moitié surpris.

— Mais oui, oncle ; c'est Laurette qui ne veut pas se laisser laver parce qu'elle trouve l'eau trop froide.

— Cette vilaine fille vous fera des excuses, mon cher oncle, dit madame de Mussy en s'approchant à son tour, et présentant de loin la tête ébouriffée et révoltée de mademoiselle Furet qui, avec ses cheveux en désordre et son air grincheux, ressemblait à ces petits

REPRENEZ CE PETIT ANIMAL QUI NE VOUS FAIT QUE DU BIEN ET QUE VOUS AVEZ SI MALTRAITÉ.

havanais maussades qu'on ne peut aborder sans craindre d'être happé.

L'oncle Saint-Elme eut tout d'abord envie de rire, mais il prit son air grave pour enjoindre à sa jeune nièce d'obéir au plus vite. Peu habituée à la sévérité d'un si bon oncle, Laure disparut promptement de la fenêtre, et la toilette se termina silencieusement. Dès qu'elle fut achevée, M. Saint-Elme appela Laure : Reprenez ce pauvre animal qui ne vous fait que du bien et que vous avez si maltraité, lui dit-il en lui tendant l'éponge.

Laure, qui avait avancé la main, la retira au mot d'animal et regarda son oncle avec une expression de stupéfaction qui n'était pas jouée.

— Oui, dit-il en retrouvant sa bonhomie habituelle, l'éponge est un animal; rassure-toi, ce que je te présente là n'est que son squelette. Vous rappelez-vous, quand je vous ai énuméré les diverses classes d'animaux, que je vous ai nommé les zoophytes?

— Attendez, mon oncle, je vais consulter mon carnet. Et Madeleine, rapide comme un trait, courut chercher son cahier.

— Oui, oui, dit-elle en revenant; zoophytes ou animaux-plantes. Seulement je ne comprends pas très bien.

M. Saint-Elme. — Tout à fait en bas de la classification des animaux, il y a des êtres très imparfaits qui vivent, se nourrissent et se reproduisent. Les éponges sont de ceux-là. Attachées au fond des mers à un rocher, elles sont dépourvues de mouvement. Elles sont composées d'une masse molle et gélatineuse, criblée de trous que l'eau traverse sans cesse et qui leur sert à retenir leur nourriture, composée de molécules organiques qu'on trouve toujours à la profondeur des eaux tranquilles. Au printemps, des milliers de larves sortent de ces trous, et, à l'aide des cils qui les entourent, semblables à de petites feuilles imparfaites, elles nagent avec rapidité; au bout de quelque temps, elles se fixent sur une roche sous-marine et deviennent l'éponge que je vous décrivais. A partir de ce moment, c'est fini, elles ne bougeront plus.

Madeleine. — Enfin, oncle, est-ce un animal, est-ce une plante?

M. Saint-Elme. — Les naturalistes ont longtemps débattu cette question, mignonne, et l'opinion du savant Cuvier l'a emporté : selon lui, l'éponge est un animal, tout au moins dans le commencement de sa vie.

La pêche aux éponges.

Laure. — Et comment s'y prend-on pour les pêcher ?

M. Saint-Elme. — On les pêche le plus communément ainsi, quand elles poussent à une légère profondeur. On choisit un temps calme et clair. Les pêcheurs attachent solidement à leur bateau une grande perche qu'ils ont plongée dans la mer, et, armés d'un couteau à lame solide, ils se laissent glisser contre ce nouveau mât jusqu'au fond, tout tapissé d'éponges; ils en font alors une moisson abondante. On remplace quelquefois la perche par une double corde, munie d'un plomb. D'autres pêcheurs les prennent avec de longs couteaux, attachés à des filets, et les pêchent du bateau sans plonger; ils les déchirent souvent ainsi, et on préfère beaucoup les éponges plongées. Les plus recherchées, les plus fines, sont celles de Venise et de Syrie. On en pêche dans toute la Méditerranée et du côté des îles Bahama, dans le golfe du Mexique.

Madeleine. — Oh! c'est du côté où est allé papa!

L'oncle Saint-Elme. — Ce n'en est pas très loin, en effet : la mer des Antilles et le golfe du Mexique se touchent. C'est pourtant Laure qui nous a donné l'occasion de parler des éponges.

Madame de Mussy. — Il eût été à désirer que cette occasion eût été donnée d'autre façon. Mademoiselle ne brille généralement pas par la patience à l'heure de sa toilette. Ici, jusqu'à présent, il n'y avait rien eu à dire, mais, à Paris, j'entends souvent de gros orages s'élever entre elle et la femme de chambre. Elle n'aime pas l'eau; on lui tire les cheveux, que sais-je!

L'oncle Saint-Elme. — Et pourtant, pour arranger ces jolis cheveux-là, je suis certain qu'on a un peigne bien doux et bien léger.

Madeleine. — Nos peignes sont en écaille.

L'oncle Saint-Elme. — Et si, au lieu de pleurer comme un bébé pour un cheveu qu'on tire, Laurette s'était demandé d'où vient ce peigne d'écaille, elle eût cent fois mieux fait.

Laure. — Je le sais bien! il vient du boulevard des Capucines.

L'oncle Saint-Elme riant. — J'aurais dû préciser et dire seulement l'écaille.

Madeleine. — Je sais que l'écaille est fournie par les tortues.

L'oncle Saint-Elme. — Par toutes les tortues?

Madeleine. — Je le crois.

L'oncle Saint-Elme. — L'écaille provient du caret, grande tortue de mer, longue de quelquefois 2 mètres, et pesant souvent 200 kilogrammes. On la pêche dans les pays chauds et surtout vers les côtes d'Afrique. La carapace supérieure est seule employée dans l'industrie. Vous avez vu des tortues emprisonnées dans ces deux épaisses cloisons qui ne laissent sortir que la tête et les pattes ; cette enveloppe, qui se nomme carapace, est le squelette même de l'animal. On range la tortue dans l'ordre des reptiles, et son nom lui vient sans doute de sa marche tortueuse. Si vous en touchiez une, vous éprouveriez une sensation de froid ; c'est un animal à sang froid, c'est-à-dire qui n'a pas la circulation aussi complète que celle des mammifères, et qui ne conserve pas toujours la même température.

Madeleine. — Et nous, est-ce que nous conservons toujours le même degré de chaleur ?

L'oncle Saint-Elme. — Toujours ; l'homme a 36° du thermomètre aussi bien aux pôles qu'à l'équateur, dans les plaines glacées de la Sibérie comme sous l'ardent soleil du Sahara. Il est bien malade quand cette température intérieure varie seulement d'un degré. Quant à la tortue, elle supporte ces variations sans broncher, comme ses frères les reptiles. On la chasse pour ses œufs et sa carapace. Il y a des tortues de terre, des tortues de fleuves. L'une d'elles qui vit dans le Nil se nourrit des petits crocodiles.

Madeleine. — Et l'écaille, comment peut-on lui donner tant de formes diverses ?

L'oncle Saint-Elme. — C'est bien simple : l'écaille s'amollit assez dans l'eau bouillante pour qu'on puisse la mouler comme on le désire. Le plus difficile est d'aplatir la carapace de façon à en faire des lames plates et minces. Ceci fait, l'écaille se plie docilement sous le marteau, le rabot ou le couteau.

On fabrique encore des peignes en corne. La corne est fournie par le sabot du bœuf, de la chèvre et du bélier. On emploie pour cette fabrication à peu près les mêmes procédés que pour l'écaille.

Madeleine. — Puisque vous nous avez parlé de deux objets de

toilette, oncle, n'oubliez pas nos brosses ni nos savons, et nous serons tout à fait satisfaites.

L'oncle Saint-Elme. — Volontiers. Les brosses à dents se font avec les crins du cheval ; quant à l'ivoire, il est fourni par les défenses de l'éléphant ou les dents de l'hippopotame.

Laure. — Nous connaissons ces animaux-là. Au Jardin des Plantes ce sont les plus affreux que j'aie vus ; si gros, si lourds !

L'oncle Saint-Elme. — Parle pour l'hippopotame, mais si l'éléphant est grossier de forme, il est bien fin d'intelligence ; avec sa trompe, il exécute des choses que tes petites mains déliées auraient peine à faire.

Laure. — Il boit avec sa trompe et prend le pain qu'on lui donne : je sais cela.

Madeleine. — Mon oncle, Laurette n'aime pas l'éléphant à cause d'une petite aventure. Nous étions, l'été dernier, au Jardin, maman, Laure, notre petit cousin Louis et moi. Louis et Laure taquinaient l'éléphant, Louis lui montrait son chapeau de paille en se moquant ; l'animal, en moins d'une seconde, a pris le chapeau, l'a avalé d'une bouchée, et, faisant semblant de boire, il a empli sa trompe d'eau et il en a envoyé aux deux petits taquins. Tout le monde riait, et Louis, furieux, criait : mon chapeau ! mon chapeau !

L'oncle Saint-Elme. — C'est un herbivore ; la paille lui a plu ; il n'y a rien là d'étonnant, et il a donné une leçon au cousin Louis. Quand on fâche l'éléphant, il n'est pas toujours si pacifique, et il lui arrive de tuer pour se venger. Témoin ce pauvre cornac d'un éléphant de l'Inde qui, l'ayant maltraité, fut lancé par lui à une si grande hauteur, qu'il retomba brisé. La femme de ce pauvre homme, prenant ses enfants, les jeta aux pieds de l'éléphant furieux, en lui disant : « Tue-les, monstre, comme tu as tué leur père. » Aussitôt, l'animal se calme, il prend doucement le plus âgé des enfants avec sa trompe et le place sur son cou. Il ne voulut plus désormais d'autre cornac. Un autre fait prouve la mémoire et l'intelligence de ce pachyderme. Un tailleur de Calcutta voyait passer tous les jours un éléphant qu'on employait comme bête de somme. Un jour que la bête était arrêtée près de lui, il lui pique la trompe avec son aiguille ; l'éléphant ne riposte pas. A quelques jours de là, comme il passait, il s'arrête devant le tailleur, qui, assis à son échoppe, le regardait d'un air railleur, et il l'inonde de l'eau qu'il avait eu soin de cacher dans sa trompe. Cela ne marque-t-il pas et de la mémoire et de la finesse ?

Madeleine. — Sans doute, et, dans cette circonstance, l'animal a été moins méchant que l'homme.

L'oncle Saint-Elme. — L'éléphant a de sérieuses qualités ; il est doux et vit en société. On le rencontre dans l'Inde, l'Indo-Chine et l'Afrique, en troupes nombreuses conduites par le plus vieux ; les faibles et les très jeunes sont placés au milieu, et les mères portent leurs petits, embrassés de leur trompe. L'éléphant est sensible à la musique, il aime les parfums, et est très friand des fleurs et des fruits de l'oranger. Avec sa trompe qu'il peut allonger, raccourcir, courber, et qui est terminée par un rebord s'allongeant en dessus comme un doigt, il cueille des fleurs, dénoue des cordes solidement attachées, ouvre des portes fermées à clef ; il peut aussi déraciner des arbres et même étouffer un tigre. Aux Indes, on le dresse à la chasse de ce terrible animal.

Laure. — Pourquoi a-t-il ces vilaines défenses et ces oreilles aplaties ?

L'oncle Saint-Elme. — Les défenses lui servent à arracher les racines et à éventrer ses ennemis. Il livre quelquefois de terribles combats, au rhinocéros surtout. Avec ses oreilles, qui sont très mobiles, il chasse les mouches.

Madeleine. — Et lui, comment le chasse-t-on ?

L'oncle Saint-Elme. — On forme dans la forêt une vaste enceinte de pierres qui se ferme par une trappe. On y conduit un éléphant apprivoisé que l'on fait crier ; quelques éléphants arrivent, pénètrent dans la palissade, et la trappe se ferme. En Afrique, les nègres les prennent souvent en établissant de grandes fosses qu'ils couvrent d'herbes, et qui sont placées dans les chemins où doit passer l'éléphant. Trompé par les branches et les feuilles qui recouvrent le piège, il y tombe, et, trop lourd pour remonter, il est aisément pris. Sa chasse présente cependant de grands dangers et l'homme y périt souvent.

Je vous étonnerai sans doute en disant qu'on trouve aussi de l'ivoire dans la Sibérie.

Madeleine. — Il fait froid en Sibérie; je croyais que les éléphants habitaient les pays chauds.

L'oncle Saint-Elme. — Aux premiers temps de l'existence de la terre, l'Europe était habitée par une race d'éléphants disparue avec le déluge et qu'on nomme les *Mammouths*. Or, en creusant le sol, on a trouvé des débris de ces animaux gigantesques, et nulle part autant qu'en Sibérie. Leurs défenses recourbées en demi-cercle sont parfaitement conservées. En explorant la terre à quelques mètres de profondeur, on en rencontre en quantité, et dans le commerce on vend l'ivoire de Sibérie. Qui sait, Madeleine, ta brosse à dents a peut-être plusieurs mille ans.

Madeleine. — Oh! mon oncle, que je voudrais voir un de ces mammouths!

L'oncle Saint-Elme. — Cela te sera très facile, à ton retour à Paris; il y en a un au Jardin des Plantes, reconstruit par le grand Cuvier, ce savant dont les admirables travaux sur des races disparues ont fait revivre pour nous les temps primitifs.

Madeleine. — Est-ce bien dur à travailler l'ivoire?

L'oncle Saint-Elme. — Très dur; nous sommes tout près de la ville où on le travaille le mieux : quelques lieues seulement nous séparent de Dieppe.

Laure. — Ainsi, mon oncle, à Dieppe, il y a des éléphants?

L'oncle Saint-Elme. — Petite folle, tu as donc oublié ce que je vous ai dit à l'instant? Non, il n'y a pas d'éléphants, mais les marins dieppois, vers le quinzième siècle, furent les premiers qui allèrent sur les côtes d'Afrique; ils en rapportèrent des dents d'éléphants, et l'industrie, l'art, devrais-je dire, des ivoiriers prit naissance.

Madeleine. — Il y a aussi des brosses en os.

L'oncle Saint-Elme. — L'os qui est fourni par les os allongés de nos ruminants n'offre ni la dureté, ni le poli de l'ivoire. Il lui est donc bien inférieur.

Je vois le temps qui s'éclaircit; malgré les noires prévisions de Gros-Grain, il pourrait se faire que nous eussions une belle après-midi. Je vous proposerai alors de venir avec moi visiter la mère de Petit-Jean. C'est une brave et courageuse femme à laquelle je m'intéresse beaucoup.

Laure. — Oui, oui, c'est cela, faisons une belle promenade.

Madeleine. — Mais, mon oncle, il manque encore à la toilette le savon ; ne nous en direz-vous rien ? J'avoue que je ne me doute pas d'où il peut venir.

M. Saint-Elme. — Nous ne parlerons que du savon employé pour le blanchissage et la toilette. Il y a deux principes dans cette composition, un corps mordant destiné à enlever les taches de graisse; alors ce corps mordant riderait, casserait, irriterait la peau; on y a joint un autre corps huileux chargé d'adoucir l'effet du premier, sans le détruire.

Madeleine. — C'est très bien pensé cela, mais on a trouvé ces corps, où ? comment ?

M. Saint-Elme. — Attends un peu, mignonne, m'y voici. Il y a, dans les terrains voisins ou de la mer ou des mines de sel, des plantes qu'on désigne sous le nom de varechs, d'algues ; elles sont souples, pliantes, et reçoivent le choc des flots sans se briser. On les recueille, on les sèche, on les brûle, et l'on extrait de leurs cendres la *soude*, un sel qui aura la propriété de s'attacher aux corps gras et de les faire disparaître. Les sels de soude sont employés dans la fabrication du savon ; souvent on emploie la potasse, qui est encore plus caustique et qui provient des cendres des végétaux. Si vous regardiez les mains des blanchisseuses qui lavent le linge, vous les verriez souvent criblées de crevasses et comme brûlées ; c'est que le savon qu'elles emploient renferme trop de potasse, ou bien qu'elles ont lavé trop longtemps.

Laure. — Ces pauvres femmes !

Madeleine. — Je croyais, oncle, qu'on ajoutait à la soude quelque chose pour l'adoucir.

L'oncle Saint-Elme. — Sans doute, autrement il serait impossible de s'en servir. Avez-vous vu des bougies ?

Laure. — Oh ! mon oncle !

L'oncle Saint-Elme. — Savez-vous d'où elles proviennent ?

Madeleine cherchant un instant. — Oui, oui, de la fabrique de l'Étoile.

L'oncle Saint-Elme riant. — Ou de celle de la Légion d'Honneur !

Madeleine. — Mon oncle, je vous assure que nous brûlons de la bougie de l'Étoile, maman ne veut que celle-là.

L'oncle Saint-Elme. — Je demande avec quoi on les fabrique. Vous ne le savez pas ? Avec de la graisse de mouton. On sépare les deux principes qu'elle renferme : l'acide stéarique qui est solide s'emploie pour les bougies, et l'acide oléique qui est liquide est réservé pour le savon. C'est ce corps gras, onctueux, doux, qui corrigera le mordant de notre soude. On fabrique le savon en le soumettant à une grande chaleur ; la soude et l'acide oléique sont jetés dans des chaudières, et on les y laisse jusqu'à ce que le mélange commence à devenir épais, alors on le place dans des moules où il prend une forme régulière.

Il y a les savons durs qui sont faits avec la soude ; les savons mous comme le savon noir employé pour les grands nettoyages sont moins chers et faits avec de la potasse.

Laure. — Ce sont ceux qui mordent.

M. Saint-Elme. — Oui, mais ce ne sont pas ceux qui figurent sur la table de toilette des petites fillettes à la peau fine et satinée ; pour celles-là, les parfumeurs mettent le moins de soude possible, et joignent à leurs savons de l'essence de rose, de la cannelle, du thym, du clou de girofle. Toutes plantes desquelles nous aurons à nous occuper dans nos causeries.

Madeleine. — Quand on ne connaissait pas le savon, oncle, ce ne devait pas être bien commode.

L'oncle Saint-Elme. — Sûrement, aussi l'usage en est-il bien ancien. Les Gaulois employaient un mélange de suif et de cendres qui était un vrai savon ; encore aujourd'hui, dans le Midi par exemple, l'huile d'olive remplace très avantageusement l'acide oléique. Quelques savants prétendent que le nom de savon, vient de Savone, ville d'Italie, où il aurait été découvert par la femme d'un pêcheur. Elle avait fait, dit-on, de la lessive de cendres pour laver son linge, et, l'ayant mis

Olivier. — *a*, tige ; — *b*, fleur grossie ; — *cd*, fruits.

chauffer dans un vase qui avait contenu de l'huile, elle trouva par hasard une composition savonneuse. Je ne vous garantis pas l'authenticité de ce fait.

Madeleine. — C'est dommage, j'aimerais que ce fût vrai ; rien ne me fait retenir une leçon comme les gentilles anecdotes.

M. Saint-Elme. — Il faut se mettre en garde contre les légendes, mignonne, et en tout, chercher la vérité.

Laure. — Oncle, si vous croyez avoir dit tout ce qu'il faut pour la toilette, vous vous trompez beaucoup ; si vous voyiez la table de maman, il y a au moins dix petites bouteilles ou petits pots en porcelaine : ne nous en direz-vous rien ?

L'oncle Saint-Elme se mettant à rire. — Je n'ai pas la prétention de connaître tout ce qu'il peut y avoir sur la toilette de ta maman, Laurette, mais je puis vous dire un mot des parfums qu'on emploie pour le mouchoir ou pour rendre l'eau plus agréable.

Madeleine d'un air mutin. — D'abord, maman ne nous les permet pas, c'est tout au plus si elle nous donne quelques gouttes d'eau de Cologne. Maxime et moi, nous lui en demandons toujours, elle ne veut jamais ; et Maxime n'est pas content ; tous ses amis ont le petit mouchoir qui sort de leur jaquette parfumé d'odeurs très fortes.

M. Saint-Elme. — Ma nièce a raison, ces odeurs portent à la tête, et heureux qui peut s'en passer. J'aime mieux qu'une jeune fille ait au côté un bouquet de violettes ou une fraîche rose, que son mouchoir imbibé d'opopanax.

Madeleine riant. — Ah ! mon oncle, vous connaissez ce parfum-là ; c'est justement celui que Maxime réclamait à cor et à cris ; maman le lui a surtout interdit parce qu'il donne la migraine.

L'oncle Saint-Elme. — L'opopanax se tire de la racine d'une espèce de panais qui pousse en Syrie. Quant à son cousin, le musc, il est produit par un chamois qui habite l'Asie, les montagnes de Tartarie et du Bengale. C'est une substance renfermée dans une petite poche placée sous le ventre de l'animal. On le chasse uniquement pour son parfum. Les poches, une fois enlevées, sont envoyées en Europe pour être utilisées dans la parfumerie ou la médecine, le musc étant employé avec succès dans certaines maladies nerveuses. Je vous montrerai une petite plante appelée l'ambrette dont la fleur sent le musc.

Madeleine. — Je vous prie, cher oncle, de nous parler d'odeurs plus agréables.

L'oncle Saint-Elme. — Vous savez déjà qu'elles sont presque toutes fournies par les fleurs. L'une des plus appréciées est donnée par la rose, non celle que vous verrez dans nos jardins, mais par la rose musquée dont l'arbuste atteint jusqu'à 10 mètres, en Tunisie, où on le cultive ; il y a aussi la rose de Damas. Le jasmin, ce joli arbuste souple, au feuillage léger et aux délicates fleurs blanches, est encore très apprécié. La menthe, la lavande, le thym, que nous aurons l'occasion d'étudier dans la famille des *labiées*, c'est-à-dire qui ont la fleur en forme de lèvres, sont des plantes qui donnent un arome sain et agréable. Enfin la fleur de l'oranger est l'une des plus recherchées.

Madeleine. — Comment peut-on prendre le parfum d'une fleur quand la fleur n'est plus là ?

L'oncle Saint-Elme. — Toutes les plantes odoriférantes ont en elles une huile particulière qui existe généralement dans les fleurs et les feuilles, et qui est enfermée dans de petites chambres ou cellules si bien fermées que, dans certaines, quand la plante est sèche, le parfum existe encore. Il s'agit de leur prendre cette huile.

Madeleine secouant la tête. — Mais oui ! comment faire ? on enlève les petites cellules ?

L'oncle Saint-Elme. — On a un moyen plus rapide et plus sûr, on a recours à l'opération qui s'appelle la distillation. Je vous expliquerai cela un jour que Maxime y sera.

Madeleine. — Peut-être l'oublierez-vous, mon oncle, et...

L'oncle Saint-Elme. — Tu es une petite curieuse, mais ta curiosité a un but trop louable pour que je ne cherche pas à te satisfaire. Ici encore mon crayon va me venir en aide. Nous allumerons d'abord un fourneau dans lequel nous ferons un grand feu, car il va falloir réduire de l'eau en vapeur, il nous faut donc au moins 90 degrés. Notre fourneau allumé, nous prenons un vase d'une forme particulière appelé cucurbite, qu'on emplit d'eau mélangée avec les plantes qu'on veut distiller. Cette cucurbite allonge son long bec jusqu'à un vase rempli d'eau au milieu duquel est placé un tube en verre appelé serpentin. L'eau suffisamment chauffée se réduit en vapeur, les huiles des plantes se vaporisent à leur tour, et se mêlent à la vapeur d'eau. Toutes deux se répandent dans le long col de l'alambic et arrivent ainsi à son extrémité, qui s'ouvre dans le serpentin ; mais l'eau froide du vase condense la vapeur et voilà une goutte d'eau chargée de parfum qui, cédant à son poids, va descendre dans le serpentin jusqu'à ce qu'elle rencontre un petit robinet ouvert, par où elle sort. On la recueille, et ainsi de suite. Les alambics des parfumeries sont plus compliqués que ce que vous voyez, mais le principe est le même. Avez-vous compris ?

Toi, au moins, Madeleine ?

Madeleine. — Je le crois, oncle, et vous en jugerez ce soir, quand je redirai cela à Maxime.

Maintenant, dit M. Saint-Elme, le soleil nous sourit tout à fait; allez mettre vos chapeaux et vos manteaux, nous pouvons nous engager de pied sûr. Gros-Grain ou Pierret nous accompagnera avec des provisions pour la pauvre malade d'abord, pour vous ensuite, dont l'appétit sera éveillé par le grand air.

Distillation de l'eau.

Madeleine fut de retour la première auprès de son oncle, encore avec une question sur les lèvres.

— Je ne croyais pas, dit-elle, que le sel se tirât des cendres des plantes marines, et maman non plus, du reste.

— Ta maman et toi, vous avez raison; le sel que nous employons dans l'alimentation et qui donne la saveur à nos mets se recueille dans l'eau de mer ou dans des mines, où il existe à l'état solide; on le nomme alors sel gemme. Le sel est formé de sodium et de chlore, deux corps simples qui, en se cristallisant, forment de très beaux cubes.

Madeleine. — Est-ce facile de retirer le sel de l'eau de mer ?

L'oncle Saint-Elme. — On a recours à l'évaporation naturelle si le pays est chaud, provoquée par le feu s'il est plus froid. Sur les côtes de l'ouest et du midi de la France, nous possédons un grand nombre de marais salants. Ce sont des terrains dans lesquels on a disposé des séries de bassins d'argile, où l'on amène l'eau de mer par des canaux. Quand l'eau s'est évaporée, on trouve dans le dernier bassin une couche de sel de plusieurs pouces de haut. Alors les *paludiers* et les *saulniers* arrivent en foule, armés de grandes

Les paludiers et saulniers bretons.

pelles de bois et font la levée du sel. Ils l'amassent en pyramides le long des bassins. Il reste encore à le purifier, c'est ce que l'air se charge de faire.

Quant au sel gemme, on va le chercher dans la terre. Et si jamais le hasard te permet de visiter les mines de Wieliczka en Pologne, tu verras une vraie merveille : un village taillé dans une albâtre transparente avec une population de 1000 mineurs.

CHAPITRE IX

PETIT-JEAN ET LE HIBOU.

Cryptogames. — Mousses. — Les lichens. — Les loups.

Madame de Mussy et Laure arrivaient en ce moment, et l'on partit. M. de Louvres donnant le bras à madame de Mussy, Madeleine et Laure se tenant par la main, sortirent de la propriété par une porte ouvrant sur les champs. Pierret, chargé d'un panier, suivait à quelque distance; il baissait la tête d'un air mécontent; il lui avait fallu quitter son jardin et c'était le moment de certaines semences délicates, cela l'avait contrarié; habitué à la discipline, il n'avait pas proféré une parole; il se permettait seulement de trahir son mécontentement par une expression morne et triste. Après avoir suivi un petit chemin entre deux champs de blé déjà tout verts, on entra dans un bois. Les feuilles n'étaient pas encore sorties des bourgeons, mais elles n'attendaient que quelques rayons de soleil pour se montrer, et une teinte d'un vert indécis égayait les tristes branchages de l'hiver. Le sentier qu'on suivait était tapissé d'une mousse qui le rendait doux aux pieds comme un tapis. Les petites bottines de Laure trottaient joyeusement, et à chaque objet nouveau qui frappait sa vue, elle poussait de petits cris semblables à ceux des oiseaux qui voltigent allègres et contents, quand le temps est beau.

— Il n'y a pas encore de fleurs, oncle, dit Madeleine dont les yeux scrutaient les buissons; quel malheur! nous ne commencerons donc jamais la botanique?

M. Saint-Elme. — Il n'est pas nécessaire qu'il y ait des fleurs pour étudier les plantes; il y en a même qui n'en ont jamais.

Madeleine. — Des plantes sans fleurs, oh! cela ne doit être ni intéressant, ni joli.

Laure accourant vers sa mère. — Oh! maman, voyez donc cette jolie herbe, elle forme comme des étoiles, ne trouvez-vous pas?

L'oncle Saint-Elme. — Ceci n'est pas ce qu'on appelle communément de l'herbe, Laurette ; c'est une espèce de mousse. Et, comme si elle avait entendu mes dernières paroles à Madeleine, elle arrive à point quand je parle de plantes sans fleurs.

Madame de Mussy. — Je vous déclare, mon cher oncle, qu'en botanique je suis aussi ignorante que mes filles, aussi je prétends suivre vos excellentes leçons. Je vais peut-être dire une bévue, mais je croyais que les végétaux ne se reproduisaient que par la graine.

L'oncle Saint-Elme. — En effet, tous ont des moyens de reproduction ; ils ne reposent dans des fleurs que chez les plantes les plus parfaites ; nous sommes là en présence de végétaux tout à fait inférieurs. On les a rangés dans ce qu'on appelle la cryptogamie, c'est-à-dire qui n'ont pas de moyens de reproduction très apparents, puisqu'il faut, pour les trouver, avoir souvent recours au microscope. C'est là que nous rencontrons les lichens, les champignons, les algues, les mousses et les fougères. Puisque Laurette nous présente un de ces végétaux, étudions-le si vous le voulez. Tu as eu la main heureuse, fillette, tu es tombée sur une des plus jolies espèces. Elles sont nombreuses les mousses ; les naturalistes en connaissent aujourd'hui plus de 18,000. Celle-ci est le polytric doré ou mousse dorée. Il a une tige rampante qui jette sur la terre de nombreuses racines et arrive ainsi à s'étendre beaucoup. Voyez comme ses feuilles sont fines ; on les dit lancéolées, c'est-à-dire en forme de lance, elles entourent la tige en spirale.

Laure. — Elle a l'air d'avoir un petit bonnet pointu.

L'oncle Saint-Elme. — C'est ce qu'on nomme la coiffe ; nous allons l'enlever.

Madeleine. — Bon ! maintenant je vois une petite boîte.

L'oncle Saint-Elme. — C'est l'urne ou sporange. Elle est recouverte d'une peau grise que je vais arracher ; que voyez-vous ?

Madeleine. — Une quantité de petites graines.

L'oncle Saint-Elme. — Ce sont ces graines qui, en tombant sur la terre, reproduiront d'autres mousses semblables. On appelle ces graines, qui sont d'une organisation beaucoup plus simple que celles des plantes à fleurs, les spores. Les mousses se reproduisent donc par des spores.

Laure. — Mon oncle, est-ce pareil à ce que nous avons sur la peau?

Madeleine, riant. — Elle confond les pores et les spores. Oh! cela lui est égal à ce pauvre Furet. L'autre jour, ne soutenait-elle pas à Maxime que les feuilles respiraient par des *tomates*.

Madame de Mussy. — Laurette a pour excuse son jeune âge. Un grand personnage de sept ans est excusable de manquer de notions nettes en histoire naturelle; mais apportez le plus grand soin à retenir les noms exacts; rien n'est ridicule et ne prête à la raillerie comme de parler science en écorchant les noms.

M. Saint-Elme. — Les mousses sont donc d'humbles plantes qui aiment les lieux humides et ombragés. On en trouve sur les troncs d'arbres, sur les rochers, sur les toits et les murailles. Il y en a qui croissent dans l'eau et elles bravent les plus grands froids.

Madeleine. — A quoi servent-elles?

M. Saint-Elme. — Pas à grand'chose dans l'industrie; on les emploie pour l'emballage, pour calfeutrer les barques, pour orner les jardinières de vos appartements. Mais dans la nature, c'est autre chose; ces petits êtres infimes, sans fleurs ni fruits, jouent un grand rôle. En se répandant sur les terres stériles, elles préparent ces terres pour d'autres végétaux qui vaudront mieux qu'elles; en tapissant les grands arbres, elles les préservent du froid, et, quand vous regarderez un nid, vous verrez que la mousse a bien servi l'oiseau. Enfin, la tourbe, qu'on brûle dans les pays du Nord, est produite par le mélange des débris d'une mousse aquatique. Quand ces dépôts sont nombreux, on les extrait, on les fait sécher, et on les brûle. Tout en causant, on était arrivé à une clairière du bois, au travers de laquelle on apercevait quelques chaumières disséminées çà et là.

— Nous voici arrivés chez la mère de Petit-Jean, dit M. de Louvres. J'avais aperçu quelques lichens et je voulais vous les faire voir; ce sera pour le retour.

Un cri strident, étrange, aigu traversa l'air; un second, puis d'autres le suivirent qui exprimaient comme la rage et la douleur.

— Qu'est-ce que cela? demanda Laure en venant se ranger auprès de sa mère. Est-ce que, dans ces bois-là, on rencontre des bêtes sauvages?

— Les animaux qui ne sont pas domestiqués sont sauvages, ma fillette, dit madame de Mussy; tu veux sans doute dire des animaux féroces, méchants et dangereux.

— Oui, dit Laure en promenant des regards effarés autour d'elle, les cris continuant toujours.

— Certes, il y a des loups, répondit M. Saint-Elme; dans l'avant-dernier hiver, ils s'étaient enhardis jusqu'à venir aux abords de ces pauvres chaumières. On a dû exécuter plusieurs battues, et on en a tué un assez grand nombre.

LAURE, très près de sa mère. — Je n'aurais jamais cru que les loups venaient dans un si joli pays; si nous allions en rencontrer un?

M. SAINT-ELME. — Rassure-toi; en tous cas, ces cris ne sont pas ceux d'un loup. Avançons, nous allons voir ce que c'est.

On hâta le pas, et, en sortant du bois, on se trouva sur une route dont les bords étaient gazonnés, garnis d'arbres élevés derrière lesquels apparaissaient les chaumières déjà entrevues.

— Voici la demeure de Petit-Jean, dit M. Saint-Elme; je vois Pierret qui nous a devancés. Mais qu'a-t-il? il semble en colère.

En effet, le bon Pierret, la douceur même, gesticulait fort, il était rouge et les yeux lui sortaient littéralement de la tête.

— Garçon stupide, disait-il à un interlocuteur qu'on ne pouvait pas voir à cause de la haute haie qui entourait la chaumière, tu me le paieras; mon maître apprendra ta méchanceté, et si j'étais à sa place, tu ne reviendrais jamais au château.

— Voyons, qu'y a-t-il? demanda M. de Louvres en s'avançant, et aussitôt, il s'écria comme l'avait fait son jardinier : Garçon stupide et ignorant! veux-tu lâcher ce pauvre animal?

Ces paroles s'adressaient à Petit-Jean qui, à genoux, devant une petite porte, la main droite armée d'un marteau, cherchait à fixer sur le bois quelque chose qui semblait opposer une vive résistance.

QUANT A L'OISEAU, JE TE DÉFENDS D'Y TOUCHER AINSI QU'A TOUS CEUX DE SON ESPÈCE.

Les cris qu'on avait entendus reprirent de plus belle, et ils sortaient de l'objet que tenait Petit-Jean. Malgré les paroles de M. de Louvres, l'enfant faisait mine de continuer sa besogne. Pierret, se sentant soutenu par son maître, s'avança résolument, bouscula le petit berger, le renversa à terre et lui arracha des mains un pauvre oiseau sanglant et effaré.

— Rendez-moi l'hibou, rendez-moi l'hibou, criait Petit-Jean. Vous ne savez point, vous! il a annoncé un malheur; il a crié sur le toit de la chaumière, il y aura une mort ici, si vous ne me laissez point le clouer sur c'te porte qu'est là.

— Assez, Petit-Jean, dit sévèrement M. de Louvres; ce que tu allais faire est une cruauté, et si je te croyais cruel, tu ne reviendrais jamais garder les bêtes de mon pré.

Petit-Jean roulait ses yeux sauvages tout autour de lui.

— Vous aimez donc mieux, mon maître, que ma pauvre mère meure au lieu de c't oisiau? dit-il d'une voix entrecoupée.

— Ta mère ne mourra pas, Petit-Jean; je la ferai soigner. Quant à l'oiseau, je te défends d'y toucher, ainsi qu'à tous ceux de son espèce. Eh bien, Pierret, que lui a fait ce petit ignorant?

— Hélas! mon maître, il lui a à moitié cassé l'aile droite; la pauvre bête est tout effrayée; je vas laver sa blessure, j'y mettrai un peu de vin et d'eau, et je l'emporterai au château; je parie que je l'apprivoise.

— Cela se peut; les chouettes ne sont pas moins douées que les autres oiseaux. Regardez-la, Madeleine et Laure; oh! elle ne vous voit pas, malgré ses yeux grands ouverts. Ces oiseaux ne voient que dans l'obscurité.

— Pauvre bête! comme elle a eu peur; tout son corps saute et tressaille, dit madame de Mussy en passant la main sur les plumes fauves et douces de la victime de Petit-Jean; elle ajouta, en s'adressant au jeune paysan: Toi, mon enfant, conduis-moi vers ta mère; pendant ce temps, mon oncle aura le loisir de faire examiner à ses nièces l'oiseau que tu voulais tuer. Petit-Jean tira ses cheveux en avant, et conduisit madame de Mussy, tout en murmurant :

— L'oisiau avait chanté la mort.

Il précéda la mère de Madeleine dans l'unique pièce de la chaumière, où une femme pâle et maigre grelottait la fièvre, sur un mauvais lit. Laissons madame de Mussy se livrer aux soins que lui suggèrera la charité, et revenons à la pauvre chouette. Pierret avait fait comme il l'avait dit; il avait lavé et pansé la profonde blessure que le berger avait déjà faite, et l'animal calmé restait blotti dans les mains du bon garçon, tout en laissant pendre son aile malade.

— C'est un *petit duc*, le *strix scops*, dit M. Saint-Elme en examinant l'oiseau.

Laure, joignant les mains avec admiration : — Un duc ! salut, Monsieur le duc !

M. Saint-Elme. — C'est un petit hibou. Ces animaux font partie du genre Chouette sous lequel on comprend les oiseaux de nuit. Regardez ses grands yeux fixes, ronds, entourés d'un disque de plumes effilées, et les deux aigrettes qu'il porte sur le front. Son bec est court et crochu; son plumage mêlé de brun et de blanc est assez joli. Le jour, il vit dans les trous des murailles, dans les maisons abandonnées ou sur la cime élevée des arbres touffus. Mais quand vient la nuit, il se met en chasse, et gare aux mulots, aux rats, aux petits serpents, aux petits oiseaux aussi; il leur fait une terrible chasse. Ses yeux sont placés de face, tandis que ceux des autres oiseaux le sont de côté.

Ses pieds sont couverts d'un duvet épais mêlé de plumes roussâtres qui viennent jusqu'à la naissance des ongles ; sa tête est relativement énorme. Il est de la famille du grand-duc, ce roi des rapaces nocturnes, mais c'est le plus petit de l'espèce.

Madeleine. — Je le déteste puisqu'il mange les pauvres petits oiseaux.

L'oncle Saint-Elme. — Que veux-tu? il va où le pousse son instinct; remarque que ce qui le dirige surtout, c'est l'amour paternel; jamais il ne fait tant de provisions que lorsque ses petits sont éclos; il va les porter dans son nid ou dans le trou de roche qu'il a choisi pour sa demeure.

Pierret. — Laissez-moi faire, mon maître, et je vais le guérir, l'élever ; il est tout jeune, voyez son duvet ; il me suivra comme un petit chien.

M. Saint-Elme. — A ton aise, mon garçon.

Pendant ce temps, que faisait madame de Mussy? Accompagnée de Petit-Jean et suivie de Laure, nous l'avons vue pénétrer chez la pauvre malade. La paysanne, amaigrie par la souffrance et les privations, promena d'abord sur les visiteuses des yeux ardents agrandis par la fièvre.

— Priez pour moi! priez pour moi, se mit-elle à murmurer quand madame de Mussy s'approcha de son lit.

— Sans doute, ma brave femme, nous prierons pour vous, répondit la nièce de M. Saint-Elme, et vous guérirez bien vite ; nous vous apportons de quoi revenir à la santé.

— Je ne guérirai point, reprit la paysanne avec une expression sombre et résignée ; à ce matin, après minuit, j'ai entendu la chouette chanter sur ma tête.

— Qu'est-ce que cela fait? dit madame de Mussy; les chouettes chantent ou plutôt crient où elles se trouvent. Tenez, mon oncle a préparé là des paquets de quinine qui vont avoir raison de votre vilaine fièvre. Voici du vin, et des tablettes de bouillon pour faire des consommés. Ne vous découragez point, et faites bien ce que l'on vous indique. A présent que je connais le chemin de votre chaumière, je reviendrai vous voir souvent.

Et comme la pauvre femme essayait de se soulever pour remercier plus convenablement la nièce de son bienfaiteur, Laure, qui était restée tout à côté de sa mère, s'avança vers le grabat, et y déposa quelque chose qu'elle avait tiré de sa poche.

— Ça, c'est aussi pour vous guérir, dit-elle à demi-voix, et elle courut se cacher derrière sa mère.

— Beau petit ange! dit la malade, merci, merci. Et une larme coula sur sa joue brunie par le soleil des champs.

Laure avait posé sur le lit de la mère de Petit-Jean une pièce de vingt sous, tout ce qu'elle possédait en ce moment.

— Petit-Jean! dit la malade, vois comme cette petite demoiselle est bonne et remercie-la pour moi.

— Merci! dit Petit-Jean en regardant Laure avec un bon regard. Si la mère guérit, je ferai tout ce que vous voudrez.

— Est-ce que tu as à faire des conditions, mon pauvre petit gars? dit la paysanne. Il est un peu innocent, un peu brusque, mais il a le cœur sur la main, ajouta-t-elle en regardant madame de Mussy, et il m'aime beaucoup.

— Oui, c'est un bon garçon; mon oncle s'intéresse à lui; mais il ne faut plus qu'il fasse de mal aux oiseaux. Nous l'avons trouvé en train de clouer à votre porte le hibou qui vous avait si fort effrayée.

— Ah! dame! reprit la paysanne sans paraître autrement désapprouver la conduite de son garçon, c'est l'habitude dans le village; on aime mieux voir mourir un méchant oiseau qu'un bon chrétien; mais puisque not'maître ne veut point qu'on tue ces bêtes-là, faites excuse, Petit-Jean n'y mettra plus le petit doigt.

Madame de Mussy sourit et haussa légèrement les épaules, se disant que des mots ne suffiraient pas pour détruire les préjugés si ancrés de la villageoise, et qu'il valait mieux s'en remettre au temps et aux faits. Elle sortit donc en renouvelant sa promesse de revenir bientôt.

Quelques instants après, tout le monde était réuni dans le petit enclos placé derrière la chaumière, et goûtait autour d'une table boiteuse qu'on y avait placée. Pierret servait avec sa ponctualité et sa patience habituelles; il avait enveloppé dans son mouchoir le pauvre scops, et l'avait placé dans un coin du panier, qui se vidait comme par magie, grâce à l'appétit tout à fait ouvert par la promenade. Le pâté, les confitures, les pommes avaient disparu; Laurette seule n'était pas contente, elle aurait voulu pour goûter du lait et du pain bis, ce rêve de toutes les petites Parisiennes aux champs. La mère de Petit-Jean était trop pauvre pour avoir une vache, et le pain qu'elle possédait était le pain blanc que les domestiques de M. de Louvres donnaient tous les jours au petit berger et qu'il rapportait fidèlement. On avait invité Petit-Jean à prendre sa part du goûter, mais il n'aimait point la viande dont il n'avait mangé que bien rarement dans sa vie; cependant, pour ne point faire d'impolitesse, il s'était assis par terre à une distance respectueuse, et ayant tiré son couteau à virole, il découpait soigneusement des tranches du gros morceau de pain tendre que lui avait donné Pierret, et le mangeait très lentement, avec une béatitude évidente.

Le repas fini, on se remit en marche. Petit-Jean, qui n'était pas venu le matin et qui devait aider à nettoyer l'étable, fut autorisé à suivre la compagnie; il fut bientôt rejoint par Laurette qui avait décidément du goût pour ce petit berger.

— Nous pouvons mettre à profit le retour aussi bien que l'aller, cher oncle, dit madame de Mussy, en présentant à son excellent parent une poignée de filaments verdâtres, — découpés d'une façon irrégulière et formant d'assez gracieux contours, — qu'elle avait arrachés à l'écorce d'un arbre au tronc épais et noueux. Est-ce encore une mousse? alors elle ne ressemblerait guère au joli polytric que vous nous avez montré, il y a une heure.

L'oncle Saint-Elme. — Ceci, ma nièce, est un lichen, autre groupe des végétaux sans fleurs. Les lichens vivent partout, au Nord surtout, sous la glace, sur les pierres, les arbres, les rochers, pourvu qu'il n'y ait pas de soleil. L'ami soleil n'est pas le leur.

Madeleine. — Ah! ce sont encore de ces vilaines plantes qui vivent aux dépens des autres, des parasites, comme on dit.

L'oncle Saint-Elme. — Erreur, Madeleine. Les lichens sont d'humbles végétaux, mais honnêtes; ils ne prennent rien à personne; ils vivent dans l'air, et recherchent surtout l'air humide; on ne les trouve pourtant jamais dans l'eau. Ils s'accroissent lentement, et peuvent vivre cent ans.

Madeleine. — Ce sont des patriarches que ces plantes-là.

L'oncle Saint-Elme. — Il y en a de verdâtres comme celui-là; de violets, de rouges, de jaunes tachés de noir; j'en ai recueilli une espèce qui sentait la violette. Quelquefois le lichen est coriace et sec; d'autres fois, souple et humide. Il se trouve aussi comme une poussière grise ou brune qui s'attache aux pierres. Ainsi, à Paris, la couleur grisâtre des vieux monuments est due à un lichen microscopique.

MADELEINE. — C'est une plante bien moins jolie que la mousse.

L'ONCLE SAINT-ELME. — Mais bien autrement précieuse. D'abord, comme la mousse, quoique ne poussant pas dans les terres stériles, il prépare une bonne terre, en fournissant au sol, par sa décomposition, l'*humus* qui lui manque. L'humus est la terre noire ou végétale. Ensuite, la grande quantité de fécule qu'il renferme le

Lichen d'Islande.

rend propre à la nourriture, et, dans les pays du Nord, où ni le blé, ni l'avoine, ni l'orge ne poussent plus, on trouve le lichen jusqu'au 70° degré ; il fournit, à ces populations déshéritées, un aliment sain et nutritif.

MADELEINE, stupéfaite. — On mange du lichen !

L'ONCLE SAINT-ELME. — Tel que tu me vois, j'en ai mangé, et les Islandais, les Norwégiens, recueillent avec soin le *lichen d'Islande*; après l'avoir dépouillé de son amertume en le faisant bouillir, ils en font du pain. Le lichen *des rennes* t'est connu, je vous en ai parlé lors de notre causerie sur ces intéressants animaux.

MADAME DE MUSSY. — Je ne croyais pas, mon oncle, que vous eussiez été dans le nord de l'Europe.

L'ONCLE SAINT-ELME. — En effet, je n'ai guère exploré que les pays chauds, et le lichen que j'ai mangé est le lichen *comestible*. C'était dans une expédition à pied, en Tartarie, en compagnie de plusieurs officiers russes ; nous traversions un désert sans fin, nos provisions étaient épuisées et nous commencions à nous demander si nos guides ne nous trahissaient pas et ne nous conduisaient pas tout droit vers quelque tribu inhospitalière, lorsque soudain un vent chaud se met à souffler, un orage devient imminent. Il éclate, et, en même temps que les nuages crèvent en nous inondant, nous sommes criblés d'une foule de petites graines variant de la grosseur d'une tête d'épingle à celle d'une noisette.

Madeleine. — C'était de la grêle.

L'oncle Saint-Elme. — Je l'ai cru d'abord; mais nos guides, poussant des cris de joie, se précipitèrent à terre et en ramassant des poignées en emplirent leurs sacs et ceux de leurs chameaux. Je me mis à examiner la prétendue grêle, c'étaient des grains d'un végétal inconnu. Mes compagnons russes m'apprirent que ce phénomène se produisait souvent; que, dans les montagnes arides d'Asie, croissait un lichen formé de petits globules extrêmement légers, que le vent les détachait et les poussait facilement sur les plaines où ils tombaient en pluie, comme la manne des Hébreux. La Providence a ainsi pourvu les parties les plus désolées, et les végétaux les plus imparfaits servent à la vie des hommes.

Madeleine. — Et vous avez mangé ces graines toutes crues?

L'oncle Saint-Elme. — Non; nos guides, qui étaient de braves gens, les préparèrent, à notre première halte; ils en firent une sorte de pain que nous dévorâmes, je t'en réponds. Les chameaux eurent leur part, qu'ils méritaient bien.

Madeleine. — Ainsi, ces malheureux lichens que je maltraitais!

L'oncle Saint-Elme. — Nous n'avons pas tout dit sur eux. Ils ont une grande importance en médecine, à cause de leurs qualités pectorales, et sont excellents pour les maladies de poitrine; on en fait des pâtes, des tisanes. Au moyen âge, où les superstitions et les ignorances avaient beau jeu, on prétendait que l'usnée, espèce de lichen qui croît sur les os d'animaux morts, avait des vertus merveilleuses contre les venins; mais il fallait que cette usnée fût recueillie sur le crâne humain, et on se la procurait sur la tête des pendus qui restaient exposés à l'air, aux fourches patibulaires ou aux échelles de grand justicier, qui se balançaient devant tous les châteaux-forts. Ce n'était une besogne ni facile ni agréable, aussi l'alchimiste qui fabriquait cette hideuse drogue la vendait-il cher : 1000 francs l'once, ce qui la mettait à 16,000 francs la livre.

Madame de Mussy. — Quel affreux remède !

L'oncle Saint-Elme. — Enfin, pour reconnaître aux lichens toutes leurs qualités, j'ajouterai qu'ils fournissent diverses couleurs, le bleu, le vert, le jaune ; et l'*orseille*, un lichen des rochers, est journellement employé dans la teinture à cause de ces propriétés.

Laure était restée étrangère à cet entretien, pendant lequel elle avait causé avec Petit-Jean. « Savez-vous, maman, dit-elle à sa mère en venant la prendre par la main, ce que Petit-Jean vient de me dire?

Madame de Mussy. — Je ne m'en doute pas, ma fillette.

Laure. — Eh bien, maman, il n'a pas peur d'un loup.

M. Saint-Elme. — En as-tu seulement vu la queue d'un, Petit-Jean? J'ai idée que tu te sauverais à belles jambes.

Petit-Jean, d'un ton résolu. — Non, maître ; je ne me sauverais pas. J'ai mon couteau.

Pierret. — Le petit le ferait comme il le dit. Il ne boude pas. Et l'an dernier, quand Monsieur avait organisé cette belle chasse au sanglier avec ses amis, Petit-Jean s'était montré comme un des meilleurs rabatteurs. A un moment, le sanglier l'a acculé ; il avait tiré son couteau, et il n'avait point seulement pâli. Heureusement que les chiens l'ont sauvé en faisant une diversion.

Petit-Jean, avec un sourire. — J'ai pas eu peur.

L'oncle Saint-Elme. — Et tu as peur des cris d'un petit oiseau !

Madeleine. — Mais enfin, mon oncle, si l'on rencontrait un loup, comme cela, dans son chemin, que faudrait-il faire?

L'oncle Saint-Elme. — S'il avait faim, on aurait tout à craindre, c'est le cas de dire : loup affamé n'a pas d'oreilles. Les cris, les plaintes n'auraient aucune prise sur lui ; il n'est pas susceptible de générosité comme le lion, mais il n'est pas sans courage et, poussé par la faim, s'attaque à plus fort que lui. Dans nos pays, le nombre en était autrefois considérable ; la chasse acharnée qu'on leur a faite en a diminué le nombre. Aujourd'hui encore, on encourage à leur destruction, et celui qui a tué un loup reçoit de 12 à 15 francs. En Russie, en Hongrie, ils se rencontrent par troupes; quand les hivers sont rigoureux, on les voit en pleine campagne, dans les steppes, attaquer les traîneaux, sauter à la gorge des chevaux, s'élancer sur le char, et faire souvent bien des victimes. Aussi l'on prend ses mesures contre ce terrible ennemi, et les hommes sont bien armés. On emploie souvent la ruse suivante qui ne réussit que lorsque les loups sont peu nombreux. On attache à la partie inférieure du traîneau, située à l'arrière, un porc. Les loups, excités par la vue de cette facile victime, s'acharnent sur elle, et pendant qu'ils essayent de la dévorer, les voyageurs déchargent leurs armes jusqu'à ce qu'ils soient délivrés.

Madeleine. — Comment peut-on voyager dans de pareils pays?

L'oncle Saint-Elme. — Les habitants de ces contrées ont grandi au milieu des périls, et la lutte ne leur fait pas peur; sans quoi, ils seraient condamnés à l'immobilité, ce qui serait la mort. Ni industrie, ni commerce, ni échange. Petite Madeleine, tu es née dans un pays privilégié, où la vie est facile, ne l'oublie pas.

Madeleine. — Je voudrais voir un loup — de loin. Ne disiez-vous pas qu'il ressemble beaucoup au chien?

L'oncle Saint-Elme. — Il a le museau plus allongé, ses oreilles sont toujours droites, son poil plus touffu; ses jambes sont de couleur fauve, et celles de devant portent une raie noire. Enfin les allures sont sauvages, inquiètes, et, ordinairement, on ne le rencontre que dans les forêts.

Laure. — Et le loup-garou, oncle, est-il tout pareil à celui que vous dites?

L'oncle Saint-Elme. — Ah! pour celui-là, je ne l'ai jamais vu; notre ami Petit-Jean pourra peut-être nous en donner des nouvelles? As-tu vu un loup-garou, Petit-Jean?

Petit-Jean, en jetant un regard effrayé tout autour de lui et en se mettant au milieu des promeneurs. —Chut! not'maître! chut donc! s'il vous entendait!

L'oncle Saint-Elme. — J'en étais sûr. Ce malheureux garçon résume toutes les superstitions des paysans les plus arriérés. Je ne m'explique pas cela, car nos villages normands sont en contact constant avec les villes. Eh bien, Petit-Jean, parle et ne crains rien. Comment est-il le loup-garou?

Petit-Jean, d'une voix caverneuse. — Je ne l'ons point vu.

L'oncle Saint-Elme. — Mais tu en as bien entendu parler?

Petit-Jean, toujours d'une voix creuse, lançant des regards épeurés autour de lui, dans les fourrés du bois qui commencent à s'emplir d'ombres. — Oui, bien sûr. Ma grand'mère l'a bien vu couri tout dret devant lui, un loup grand comme un cheval avec des chaînes, et dévorant, ce jour-là, pus de dix enfants de son village.

L'oncle Saint-Elme. — Et qu'est-il devenu?

Petit-Jean. — Vous savez bien que ces bêtes-là, ni le couteau, ni le fusil ne pouviont les tuer; il s'est en allé dans d'autres pays, donc! et même, il s'était changé en un trait de feu et avait fait brûler toutes nos villottes.

Laure, qui n'a pas quitté la main de sa mère. — C'est bien sûr ce loup-là qui a croqué le petit Chaperon rouge.

L'oncle Saint-Elme. — Rassure-toi, Laurette, tout cela est faux. Il n'y a jamais eu de loups-garous. Les villottes de ta grand'mère ont été incendiées par la foudre, fait malheureusement trop commun dans nos campagnes. Quant aux enfants, il en a peut-être disparu un, volé ou noyé; la superstition a inventé le reste. Et pour le petit Chaperon-rouge, c'est un joli conte inventé pour apprendre aux petites filles à ne jamais désobéir à leur maman.

Laure, respirant d'un air soulagé. — Ah! tant mieux!

Pierret. — On m'a raconté, quand j'étais petit, une assez drôle d'histoire de loup, et si Monsieur le commandant le permet...

Madeleine. — Oui, oui, une histoire!

Pierret. — Voilà ce que c'est. Il y avait une noce dans la campagne, et on avait fait venir un violoneux pour danser. Quand on eut bien dansé toute la nuit, et que le jour commença à pointer, le musicien, qui était d'un village éloigné, voulut s'en aller. On le paya bien, on lui bourra ses poches de gâteaux et de galette, et on lui souhaita un bon voyage; il partit gaîment. Mais voilà qu'en traversant un bois, comme qui dirait celui-ci, il entend remuer derrière lui, il se retourne, croyant que quelqu'un de la noce l'avait suivi pour lui faire un tour, et il voit, quoi?... Un loup énorme qui le regarde avec deux yeux qui ne disaient rien de bon. Le violoneux, ennuyé de se voir suivi de si près, et se rappelant les provisions dont on avait bourré ses poches, tire un morceau de galette et le jette au loup qui n'en fait qu'une bouchée; après ce morceau, un second, puis un troisième; toute la galette y passe. Il songea ensuite à la brioche et la donna pièce à pièce à la mauvaise bête qui, dès qu'elle avait fini, relevait ses lèvres sur ses dents aiguës et faisait une affreuse grimace au pauvre musicien. Enfin, voilà la brioche finie; quelques morceaux de sucre qu'il gardait en réserve pour ses enfants furent encore jetés au loup et dévorés. Le musicien traversait un fourré épais, où il pouvait être mis en pièces sans être entendu d'âme qui vive; il avait tant d'émotion que la sueur lui perlait sur le front. Le loup approchait son long museau jusqu'à ses poches qui sentaient le gâteau et les flairait de si près que le violoneux en avait la chair de poule. Alors, ne sachant plus que faire, il se dit qu'il va bien sûr être croqué, et, avant de mourir, il a la fantaisie de jouer encore un petit air de cet instrument qui le faisait vivre, lui et sa famille. A peine a-t-il râclé son crin-crin que voilà le loup qui recule; le violoneux continue, le loup recule encore, l'homme redouble comme bien vous pensez, et la méchante bête prend sa course à travers bois et a bientôt disparu. Le musicien, tout en rendant grâces à Dieu de tout son cœur, joue de son violon à cœur joie, et il ne cesse qu'en revoyant la porte de sa maison. Alors seulement, il respira à son aise, et conta l'aventure qui se répéta de l'un à l'autre.

MADELEINE. — Les loups sont-ils donc ennemis de la musique?

L'ONCLE SAINT-ELME. — Je ne pourrais l'affirmer; il peut se faire que ce bruit inconnu ait effrayé le loup; j'avais entendu déjà cette anecdote, mais le plus sûr selon moi est de ne pas trop s'y fier.

On était arrivé devant la maison, et pendant que Pierret allait donner de nouveaux soins à son scops dont il avait résolu la guérison, chacun rentra enchanté de sa journée.

CHAPITRE X

MONSIEUR LE PROFESSEUR MAXIME.

La production de l'oxygène et de l'azote. — Le phosphore. — La pression de l'air. — Le vase renversé. — L'œuf dans une carafe. — Le baromètre.

Depuis quelques jours, Maxime affectait, avec ses sœurs, un air grave et mystérieux qui amusait Laure et fâchait un peu Madeleine. Il avait de longs entretiens avec son oncle, auxquels n'étaient pas admises les deux petites filles. Un mercredi soir, le facteur apporta deux lettres d'invitation, l'une, à l'adresse de Mesdemoiselles de Mussy, l'autre, à celle de leur mère. On y lisait : « Monsieur le professeur Maxime prie ces demoiselles de vouloir bien assister à la séance de science amusante qu'il se propose de donner le jeudi, 25 mars. » On fut étonné d'abord, puis on rit beaucoup, et on attendit avec impatience la soirée du jour suivant. » Après le dîner, M. de Saint-Elme pria ses nièces de vouloir bien passer dans son propre cabinet qu'il avait abandonné au jeune professeur, pour la circonstance. Sur une table, étaient préparés plusieurs flacons, des cloches de verre, des carafes, du feu et différents corps ressemblant à des pierres. M. Maxime, cravaté de blanc par les soins de sa mère qu'amusait cette innocente comédie, attendait, un peu ému, l'instant de commencer. L'oncle Saint-Elme, qui avait fourni les instruments et qui était le promoteur de l'événement, se frottait les mains d'un air joyeux. Gros-Grain et Pierret avaient été admis.

— Mesdames, Messieurs, dit Maxime, nous allons, si vous le voulez, commencer par nous occuper de l'air qui est bien important pour nous, puisqu'il est la première condition de notre existence. Notre oncle Saint-Elme nous a appris la composition de l'air respirable, une partie d'oxygène contre quatre d'azote, et cela, partout où l'on a recueilli de l'air, dans le fond des mines, aux pôles, aux tropiques, comme dans les pays tempérés.

— Bravo ! dit M. Saint-Elme.

Maxime. — Il m'a semblé intéressant de faire ici une expérience qu'on nous a faite au collège et qui consiste à se procurer, d'abord, de l'oxygène, ensuite de l'azote. Notre bon oncle m'a aidé et je vais faire de mon mieux pour réussir. Voici un petit fourneau à esprit de vin que nous allons allumer ; nous allons placer dessus ce vase en verre recourbé, qu'on appelle une cornue et dans lequel il y a du chlorate de potasse ; nous allons le chauffer doucement ; le chlorate de potasse va avoir l'air de bouillir : ce sera le moment où il s'unit à l'azote, et l'oxygène, laissé en liberté, va sortir par le tube qui se

Préparation de l'oxygène.

recourbe dans ce vase plein d'eau et va aboutir sous cette petite cloche longue, qu'on appelle éprouvette. Comme l'oxygène est plus léger que l'eau, il montera et se tiendra dans l'éprouvette.

Madeleine. — Mon frère, voilà que ta potasse commence à bouillir.

L'oncle Saint-Elme. — Il faut attendre un instant ; dans les expériences, on manque tout, si l'on se presse. Allons, maintenant, il est temps ; Maxime, achève ton expérience. Tu affirmes que le gaz de l'éprouvette est de l'oxygène pur, comment vas-tu le prouver ?

Maxime a relevé l'éprouvette et bouché l'orifice avec son doigt.

— Vous voyez que ce gaz n'a pas de couleur, il n'a pas d'odeur non plus ; sa propriété est d'entretenir la combustion des corps ; ainsi, voilà une allumette enflammée que j'éteins presque, il n'y reste plus qu'un point rouge ; regardez, voici que je l'approche de l'éprouvette où est renfermé mon gaz.

Madeleine. — C'est merveilleux, elle s'est rallumée et donne une flamme encore plus vive que tout à l'heure.

Maxime très satisfait. — C'est l'oxygène qui fait brûler le feu, la lampe, la bougie ; et, comme mon oncle nous l'a si bien dit, c'est encore lui qui nous fait vivre.

Vive l'oxygène ! s'écria Madeleine.

M. Saint-Elme. — Voilà un souhait intéressé, Madeleine. Mais à présent, Monsieur le professeur, pourriez-vous nous procurer de l'azote ?

Maxime, avec une gravité digne, s'inclina, et, prenant une petite coupe pleine d'eau, dans laquelle nageait un petit bâton blanchâtre : Ceci est du phosphore, dit-il, et nous le tenons dans l'eau parce qu'il s'enflamme dans l'air.

Madame de Mussy. — Maxime, prends garde... avec tous ces gaz, tu nous incendieras.

L'oncle Saint-Elme. — N'ayez crainte, ma nièce, je suis là. Il est d'ailleurs très bon que les jeunes gens se familiarisent avec les phénomènes qui nous entourent.

Maxime continuant. — Je vais mettre mon phosphore sur ce petit morceau de bois qui reposera sur l'eau et je le couvre aussitôt de cette cloche remplie d'air. Voyez-le, le voilà qui brûle avec une vive clarté.

Madeleine. — Qu'est-ce que ce phosphore ?

L'oncle Saint-Elme. — C'est un corps qu'on extrait des os d'animaux ; il est inflammable et lumineux ; c'est pour cela qu'on l'a nommé phosphore, qui signifie porte-lumière. C'est lui qui donne cette traînée lumineuse que produisent les allumettes chimiques quand on les frotte. Mais je ne vous interromps plus, Monsieur Maxime.

Maxime. — Voyez, sous la cloche il y a beaucoup de vapeurs blanches ; c'est le phosphore qui a pris l'oxygène pour former l'acide phosphoreux, et, si vous regardez avec attention, vous verrez que l'eau de la coupe a monté. C'est qu'il y a moins d'air que tout à l'heure. Ce qui reste sous la cloche est de l'azote. Ce gaz est tout le contraire de l'oxygène, voici une allumette enflammée que j'introduis sous la cloche, vous voyez qu'elle s'éteint complètement. L'azote arrête la combustion. Maintenant, voici un petit mulot dans cette cage ; c'est Pierret qui me l'a donné ; si je le mets dans l'azote, il va mourir asphyxié.

Laure. — Non, non ! nous te croyons bien, Maxime ; ne tue pas cette gentille souris.

Madame de Mussy et Madeleine se joignirent à la petite fille, et le

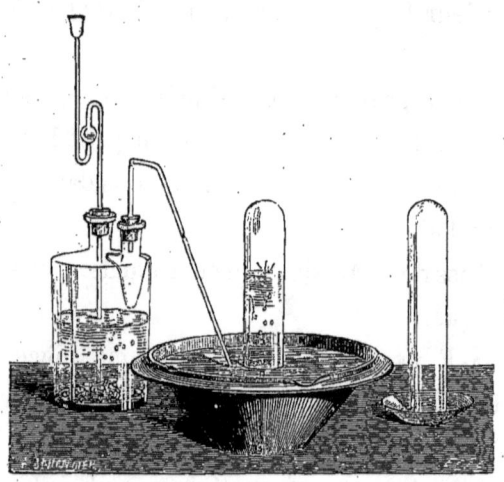

Préparation du bioxyde d'azote.

mulot fut rendu à la liberté, au grand mécontentement de Maxime, dont l'expérience n'avait pas été complète. Cependant, l'auditoire se déclara très satisfait. Maxime voulait encore produire de l'acide carbonique ; madame de Mussy trouva l'expérience inutile.

Mais on ne put le faire renoncer à l'expérience qui consiste à produire du bioxyde d'azote. Je change de flacon, dit-il, et je verse sur de la tournure de fer que contient mon vase, un peu d'acide nitrique ; voyez le gaz nouveau, en se combinant, produire ces globules ; ils vont monter dans l'éprouvette de la cuve. Attendons un peu ; bien ! il est temps.

Et Maxime, enlevant avec précaution l'éprouvette où était monté le bioxyde d'azote, en approcha une allumette ; le gaz s'enflamma alors et brûla avec une belle lueur rouge. Laure battit des mains, et Maxime jeta à son oncle un regard de triomphe.

Maxime. — Puisque le gaz rouge te plaît tant, Laurette, je vais te montrer du gaz violet. Tu vois, je prends ce petit tube en verre, j'y mets quelques grains d'un corps qu'on nomme l'iode. Je bouche ce côté et je présente mon tube au-dessus de cette bougie. Vois-tu ce joli violet? Je vais maintenant le laisser refroidir, et il va se for-

Flamme produite par le bioxyde d'azote.

mer de charmants cristaux bleus. Je recommencerai tant que tu voudras.

L'oncle Saint-Elme. — On produit une infinité de colorations ou de décolorations par le mélange des corps. Les gaz, en se combinant ou en se séparant, font des tours comme de vrais sorciers. Maxime, prends ces violettes, et toi, Madeleine, enflamme une allumette bien soufrée. Placez la violette au-dessus de la vapeur, qui est de l'acide sulfureux.

Laure. — Bon, la violette est toute blanche !

L'oncle Saint-Elme. — C'est le soufre qui lui a pris son oxygène pour former l'acide sulfureux. Maintenant, plongez-la dans ce verre d'eau ; au bout de quelque temps, elle aura retrouvé assez d'oxygène dans l'eau, pour reprendre sa couleur, et nous la reverrons violette. Quand nous aurons des roses, je vous ferai changer les roses rouges en roses panachées ; il ne s'agira que de présenter à l'acide sulfureux l'extrémité des pétales.

Le lilas blanc que vous admirez l'hiver à Paris est du lilas violet sur lequel on fait passer des vapeurs sulfureuses. En trempant des immortelles violettes dans de l'acide nitreux, elles deviendront jaunes ; si on les y laisse longtemps, elles deviennent d'un noir de jais. On peut ainsi changer la couleur des plumes d'un oiseau ou des poils d'un chien. Je me souviens, quand j'étais étudiant, avoir teint ainsi le chat de ma concierge en tricolore ; ce fut un beau succès ! On raconte que les Indiens de l'Amérique du Sud font naître, aux jeunes perroquets, des plumes d'un beau rouge, en arrachant leurs premières plumes et en en frottant la place avec le sang d'une espèce de grenouille, appelée grenouille à tatouer. Enfin, enfin, je n'en finirais pas ; je rends la parole à Maxime.

Madeleine. — Et comment nommez-vous cette science si amusante, cher oncle ?

Maxime, important. — C'est la chimie, qui décompose et recompose les corps.

M. Saint-Elme. — J'engage Maxime à continuer son cours, en passant à la pression de l'air.

Maxime. — L'expérience que nous venons de faire pour nous procurer de l'azote est déjà une preuve de la pression, mais je vais la recommencer d'une autre façon. Voici une assiette remplie d'eau ; j'allume ces papiers, je les pose sur cette lame de liège, qui repose sur l'eau : je pose ce verre sur la flamme : voyez l'eau monter dans le verre. Pourquoi ? c'est que le papier a fait comme tout à l'heure le phosphore, il a pris l'oxygène en partie, donc il y a moins d'air, donc la pression étant moindre à l'intérieur et plus forte à l'extérieur, l'eau monte. Maintenant, prenons ce verre plein d'eau ; je pose, sur l'orifice, une feuille de papier, de manière qu'elle adhère bien avec la surface du liquide, et je le renverse.

Laure. — Maxime ! tu vas tout renverser sur le tapis de mon oncle.

Maxime. — N'aie pas peur ; l'eau ne tombera pas, la pression de l'air de bas en haut la maintient, grâce au papier.

Est-ce concluant cela ?

Œuf dans une carafe.

L'oncle Saint-Elme. — Parfait. Mais que prétendez-vous, Monsieur le savant, faire de cet œuf que j'aperçois ?

Maxime. — Il va me servir à démontrer, d'une manière encore plus évidente, la pression de l'air. Je prends cette carafe et j'y plonge ce papier enflammé que je laisse brûler quelque temps ; maintenant, comme il faut donner un bouchon à notre carafe, l'œuf dur auquel j'ai enlevé sa coquille va nous en servir ; là, voilà qui est fait, voyez comme il bouche bien.

L'auditoire de Maxime ne comprenait pas trop ce qu'il allait

COMME IL FAUT DONNER UN BOUCHON A NOTRE CARAFE,
CET ŒUF VA NOUS EN SERVIR.

démontrer, quand Madeleine, qui suivait attentivement des yeux l'expérience, se mit à dire : « Mais on dirait qu'il s'enfonce ton œuf ; oui, regarde-le donc, il s'allonge et, si tu ne l'ôtes pas, il va tomber dans la carafe. »

Mais Maxime se gardait bien de l'ôter, il était trop content de ce qui arrivait, et quand l'œuf fut tombé dans la carafe en faisant *floc !* il se mit à battre des mains, et dit : « Voilà ! le papier enflammé a fait du vide dans la carafe ; l'air extérieur, en pesant sur l'œuf, l'a poussé si fort qu'il est entré dans la carafe ! »

Machine pneumatique.

L'oncle Saint-Elme. — Le *baromètre* est un nouvel exemple de cette pression qui, en pesant sur le mercure contenu dans un tube, le fait monter ou descendre selon qu'elle est plus ou moins grande. Voici le véritable instrument pour faire le vide. C'est une pompe au moyen de laquelle on fait le vide sous ce globe. On l'appelle *machine pneumatique* et elle sert à une multitude d'expériences ; Maxime nous a démontré la pression atmosphérique avec plus de simplicité, mais d'une façon tout aussi concluante.

Pendant que M. de Louvres expliquait le mécanisme fort simple mais bien dur à manœuvrer de la machine qu'il mettait sous les yeux de ses nièces, Maxime avait déposé dans une assiette un petit cône assez semblable à de la craie, mesurant 2 à 3 centimètres de longueur; il y mit le feu avec une allumette enflammée. Maman, Laure, Madeleine, regardez, dit-il : les serpents de Pharaon ! Le cône s'était boursouflé, il s'allongeait à vue d'œil, avec des mouvements rampants, s'élevant, se repliant et donnant d'autant plus l'illu-

Serpent de Pharaon.

sion d'un serpent que sa couleur jaunâtre et fauve rappelait la peau de la vipère. Instinctivement, Laure avait mis ses mains derrière son dos. Cette expérience, très connue aujourd'hui des écoliers, l'était peu alors, et madame de Mussy partageait l'étonnement de ses filles. Je n'oserais pas affirmer qu'il n'y avait pas un peu d'admiration naïve dans le regard qu'elle jeta sur Maxime.

— Ce ne sont pas des bêtes, dit Madeleine, mais qu'est-ce que c'est? En brûlant, cela laisse des cendres. Et Madeleine avançait la main pour prendre un peu de la poudre grise, laissée sur l'assiette.

— Ne touche pas, Madeleine, dit M. de Louvres; ce résidu est vénéneux. Quand Maxime aura fini, il jettera au feu ces cendres malsaines qui renferment du mercure.

— Il y a aussi du soufre, dit madame de Mussy en toussant, légèrement suffoquée par les vapeurs sulfureuses que dégageaient trop abondamment les faux reptiles.

Maxime peut-il nous expliquer le phénomène qu'il nous a fait voir?

Maxime leva les yeux en l'air comme un écolier qui cherche à se rappeler sa leçon; il se croisa les bras et, se campant solidement en homme qui sent sa valeur, il récita ce qui suit :

— Le cyanogène, du grec *cyanos*, bleu, est un corps composé de carbone et d'azote; il se combine facilement; une de ses compositions, le sulfocyanure de mercure, produit de singuliers effets. Pour l'obtenir, on verse du sulfocyanure de potassium dans une dissolution étendue de nitrate acide de mercure. C'est une poudre blanche, combustible, qu'on transforme en une pâte ferme en y mêlant de la gomme. On place cette pâte dans des moules et on obtient ainsi de petits cônes qui, mis en contact avec le feu, se déroulent, s'allongent et produisent ce que nous avons eu l'honneur de vous montrer sous le nom de serpents de Pharaon.

— Pas mal! pas mal! dit M. de Louvres en riant; cela manque un peu de détails techniques, mais vu l'auditoire féminin, nous nous déclarons satisfait.

— Très bien! très bien! à présent montre nous autre chose! dit Madeleine.

Pour dire la vérité, elle craignait le retour des cyanogènes et des sulfocyanures, mots parfaitement inconnus pour elle.

Maxime. — Maintenant, Mesdames, avant de procéder à certains jeux d'équilibre, je vais faire le sorcier.

Et, toujours très maître de lui, le jeune garçon alluma trois bougies d'inégale grandeur qu'il plaça sur un socle et qu'il recouvrit de la plus grande cloche. Madame, dit-il en s'adressant à sa mère, quel est votre plus grand désir ?

— Que votre père nous revienne le plus tôt possible et qu'il ne lui arrive rien de fâcheux, dit madame de Mussy sans hésitation.

Maxime. — Eh bien, si la bougie du milieu s'éteint la première, vos désirs seront satisfaits.

Madeleine contrariée et craignant une déception pour sa mère. — Quelle idée ! pourquoi pas la plus petite ? c'est elle qui s'éteindra la première.

M. Saint-Elme. — La petite Madeleine ne réfléchit pas.

Expérience d'équilibre.

Au bout de quelques instants, la bougie du milieu s'éteignit, et madame de Mussy, qui n'était pourtant pas superstitieuse, respira plus librement.

Maxime. — La grande bougie a manqué d'air avant les autres. Plus l'air est pesant, moins il monte, et, vous voyez, j'avais posé le socle dans une cuvette d'eau, pour empêcher l'air extérieur de faire des siennes.

L'oncle Saint-Elme. — Allons, Monsieur le professeur, vous avez, jusqu'à présent, réussi toutes vos expériences, c'est d'un bon augure pour l'avenir de vos cours.

Maxime. — Pour qu'un corps se maintienne, il faut qu'il soit en équilibre, et il est en équilibre, quand son centre de gravité est stable. Le centre de gravité est le point sur lequel un corps se tient en équilibre dans toutes les positions. Laure, ne bâille pas, voici qui va t'amuser. Et toi, Madeleine, je crois deviner que tu as soif; viens, je vais te donner un verre de limonade.

Et Maxime, qui s'était tourné vers la table, revint vers l'assemblée, tenant en main une bouteille au bouchon de laquelle étaient piquées

Expérience d'équilibre.

deux fourchettes en face l'une de l'autre; le bouchon reposait simplement sur le bord de la bouteille. Il la souleva, versa du sirop dans le verre de Madeleine sans que ce merveilleux bouchon tombât.

— Ne crains rien, Laure, dit-il à sa petite sœur qui avançait involontairement la main, le bouchon ne bougera pas, quand je viderais la bouteille jusqu'au fond. Le centre de gravité est placé au-dessus du point d'appui, et que je lève ou penche la bouteille, il demeurera en équilibre parce que ce centre de gravité ne changera pas.

N'est-ce pas, mon oncle ?

— Très juste, mon ami. Fais maintenant l'expérience de la bécasse.

Sur un bouchon tout préparé, on avait fait étroitement entrer le cou d'un oiseau à long bec, les deux fourchettes, de même poids bien entendu, furent piquées comme précédemment. A la base du bouchon, Maxime entra une épingle, puis ayant placé une pièce de cinq francs en argent sur le goulot de la bouteille, il y posa bien en équilibre son petit appareil, et lui imprima un léger mouvement de gauche à droite ; aussitôt, le bouchon se mit à tourner, et la tête au long bec semblait regarder tout autour d'elle d'un air si drôle que tout le monde se mit à rire.

Décidément, Maxime triomphait sur toute la ligne.

— Je sais encore plusieurs tours sur l'équilibre, dit-il enflammé par son succès.

— Si tu veux m'en croire, mon neveu, tu les réserveras pour une autre séance.

Maintenant, moi, je vais terminer la soirée en vous invitant à une représentation de lanterne magique. L'oncle Saint-Elme fut acclamé et eut peine à se soustraire aux caresses de Laure et de Madeleine, qui étaient tout bonnement en train d'adorer cet oncle-là.

CHAPITRE XI

L'ŒIL ET LES ILLUSIONS DE LA VUE.

Mécanisme de la vision. — Chambre noire. — Prisme. — Disque de Newton. — Thaumatrope. — Phénakisticope. — Perspective. — Myopes. — Presbytes. — Daltoniens. Kaléidoscopes. — Décapité parlant. — Les spectres au théâtre.

La soirée avait été charmante. On avait vu défiler les personnages les plus fantastiques et les événements les plus grotesques, mais naturellement, après la représentation, les enfants, tournant et retournant autour de l'aimable lanterne qui les avait si bien divertis, et ne comprenant pas comment les choses se passaient, posèrent à leur oncle leur éternel : Pourquoi, oncle Saint-Elme ?

— Parce que, répliqua ce dernier avec son indulgent sourire. Mais ce soir il est tard ; je remets mes explications à une autre fois. Jusque-là, que chacun pense, réfléchisse, et s'il a découvert quelque chose, il nous en fera part. J'aurai encore d'autres jouets à vous montrer.

Sur cette promesse, tous se séparèrent très satisfaits les uns des autres. Madeleine surtout s'amusait franchement. Cette manière d'apprendre de nouvelles choses lui allait très bien, et on l'eût bien étonnée si on lui eût rappelé ses paresses de Paris. Il n'y avait que quinze jours qu'elle l'avait quitté et il lui semblait que rien n'était plus aisé et plus intéressant que l'étude. Aussi attendit-elle avec impatience le lendemain. Tout le monde réuni, M. Saint-Elme prit la parole :

— S'il y a une partie amusante et intéressante dans la physique, c'est celle qui s'occupe de la lumière, la lumière qui nous met sans cesse en rapport avec les objets extérieurs ; la lumière, ce peintre habile et délicat qui colore tout ce qui nous entoure des couleurs les plus variées. Aussi, le plus important de nos sens est-il la vue. Nous allons en dire quelques mots avant tout. L'œil, si sensible et si précieux pour nous, a été entouré d'organes destinés à le protéger ; les sourcils d'abord qui, lorsque nous les fronçons, atténuent la lumière qui serait trop vive ; ils retiennent aussi la sueur qui coule sur notre front. Il est bien inutile de les froncer sans nécessité ; cela donne à la physionomie quelque chose de mécontent, de dur, et fait des rides précoces.

Les paupières sont les gardiennes dociles de la vue ; elles se lèvent, se baissent, s'entr'ouvrent pour la protéger contre la lumière trop ardente, et les cils empêchent les corps étrangers de pénétrer dans l'œil.

Maxime. — Ne pourrait-on pas vivre sans paupière ? j'ai entendu dire que certaines gens dormaient les yeux ouverts.

L'oncle Saint-Elme. — Entr'ouverts, veux-tu dire. On pourrait vivre sans paupières, mais l'œil serait bien vite atteint de ces terribles inflammations qu'on appelle ophthalmies. En Orient, on employait souvent comme supplice la suppression des paupières par un instrument tranchant. Eh bien! la mort s'ensuivait toujours, à cause du manque de sommeil qui était la suite de ce cruel châtiment. Ne vous rappelez-vous pas, dans l'histoire, un héros romain qui fut victime de ce supplice?

MAXIME. — Lycurgue, je crois.

L'ONCLE SAINT-ELME. — Lycurgue avait perdu un œil dans une émeute, mais il n'était pas aveugle.

MADELEINE. — Homère !

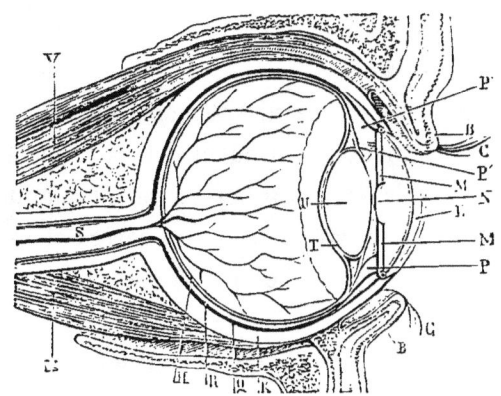

Coupe médiane de l'œil.

BB. Paupières.
CC. Cils.
K. Sclérotique.
L. Cornée.
MM. Iris.

N. Pupille.
PP. Ligament ciliaire.
Q. Choroïde.
R. Rétine.
S. Nerf optique.

T. Capsule du cristallin.
U. Cristallin.
VX. Muscles de l'œil.

L'ONCLE SAINT-ELME. — Pas davantage. Voyons, reportez-vous aux guerres Puniques.

MADELEINE. — Ah! j'y suis ; c'est Régulus qui, fait prisonnier par les Carthaginois, fut envoyé à Rome pour traiter de la paix ; comme il n'avait pas pris les intérêts des ennemis, mais bien ceux de sa patrie, il fut mis à mort par ces mêmes Carthaginois.

L'ONCLE SAINT-ELME. — Qui lui coupèrent les paupières et, après les lui avoir enduites de miel, l'exposèrent à l'air et aux piqûres des insectes.

Maxime. — C'est une triste mort pour un homme de guerre ; il aurait dû mourir sur le champ de bataille.

L'oncle Saint-Elme. — L'œil proprement dit est un gros globe dont on ne voit qu'une faible partie ; il est formé d'une première enveloppe dure, opaque, et membraneuse, appelée sclérotique ; d'une seconde imprégnée d'un liquide noirâtre, qui donne la couleur noire qu'on voit au fond de la pupille ; enfin de la rétine, enveloppe nerveuse. C'est la *cornée transparente* qui occupe le devant de l'œil et se trouve comme enchâssée dans une ouverture circulaire de la sclérotique. Sa surface extérieure est plus bombée que cette membrane, et ressemble à un verre de montre qu'on aurait appliqué sur une sphère creuse. Un peu en arrière de la cornée, est une petite membrane colorée diversement selon les individus, c'est l'iris, percé au milieu d'un trou circulaire, appelé *pupille*. L'iris a la faculté de dilater ou de resserrer la pupille ; quand vous regardez une lumière vive, elle se resserre ; dans l'ombre, au contraire, la pupille se dilate et paraît bien plus large. Derrière la pupille est suspendue une petite lentille transparente appelée le cristallin ; le reste de l'œil est rempli par l'humeur vitrée, substance semblable au blanc d'œuf ; enfin se trouve le nerf optique qui a formé la rétine et qui communique au cerveau. Maintenant suivons le chemin parcouru par la lumière. Les rayons lumineux traversent la cornée transparente, la pupille et tombent sur le cristallin, une sorte de lentille chargée de les réunir tous comme en un faisceau et de les faire converger vers un point nommé foyer. Le foyer de l'œil, c'est la rétine, sur laquelle les divers points d'un corps placé à distance sont rassemblés et reproduisent l'image de l'objet d'où ils proviennent. La rétine transmet la sensation de la vue au nerf optique, et le phénomène de la vision est accompli.

Madeleine. — Je n'ai pas compris quand vous dites que l'image est reproduite par la rétine. Cela veut-il dire que nous avons une peinture des objets au fond de l'œil.

L'oncle Saint-Elme. — Justement ; tout ce que tu vois va se peindre au fond de ton œil. On a fait l'expérience sur des yeux de lapin albinos, ces lapins n'ont pas de choroïde : on a placé devant la cornée un objet fortement éclairé, une bougie par exemple, et on a vu distinctement sur la rétine la bougie peinte, seulement...

Les enfants. — Seulement ?

L'oncle Saint-Elme. — Seulement elle était à l'envers.

Madeleine. — Pauvres lapins ! Cela ne doit pas être commode de voir à l'envers.

M. Saint-Elme. — Ne les plains pas ; car toi, Madeleine, tu dois en savoir quelque chose : ta rétine reçoit les mêmes impressions que celles des albinos, avec cette différence que, grâce à la substance noire qui tapisse la choroïde, les rayons sont absorbés et te permettent une vision claire et nette ; sans quoi, ils seraient réfléchis ou renvoyés vers d'autres points de la rétine et tu ne verrais plus que confusément. Les albinos

Image renversée dans la chambre obscure.

voient à peine, le jour ; leur vue ne devient distincte que dans la nuit.

Madame de Mussy. — Vous croyez vraiment, mon oncle, que les objets se peignent à l'envers au fond de l'œil humain.

L'oncle Saint-Elme. — Puisque je rencontre tant d'incrédules, je vais vous convaincre. Il fait assez jour pour que nous fassions l'expérience. Maxime, prends ce carton blanc ; pose-le à plat contre le mur. Bien ; maintenant, je vais tout fermer, et ne laisser que cette petite ouverture à la jalousie, j'y place cette loupe, regardez le carton blanc, qu'y voyez-vous ?

Laure. — La maison a la tête en bas !

L'oncle Saint-Elme. — Vous voyez là le phénomène de la vision. La jalousie, c'est l'iris ; la petite ouverture, la pupille ; la lentille, le cristallin ; le carton blanc, la rétine. Le rayon parti du toit de la maison, pour traverser la pupille, s'est croisé avec le rayon parti de la base de l'objet ; ils occupent donc un point contraire à celui d'où ils sont partis ; c'est pourquoi la figure se peint renversée. Ce que nous venons de faire s'appelle la chambre noire.

Laure. — Et la lanterne magique, et les autres joujoux, n'allez-vous point nous en parler, oncle ?

Madeleine. — Oh ! quel bébé ! mais si tu ne veux pas écouter les explications de l'oncle Saint-Elme, tu ne comprendras rien. Tu seras comme le singe de la fable qui avait oublié d'éclairer sa lanterne.

L'oncle Saint-Elme. — Le fait est que si je ne vous dis pas un mot de la lumière, vous ne pourrez me comprendre.

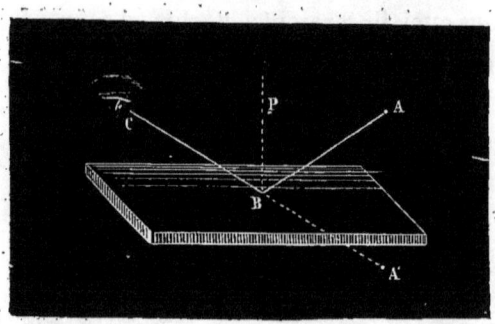

Lois de la réflexion.

Madeleine. — Parlez, oncle ; d'où nous vient-elle cette belle lumière qui égaie tout ? J'ai tant horreur des ténèbres.

Maxime. — D'où elle nous vient ? Voilà bien une de tes questions. Elle vient du soleil.

L'oncle Saint-Elme. — C'est vrai, et elle marche bien, la jolie voyageuse. Le soleil est à environ 38 millions de lieues de notre terre ; la lumière parcourt cet espace en huit minutes treize secondes ; ce qui fait 78,000 lieues par seconde. Mais ne nous arrêtons pas à ces chiffres, et voyons comment se présentent les rayons lumineux. Ils sont de deux espèces, suivant les corps.

Regardez la pendule en bronze doré, que voyez-vous ?

— Laure. Elle reluit.

L'oncle Saint-Elme. — C'est-à-dire qu'elle renvoie le rayon lumineux qui vient la frapper. C'est la lumière réfléchie ; tous les corps polis produisent ce phénomène. Tenez, faisons encore la chambre noire, et plaçons sur la table ce miroir ; voyez, il entre un rayon de lumière par la fente de la jalousie, il vient frapper notre glace qui renvoie un autre rayon, lequel s'en va jusqu'au plafond. C'est la lumière réfléchie. Cette figure, du reste, vous en donne un exemple, le rayon lumineux arrivant du point A se réfléchit en B sur le miroir, pour être renvoyé au point C où se trouve l'œil de l'observateur. Au bord d'une eau tranquille, les arbres, les maisons envoient des rayons à la surface du liquide qui réfléchit tout le paysage.

Madeleine. — Oui, mais on voit tout à l'envers.

L'oncle Saint-Elme. — Prends notre miroir ; et mets ton doigt perpendiculairement dessus. Tu le vois dans le sens contraire à celui dans lequel tu le présentais. Les images réfléchies se présentent renversées sur un miroir horizontal.

Quand la lumière ne se réfléchit pas, elle se réfracte, c'est-à-dire que le rayon change de direction et semble se briser. Voici un verre à demi rempli d'eau, j'y plonge mon crayon, regardez-le.

Maxime. — En effet, il semble plus court et comme brisé.

L'oncle Saint-Elme. — Cela arrivera toutes les fois que les rayons lumineux passeront du milieu qu'ils occupent dans un milieu plus dense, c'est-à-dire plus épais et plus lourd. L'eau est plus dense que l'air.

Madeleine. — Vous avez dit que la lumière est un peintre ; comment cela ?

L'oncle Saint-Elme. — Parce que c'est elle qui donne à tous les objets leur couleur. Quand on est dans la nuit, tout est noir. Le noir est l'absence de couleur, le blanc au contraire les réunit toutes. La lumière est blanche ; si on la décompose, elle produit les sept couleurs : violet, indigo, bleu, vert, jaune, orangé et rouge.

Madeleine. — Comment pouvez-vous décomposer quelque chose qui ne se pèse, ni ne se prend, ni ne se touche ?

L'oncle Saint-Elme. — Tu vas le voir. Refermons encore tout et faisons l'obscurité. Notre docile rayon de lumière va reparaître bien vite ; nous allons placer sur la table, bien en face de lui, ce cristal taillé qu'on nomme un *prisme*. Maintenant remettons notre feuille de carton blanc dressée contre le mur, vis-à-vis l'ouverture par laquelle nous vient le jour. Voilà qui est fait.

Laure. — Ah ! je vois, je vois ; tiens, c'est comme l'arc-en-ciel.

L'oncle Saint-Elme. — Pas si mal dit, mignonne. Mais je ne serais pas fâché de savoir pourquoi notre rayon, au lieu de continuer sa route en ligne droite, s'est permis de changer de route.

Maxime. — N'est-ce pas parce que le verre qu'il a eu à traverser est plus dense que l'air ; alors il a dévié.

L'oncle Saint-Elme. — Et sa lumière s'est décomposée en traversant le cristal taillé ; elle est alors venue se peindre sur notre écran ; c'est le spectre solaire. Vous voyez bien que la lumière est composée de sept couleurs.

Madeleine. — Tous les corps devraient être blancs alors.

L'oncle Saint-Elme. — Il y a des corps qui absorbent certaines couleurs et en renvoient d'autres. Ainsi ta robe est bleue, c'est-à-dire que l'étoffe absorbe toutes les couleurs excepté le bleu qu'elle renvoie.

Maxime. — Mais alors si l'on réunit toutes ces couleurs, on doit reformer du blanc.

L'oncle Saint-Elme. — C'est ce qu'on prouve en faisant passer les sept couleurs dans un autre prisme, on retrouve la couleur blanche. L'expérience suivante produit un fait identique : voici un disque de papier blanc ; j'ai peint les sept couleurs primitives ; nous allons le traverser avec ce crayon, et le faire tourner vivement ; tenez, le voilà en branle !

Madeleine. — Mais, mon oncle, vous nous montrez l'envers qui est blanc.

Maxime. — Du tout, mon oncle nous montre les sept couleurs : tiens, il ralentit son mouvement, les vois-tu, à présent ?

Madeleine. — C'est vrai.

L'oncle Saint-Elme. — Je dois vous dire que la vue, ce sens si précieux, si fin, n'est pourtant pas exempt d'erreurs, et que bien souvent on peut constater des illusions fort curieuses d'optique.

Maxime. — Oh ! mon oncle, dites-nous-en quelques-unes.

L'oncle Saint-Elme. — L'une des plus communes est l'irradiation, c'est-à-dire l'illusion qui agrandit les surfaces claires sur un fond sombre.

Madeleine. — Comment? on voit plus grand que cela n'est.

L'oncle Saint-Elme. — Voyez ces deux carrés de papier; ils sont d'égale dimension. Sur l'un un cercle blanc se détache dans un fond noir; sur l'autre, un cercle noir se détache sur un fond blanc. Regardez!

Madame de Mussy. — Le cercle noir me semble plus petit.

Madeleine. — Mais, maman, il l'est certainement.

L'oncle Saint-Elme. — Ils sont exactement égaux. C'est en appliquant, peut-être sans s'en rendre compte, ce principe d'irradiation que les personnes minces se vêtiront volontiers de couleurs claires, tandis que celles dont l'embonpoint est par trop prononcé préfèrent le noir qui les amincit.

J'en reviens à mon disque de tout à l'heure, peint des sept couleurs, et qui, en physique, est appelé toupie newtonienne, parce qu'il fut inventé par le grand Newton, pour démontrer que le mélange des sept couleurs reproduisait la lumière blanche.

Maxime. — Pourquoi, mon oncle, l'appelez-vous le grand Newton.

L'oncle Saint-Elme. — Parce qu'il fut l'un des savants dont s'honore l'humanité. Né près de Grantham, en Angleterre, il avait, à l'âge de quarante-trois ans, fait de célèbres découvertes en mathématiques. Doué d'un rare esprit d'observation, un jour qu'il était assis dans un champ, il voit tomber une pomme; quelle impression ce fait aurait-il produit sur vous, mes enfants?

Madeleine. — L'envie de la manger, je crois bien.

L'oncle Saint-Elme. — Newton y vit une preuve de l'attraction des corps vers le centre de la terre, et il partit de là pour établir la loi des mouvements des planètes autour du soleil. Ce fut lui qui, le premier, décomposa la lumière et la recomposa. Il a fixé ainsi les principales lois de l'optique. Ayant perdu une partie de ses papiers dans un incendie, sa raison fut un instant troublée; et à partir de cette époque, il ne fit plus de découvertes.

Il fut très honoré de ses concitoyens et de tous les savants de son temps; il mourut, je crois, vers 1727, dans un âge avancé; il avait quatre-vingt-cinq ans.

Madame de Mussy. — Ce qui prouve une fois de plus que le travail ne tue pas.

Maxime. — Voilà un savant qui n'a pas été malheureux comme Denis Papin.

Disque de Newton.

L'oncle Saint-Elme. — Il a eu bien des soucis aussi, quand ce ne seraient que les luttes qu'il a dû subir pour défendre quelques-unes de ses découvertes qu'on voulait attribuer à d'autres.

Newton était très patient dans ses travaux et d'une persévérance à toute épreuve. Un jour qu'on lui demandait comment il avait fait ses grandes découvertes : « En y pensant toujours », répondit-il simplement.

Laure. — Oh! toujours penser à la même chose, oncle, cela doit être bien ennuyeux.

Madame de Mussy. — Pour toi, ma petite perruche, je le crois; mais retiens au moins de cela que par la persévérance dans le travail, on arrive à de belles et grandes choses.

L'oncle Saint-Elme. — Ce qui pour les esprits légers n'est rien, est quelquefois le point de départ de grandes découvertes pour les esprits réfléchis. Le hasard révéla à Daguerre, l'un des inventeurs du daguerréotype, avec Niepce, la propriété dont jouit

Daguerre découvre la propriété de l'iodure d'argent.

l'iodure d'argent, de se modifier avec une promptitude extraordinaire sous l'influence de l'agent lumineux. Un jour, comme il avait laissé, par mégarde, une cuiller sur une plaque qu'il venait de traiter par l'iode, il trouva l'image de cette cuiller dessinée en noir sur le fond de la lame métallique recouverte d'iodure d'argent.

La cuiller, superposée à la plaque iodurée, avait garanti les parties qu'elle avait recouvertes, de l'action de la lumière et la silhouette de

la cuiller s'était ainsi produite sur la surface de la plaque. Ce fut ce trait de lumière qui aida le plus Daguerre dans sa belle découverte.

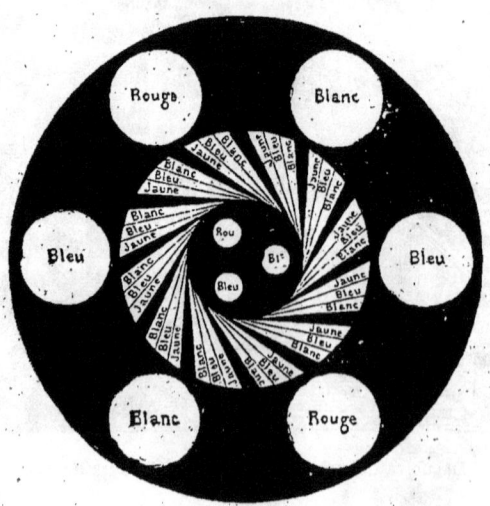

Un esprit léger n'eût pas pris garde à cette ombre et il y eût eu peut-être une intéressante invention de moins.

Revenons maintenant à ce que nous disions sur les couleurs.

Le disque ou toupie newtonienne a donné naissance à d'autres instruments et jouets qui tous se basent sur ce fait, que l'impression produite sur la rétine dure un certain temps, une demi-seconde, et s'efface ensuite. Si donc l'impression se répète à des intervalles plus courts que la durée de cette impression, le cerveau ne perçoit plus des sensations isolées, mais des sensations qui s'enchaînent d'une manière continue. Maxime, prends une allumette, approche-la du feu ; maintenant fais-la tourner, vite, plus vite encore ! Ne voyez-vous pas un cercle de feu. Eh bien, si vous prenez un cercle comme celui-ci, divisé en plusieurs secteurs de couleurs différentes et que vous le fassiez tourner vite, vous ne verrez plus les couleurs isolées, mais bien celle

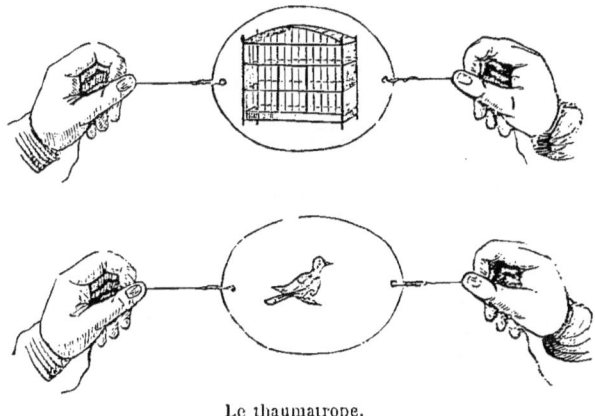

Le thaumatrope.

que produira le mélange des couleurs. En voici un, bleu et jaune ; que voyez-vous pendant qu'il tourne rapidement ?

Laure. — Je vois du vert, rien que du vert.

L'oncle Saint-Elme. — Du rouge, du blanc et du bleu vous donneront la sensation du lilas. Voici la toupie complète.

Et l'oncle Saint-Elme tira le jouet d'une caisse où étaient réunis nombre d'objets, que les yeux des petits auditeurs auraient bien voulu connaître.

L'oncle Saint-Elme. — Vous voyez qu'elle est peinte de secteurs de diverses couleurs ; pendant qu'elle tourne, je déplace ce disque noir et mobile, et si je découvre des secteurs rouges et bleus, j'obtiens un anneau violet ; s'ils sont rouges et jaunes, un anneau orangé !

L'ŒIL ET LES ILLUSIONS DE LA VUE. 139

Laure. — C'est un joli jeu.

L'oncle Saint-Elme. — La persistance des impressions lumineuses nous fournit d'autres observations. Voici un cercle de carton; sur cette face on a dessiné une cage; sur la face opposée, un oiseau. Madeleine, prends-le par ces deux cordelettes qui sont placées de chaque côté et fais-le tourner vite; nous, regardons !

Madame de Mussy. — Je vois l'oiseau en cage, moi !

Maxime. — Mais il y est ! Arrête-toi, Madeleine, non ! oh ! c'est trop fort ! Voyons, à mon tour.

L'oncle Saint-Elme. — Il a fallu moins de temps au disque pour

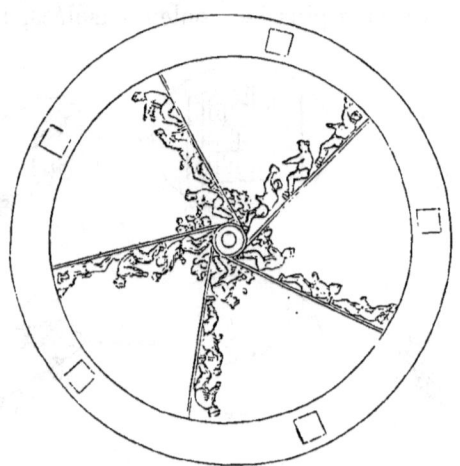

Phénakisticope.

tourner qu'à l'impression sentie pour quitter la rétine, de sorte que l'impression de la cage n'est pas effacée quand vient celle de l'oiseau. Ce jeu se nomme le *thaumatrope*. En voici un autre non moins curieux; je vais vous dire son nom, un grand nom, un peu difficile ; c'est le phénakisticope ; cela vient de deux mots : *trompeur* et *voir*. En effet, l'œil va nous faire voir ce qui n'est pas. Ce jouet, imaginé par M. Plateau, se compose de deux disques portés l'un et l'autre sur un même axe ; sur l'un, et à des distances égales, sont des dessins qui représentent les diverses attitudes d'un petit danseur à la corde ; l'autre disque est percé d'un égal nombre de fentes ; on fait tourner avec rapidité ces deux disques et l'on regarde, à travers l'une des fentes, les images qui se présentent successivement à l'œil. La durée des impressions lumineuses étant moindre que la rapidité avec laquelle chacun de ces dessins se succède, l'œil n'a plus que la sensation d'un dessin unique qui semble animé d'un mouvement réel. On croit voir exécuter tous les mouvements du petit danseur. Le praxinoscope, que vous con-

Le praxinoscope.

naissez, n'est qu'une autre application du même principe; dans cet appareil, les images, en tournant, se réfléchissent dans des glaces fixes. Et l'oncle Saint-Elme, joignant la pratique à la théorie, mit le phénakisticope en mouvement à la grande joie de ses neveux.

Vraiment, tous ces jeux sont fort intéressants, mon cher oncle, dit Madame de Mussy. Je n'aurais jamais cru que le sens de la vue fût si trompeur.

L'oncle Saint-Elme. — Il l'est beaucoup, mais on peut le réformer par le toucher et l'éducation. Oui, ce sens merveilleux nous trompe parfois et, en lui, tout n'a pu être expliqué.

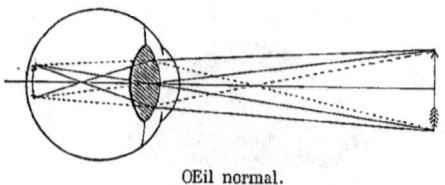

OEil normal.

Maxime. — Quand nous allons vers l'étang et que nous entrons dans la belle avenue de peupliers, j'ai remarqué que les rangées d'arbres qui la bordent semblent se rapprocher peu à peu et se rejoindre à l'extrémité opposée. Est-ce une illusion de la vue ?

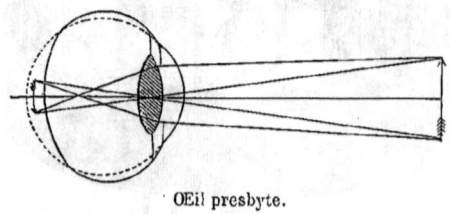

OEil presbyte.

L'oncle Saint-Elme. — Sans doute, bien que cela s'explique en perspective, parce que les arbres correspondants, étant vus sous des angles de plus en plus petits, finissent par devenir insensibles à une certaine distance. Illusion de la vue, une tour carrée qui, vue de loin,

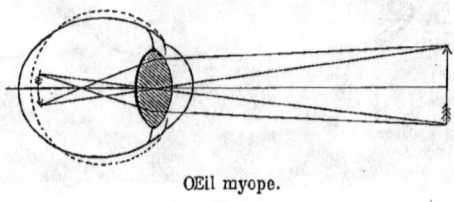

OEil myope.

nous semble ronde ; illusion de la vue, les couleurs qui, dans l'éloignement, se dégradent et pâlissent ; illusion encore, les arbres qui paraissent fuir quand nous parcourons, en voiture ou en chemin de fer, la voie qui en est bordée.

Madeleine. — Alors, on n'est jamais sûr de ce qu'on voit.

L'oncle Saint-Elme. — Je t'ai dit qu'à la longue, par les comparaisons, par le toucher, par le jugement, on acquiert des notions nettes; mais il faut faire l'éducation de ce sens, comme de tous les autres. Vois un petit enfant faire de vains efforts pour saisir tout ce qui lui fait envie, même quand cela est très éloigné. Il n'a pas conscience de la distance. De même, des aveugles à qui l'on a pu rendre la vue, dans un âge où ils étaient aptes à rendre compte de leurs sensations, ont déclaré qu'ils ne saisissaient pas d'abord la forme des corps, ni la distance à laquelle ils étaient placés; il leur a fallu acquérir l'expérience par le temps.

Madeleine. — Dites-moi, oncle, pourquoi, lorsque vous lisez, vous tenez très loin votre livre, et pourquoi papa, au contraire, le met si près de ses yeux, quand il n'a point de lorgnon? Je sais bien qu'il dit être myope, mais qu'est-ce que cela signifie, d'où cela vient-il?

L'oncle Saint-Elme. — En dehors des imperfections de la vue, communes à tous les hommes, il y a des défauts particuliers plus nombreux qu'on ne pense et ceux que tu me signales sont les plus communs. Les myopes ont en général le cristallin et la cornée transparente trop bombés ou quelquefois le globe de l'œil trop long; il résulte de là que l'image, au lieu de venir se peindre sur la rétine, comme cela doit être pour que la vue soit normale, se peint en avant; alors les rayons divergent et on ne voit plus qu'une image confuse. Les *presbytes*, au contraire, comme le vieil oncle Saint-Elme, ont vu, en vieillissant, leur cornée et leur cristallin s'aplatir; alors, tout au contraire des myopes, l'image vient se peindre au delà de la rétine, si bien qu'on ne voit plus que les objets éloignés. Il arrive aussi que l'on soit presbyte sans que cette infirmité ait l'âge pour cause; il suffit que le globe de l'œil soit trop court.

Laure, qui a mis sur son nez le lorgnon de son oncle. — Et alors, on porte des lunettes, et l'on voit comme tout le monde.

Maxime. — Comment ces petits morceaux de verre peuvent-ils corriger la vue?

L'oncle Saint-Elme. — Ce que tu appelles de petits morceaux de verre sont des instruments précieux. Ils ne datent pourtant que du quatorzième siècle.

MADELEINE. — Alors tous les myopes de l'antiquité ont été fort à plaindre.

L'ONCLE SAINT-ELME. — Je t'en réponds. Ces lentilles sont ou concaves ou convexes. Pour le myope qui a la cornée trop convexe, on donnera les verres concaves qui, en reculant le foyer visuel, viendront le replacer sur la rétine. Pour les presbytes, on aura les verres convexes qui, en avançant le foyer, le remettront également sur la rétine. L'invention des lunettes est due à un Italien, nommé Salvino Armato.

MADELEINE. — Je voudrais être myope pour porter un lorgnon. C'est cela qui vous donne du cachet !

M. SAINT-ELME. — Sais-tu qu'on peut se rendre myope avec de semblables manies. Sans doute, en s'habituant à regarder de trop près, la pupille se rétrécit, le cristallin devient plus convexe, et on perd l'habitude de voir à distance.

MAXIME. — A quelle distance peut-on lire, écrire sans effort, quand on a une bonne vue ?

L'ONCLE SAINT-ELME. — A trente centimètres. C'est la vue normale, et il y a des myopes qui ne voient qu'à dix et même deux centimètres. C'est alors une véritable infirmité.

MADELEINE. — Vous nous parliez d'autres maladies plus rares.

L'ONCLE SAINT-ELME. — Moins connues surtout ; l'une d'elles est le *daltonisme*. Ceux qui en sont atteints ne distinguent point certaines couleurs, ils confondent le vert et le bleu, le rouge et le jaune. C'est que, dans notre rétine, composée d'un tissu fibreux très impressionnable, ces fibres ne sont sensibles chacune qu'à une couleur ; chez eux, ces fibres manquent ou sont muettes.

MADAME DE MUSSY. — C'est là une maladie rare, il me semble.

L'ONCLE SAINT-ELME. — Les médecins prétendent que, sur vingt personnes, il y en a au moins une qui n'a pas le sentiment net des couleurs. Il y a cinq ans, pendant un séjour assez long que j'ai fait en Savoie, j'ai été témoin d'un affreux accident de chemin de fer causé par le daltonisme. Le mécanicien d'un train rapide, qui n'avait jamais distingué le bleu du vert, ne comprit pas la valeur d'un signal, et se lança à toute vapeur sur la route, où la voie était unique ; il se rencontra avec un train arrivant en sens inverse, et il en résulta une terrible collision qui coûta la vie à plusieurs personnes, à commencer par le pauvre homme.

MAXIME. — Maintenant je suis sûr qu'on ne choisit plus que des mécaniciens dont la vue est parfaite.

L'ONCLE SAINT-ELME. — Je le crois ; l'expérience s'achète quelquefois bien cher.

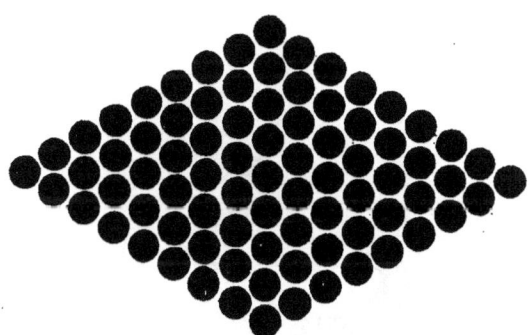

LAURE. — C'est triste cette histoire-là, oncle Saint-Elme. N'avez-vous plus de dessins à nous faire pour nous montrer ce qu'on croit voir et qu'on ne voit pas? C'est bien plus amusant.

L'ONCLE SAINT-ELME. — Ah! ce sont les illusions d'optique auxquelles tu veux revenir. Le fait est qu'elles sont infinies, et plusieurs savants se sont plu à les signaler. Ainsi, Zollner a remarqué celle-ci : quand on trace une série de bandes noires parallèles le long desquelles on a tracé des bandes obliques, se présentant dans chaque bande en sens inverse, les lignes noires semblent aller dans de différents sens, tandis qu'elles sont parfaitement droites.

Voici encore une autre illusion, communiquée par M. Nachet. Cette série de cercles noirs, vus à distance et d'un œil, tous parfaitement réguliers et placés à une même distance, semblent des hexa-

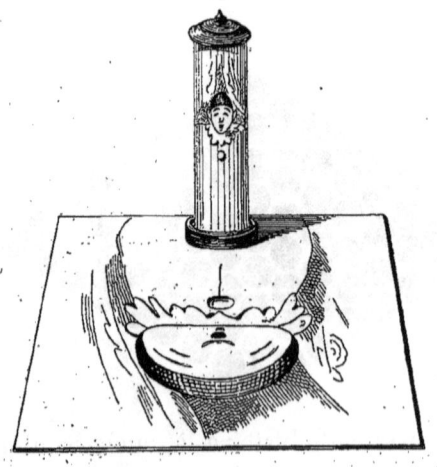

gones ou figures à six côtés. Voici maintenant un carton sur lequel j'ai placé une série de cercles concentriques, un noir alternant avec un blanc, agite-le, tantôt à droite, tantôt à gauche, Laure; que vois-tu?

LAURE. — Oh! que c'est drôle, tous les ronds noirs et blancs semblent tourner.

MAXIME. — C'est vrai qu'on peut multiplier toutes ces expériences à l'infini. Qui aurait cru que tant de choses intéressantes pouvaient être dites à propos de la vue.

LAURE. — Oh! quel bonheur, voilà oncle Saint-Elme qui va à sa caisse! nous allons encore voir un joujou.

L'ONCLE SAINT-ELME. — C'est surtout avec les miroirs que les

Le décapité parlant. — L'aspect.

expériences d'optique sont intéressantes et variées. Tenez, regardez ce dessin.

MADELEINE. — Je ne vois que des lignes confuses; on dirait un homme, mais il est tout en large! il est affreux.

L'ONCLE SAINT-ELME. — Maintenant, voici un miroir cylindrique que je pose verticalement sur mon dessin laissé à plat, que voyez-vous?

LAURE. — Un vrai pierrot de carnaval!

MAXIME. — Est-ce possible que ce soit le même que cet affreux magot; mais oui, je reconnais ses traits, toute sa personne. C'est bien lui en effet.

L'oncle Saint-Elme. — C'est ce qu'on appelle *une anamorphose*.

Madeleine. — Avouez, oncle, que pour trouver cela, il faut être bien avisé.

L'oncle Saint-Elme. — C'est très simple, comme tu vas le voir. Regarde ce petit arlequin, je vais le coller sur notre cylindre. Maxime, donne-moi cette glace carrée qui est suspendue au mur; tenez, voilà le cylindre posé sur le miroir, et voyez comme mon arlequin est devenu informe; je vais le dessiner tel que le voilà, et quand je vais remettre cette image défectueuse et confuse au pied de

La réalité.

mon miroir cylindrique, mon arlequin va redevenir charmant. Ce phénomène est dû aux lois de la réflexion.

Maxime. — Mon oncle, est-ce pour la même raison qu'on est si laid quand on se regarde dans sa cuiller d'argent?

L'oncle Saint-Elme. — Oui; les miroirs courbes déforment les figures régulières, et par contre, les miroirs brisés, ou inclinés convenablement sur eux-mêmes, donnent naissance à des figures régulières et d'une symétrie parfaite. Voici un jouet que vous connaissez bien, sans doute.

Laure. — Ce petit étui en carton? oh oui, j'en ai eu beaucoup; plus on le remue, plus il s'y produit de jolis dessins.

Madeleine. — Moi aussi, j'en ai eu; et j'ai eu la fantaisie de l'ouvrir pour prendre ces belles étoiles coloriées que je voyais au fond, je n'ai trouvé que des petits morceaux de verre de toutes couleurs, ne formant plus aucun dessin.

L'oncle Saint-Elme. — Ce jouet se nomme kaleïdoscope, de plusieurs mots grecs, que Maxime va nous traduire.

Maxime. — Volontiers, mon oncle; de *kalos*, beau, de *eidos*, image, et de *scopein*, voir.

Madeleine. — Oh! Monsieur le savant! recevez mes compliments.

L'oncle Saint-Elme. — Très bien. Regardez à l'intérieur; voici

Les spectres au théâtre.

trois lames de verre qui forment un prisme dans la longueur de l'étui; c'est dans ces miroirs que vont se réfléchir les perles, les fragments de verre qu'on y a placés; ils produisent des dessins fort jolis. Cet instrument a été perfectionné et l'on s'en sert quelquefois dans les manufactures, pour obtenir des dessins qu'on reproduit sur les étoffes. Une des choses les plus saisissantes qu'on ait rendues par les miroirs, c'est le *décapité parlant*. Il y a quelques années, j'étais allé à la fête de Saint-Cloud avec un de mes amis. Je n'entre jamais dans ces baraques où tout le merveilleux est sur l'affiche, mais remarquant sur l'une d'elles : le *mort qui parle :* Allons voir, me dit mon ami, ce doit être drôle. A demi convaincu, je le suis, et nous voyons devant nous, posée sur une table à trois pieds, une tête d'homme, pâle, hérissée, roulant de gros yeux et disant :

« Ah ! Messieurs, Mesdames, que cela est dur d'avoir la tête séparée du corps ! non, vous ne pouvez pas savoir cela. » Je savais bien que nous avions affaire à un farceur, mais vraiment l'illusion était complète. On ne voyait que la tête ; où était le corps ?

Eh bien, le corps était tout bonnement assis devant la table ; seulement, il était dissimulé par deux glaces posées à un point voulu des murs de côté, de façon que ces murs, coïncidant avec le mur du fond, on croyait voir le vide sous la table. Ajoutez à cela qu'on ne pénétrait qu'à l'entrée de la salle, très peu éclairée.

LAURE. — Oh ! mon oncle, j'aimerais à voir cette tête qui parle, cela doit faire joliment peur ! et je m'amuserais beaucoup.

L'ONCLE SAINT-ELME. — On a encore tiré des miroirs un effet non moins étrange au théâtre. Avez-vous vu quelquefois, quand vous étiez dehors, des ombres de personnes passer dans les carreaux.

MADELEINE. — Très souvent. Quand nous étions dans notre petite cour, les soirs d'été, nous voyions toujours papa et maman passer et repasser dans les vitres.

L'ONCLE SAINT-ELME. — Avec des glaces, qui réfléchissaient des personnages réels placés plus bas que la scène, tout couverts de draperies blanches, faisant de grands gestes ou prenant des attitudes menaçantes, et au moyen de miroirs transparents qui projetaient ces ombres sur la scène, on a obtenu des effets très curieux.

On simulait des apparitions mystérieuses, des revenants. Tout Paris a voulu voir les spectres.

MADAME DE MUSSY. — Comme tout s'explique. La science a dû dévoiler ainsi bien des faussetés et corriger bien des erreurs.

CHAPITRE XII

LA LANTERNE MAGIQUE DE L'ONCLE ET CELLE DU BON DIEU

La lampascope. — La lanterne magique et la fantasmagorie. — Le mirage. — Une dépêche. — Le jour et la nuit. — L'heure dans les différents pays du monde.

Dans l'antiquité, reprit M. de Louvres, les prêtres païens étaient beaucoup plus instruits que les masses ; il est évident que leurs connaissances dans les sciences naturelles les avaient rendus possesseurs de plusieurs faits dont ils se servaient pour exploiter la crédulité des peuples et les dominer par la terreur.

Ce jouet qui a été la première cause de notre conversation sur l'optique a, dit-on, joué un certain rôle au moyen âge sur l'esprit crédule du peuple, que son extrême ignorance rendait superstitieux. Je veux parler de notre lanterne magique.

Laure, d'un ton câlin. — Nous donnerez-vous encore une petite représentation, mon cher oncle ?

Maxime. — Oh ! les représentations, c'est ce que Laurette comprend le mieux dans l'optique.

L'oncle Saint-Elme. — Cette lanterne a été inventée par le père Kircher, savant jésuite du dix-septième siècle. Elle se compose, comme vous le voyez, d'une boîte de fer-blanc d'environ vingt-deux centimètres carrés, ayant une cheminée dans le haut ; une poignée peut la rendre portative. Une lampe communique avec cette cheminée. Ces petits trous que vous voyez en bas sont destinés à laisser pénétrer l'air, sans quoi, vous le savez, la lumière ne brûlerait pas. Sur le fond postérieur de la boîte, est placé un réflecteur en métal poli qui concentre la lumière et la renvoie sur une lentille bombée d'un côté, plate de l'autre, qui fait converger les rayons renvoyés par le réflecteur sur une seconde lentille convexe double. On fait glisser entre les deux lentilles ces lames de verre peintes, représentant divers sujets ; lesquels agrandis par la lentille biconvexe vont se peindre sur un écran blanc qu'on a disposé en face de la lanterne à une distance convenable. Les objets viennent alors se peindre considérablement agrandis.

Madeleine. — Peut-on, au moyen de la lanterne, faire marcher les figures en avant, puis les faire reculer tout à coup, comme je l'ai vu, dans des matinées de physique amusante?

L'oncle Saint-Elme. — On le peut avec quelques modifications; alors c'est la *fantasmagorie*. — L'opérateur, au lieu de se tenir en avant de l'instrument, comme dans notre lanterne magique, est

Lampascope.

séparé des spectateurs par un rideau transparent; puis, les sujets qui sont ici peints sur verre blanc le sont sur verres noirs; enfin, le système de lentilles n'est pas tout à fait le même : l'opérateur doit pouvoir faire avancer ou reculer le verre pour produire les illusions si curieuses de la fantasmagorie.

Maxime. — J'ai vu à Robert Houdin des animaux ainsi représentés qui remuaient.

L'oncle Saint-Elme. — Cela n'offre aucune difficulté, et dans notre prochaine représentation, je vous montrerai un crocodile qui ouvrira et fermera la gueule. Voici le verre, et voici le moyen de faire remuer la terrible mâchoire de ce monsieur. Sur un morceau de toile, vous dessinez la mâchoire inférieure ; le reste est noirci ; ce morceau s'ajuste à la partie correspondante du dessin sur lequel est un blanc, au moyen d'un petit levier qui fait saillie en dehors, et que l'on fait mouvoir de bas en haut, on produit le mouvement des mâchoires.

Laure. — Oh ! mon oncle, cela va nous faire peur.

Madeleine. — Au contraire, cela nous amusera encore bien plus.

Maxime. — Je comprends très bien, et j'essaierai de fabriquer à mon tour un petit appareil pour faire remuer les yeux de ce tigre farouche que j'aperçois sur un de vos verres.

Madame de Mussy. — Le fait est que, pour qui ignore ce mécanisme, il est permis d'être étonné ; aussi je me demande, mon oncle, quel effet vous produiriez, en donnant une séance de fantasmagorie, ici, au milieu de vos bons paysans.

L'oncle Saint-Elme. — Ils ont pu voir déjà quelques-uns de ces phénomènes dans les foires ; mais plus grand devait être l'étonnement des peuples anciens ; je le répète, pour exercer sur leur esprit un empire complet, les prêtres païens devaient avoir recours à ces moyens qui sont des jeux pour nous, mais qui frappaient de terreur des gens naïfs et ignorants. On croit qu'ils connaissaient la fantasmagorie. Les sorciers du moyen âge qui prétendaient faire des évocations de spectres et de fantômes étaient aussi, sans aucun doute, possesseurs de ces secrets et ils en tiraient le meilleur parti pour satisfaire leur cupidité.

Gros-Grain, qui avait assisté attentif et silencieux à toutes les démonstrations et expériences de son maître, et qui était resté tout songeur. — Pas moins, mon capitaine, si les tours des sorciers d'autrefois s'expliquent, on ne peut point expliquer la lanterne magique du bon Dieu.

Madeleine. — Gros-Grain, parlez-nous de cette lanterne-là, nous ne la connaissons ni les uns, ni les autres.

Gros-Grain. — Si mon capitaine le permet.

L'oncle Saint-Elme. — Va pour la lanterne magique du bon Dieu, mais j'avoue que je ne te devine pas.

Gros-Grain. — Il y a de ça bien longtemps, j'étais encore mousse à bord du *Lézard*, un petit vapeur qui explorait la Méditerranée, la mer Rouge et le golfe d'Aden, pour le compte d'un groupe de savants, qui étudiaient le niveau de ces mers-là. On parlait d'un canal qu'on devait creuser à la place de l'isthme de Suez et...

Maxime. — Il existe, Gros-Grain; c'est le canal de Suez, dû à M. de Lesseps.

Gros-Grain, incrédule. — Il existe! Ah! vous croyez ça, qu'on aurait creusé plus de trente lieues pour... Laissez-moi donc, monsieur Maxime; moi je croirai ça quand je l'aurai vu, et comme je ne le verrai jamais!...

Madeleine. — Alors vous ne devez pas croire grand'chose, Gros-Grain, si vous ne croyez que ce que vous voyez.

Gros-Grain. — Quand on a vu, on est sûr. Bref, nous avions relâché à Alexandrie, et plusieurs des savants de l'équipage voulurent profiter de cela pour remonter le Nil. J'étais du voyage. Un jour, qu'on avait mis pied à terre, on partit pour aller visiter un temple à demi englouti au milieu des sables et que le sultan d'Égypte faisait alors déblayer. Nous marchâmes longtemps dans une immense plaine, où l'on ne voyait pas seulement un brin d'herbe. Du sable dans lequel on entrait jusqu'au-dessus de la cheville, et un soleil de feu sur notre tête! On mourait de soif, on aurait cru avaler des charbons ardents. C'était à mourir; j'étais le plus jeune et le moins fort, je m'étais laissé tomber sur le sol, en disant : j'ai soif! et, ma foi, j'allais laisser les autres continuer leur route, quand l'un d'eux me dit : « Relève-toi, petit; voici un grand lac où nous allons nous désaltérer, hâtons le pas. » Je me relevai, et je vis devant nous, à une certaine distance, une large nappe d'eau, des arbres, des maisons, qui nous semblaient renversées et se miraient dans ce beau lac, comme on le voit au bord des rivières. J'étais tout ragaillardi, et me remis en marche. Mais à mesure qu'on avançait, l'eau semblait s'éloigner; quand on arriva au temple, le lac n'apparaissait plus que dans le lointain. Comme nous nous plaignions encore de la soif : « C'est le mirage, nous dit celui qui commandait l'expédition. Ce qu'il y a de mieux est de prendre courage ; nous allons nous reposer une heure ou deux à l'ombre du temple, tout en l'explorant, et quand nous viendrons, le soleil aura perdu de son ardeur. » — En voilà une lanterne magique, dis-je ! elle semble pas mal se moquer des pauvres gens !

L'oncle Saint-Elme. — Et votre chef prit-il la peine de vous expliquer ce phénomène, si fréquent dans les brûlantes plaines du bassin du Nil ?

Gros-Grain. — Ah ! bien oui ! il était trop occupé de ses pierres, et des vilains petits monstres qu'il déterrait dans le sable tout autour de son temple ; il disait que c'étaient les dieux des anciens Égyptiens. Ah ! comme je regrettais mon bord !

Madeleine. — Est-ce que le mirage a, comme dit Gros-Grain, quelque rapport avec la lanterne magique ?

L'oncle Saint-Elme. — Aucun ! Vous avez entendu parler de l'expédition française en Égypte, qui eut lieu aux dernières années du siècle précédent. C'était le général Bonaparte qui la commandait, et il avait emmené avec lui une société de savants pour étudier ce pays, si curieux par les ruines qu'il renferme. Nos soldats furent, comme Gros-Grain, plusieurs fois victimes de ce mirage qui étonnait tout le monde. Monge, un savant des plus remarquables, fut le premier qui l'expliqua.

Maxime. — Est-ce que c'est celui qui a été l'un des fondateurs de l'École Polytechnique ?

Madeleine. — Oh ! l'École Polytechnique, le rêve de Maxime !

L'oncle Saint-Elme. — C'est un beau rêve dont il fera une réalité. Oui, c'est le même. Voici donc ce qu'il disait : La vallée d'Égypte est un pays plat, entrecoupé seulement de rares monticules sur lesquels on a bâti des villages, à l'abri des inondations périodiques du fleuve. Vers le milieu du jour, lorsque le soleil darde sur la plaine des rayons brûlants renvoyés par la surface desséchée du sol, l'air s'échauffe au contact de la terre, se dilate par conséquent, de sorte que ses couches inférieures sont moins denses que les couches supérieures ; c'est alors que se produit le phénomène du mirage. Pour le comprendre, il faut se rappeler qu'un rayon lumineux qui passe d'un milieu moins dense dans un milieu plus dense éprouve une déviation qui le dirige vers le sol ; au contraire, s'il passe d'un milieu plus dense dans un milieu moins dense, la déviation se produit vers le ciel. Mais, et voilà la cause du mystère, s'ils tombent à la surface du milieu différent de manière à former un angle droit avec la verticale élevée de ce point, ils ne se réfractent plus, mais se réfléchissent à la surface interne comme dans un miroir. Madeleine, donne-moi un verre plein d'eau, Laure, apporte cette cuiller d'argent ; bien, maintenant je plonge la cuiller dans le verre que je tiens élevé ; regardez-le en dessous : ne voyez-vous pas la cuiller réfléchie comme dans une glace, sur cette surface intérieure ?

Madeleine. — Je la vois très bien.

L'oncle Saint-Elme. — C'est ainsi que des arbres, des maisons, se trouvant au milieu de couches d'air de densités décroissantes, à mesure que leurs rayons pénètrent dans un milieu moins dense, se rapprochent jusqu'à ce qu'ils soient arrivés sur une couche qu'ils ne peuvent franchir et sur laquelle ils se réfléchissent au lieu de pénétrer. Le mirage se produit aussi en mer. Je me souviens, par un temps calme, d'avoir vu l'image renversée de mon vaisseau dans l'air. Quelquefois, plus rarement, on voit des mirages se produire de côté ; il suffit alors du moindre vent pour les déformer.

Maxime. — Alors, ces images ne sont pas produites par les couches d'air horizontales.

L'oncle Saint-Elme. — Bien dit, monsieur l'observateur ; elles le sont par la différence de densité des couches verticales et parallèles.

En ce moment, un violent coup de sonnette fit sauter tous les hôtes du cabinet de M. de Louvres. Gros-Grain s'élança au dehors et reparut presque aussitôt tenant une enveloppe bleue à la main.

— Pour Madame de Mussy, dit-il, une dépêche.

— Enfin ! dirent en chœur la mère et les enfants, comme si on les eût débarrassés d'un poids bien lourd.

Pendant les quelques instants qui suivirent, le mirage et les jeux scientifiques du bon oncle furent bien oubliés, je vous assure. Les enfants entouraient leur mère et, quitte à être taxés d'indiscrétion, ils

156   LES IGNORANCES DE MADELEINE.

lisaient par dessus son épaule. Personne ne songeait à les blâmer.

— Eh bien, ma nièce, demanda M. de Louvres, qui était impatient de savoir ce qu'il en était de son neveu.

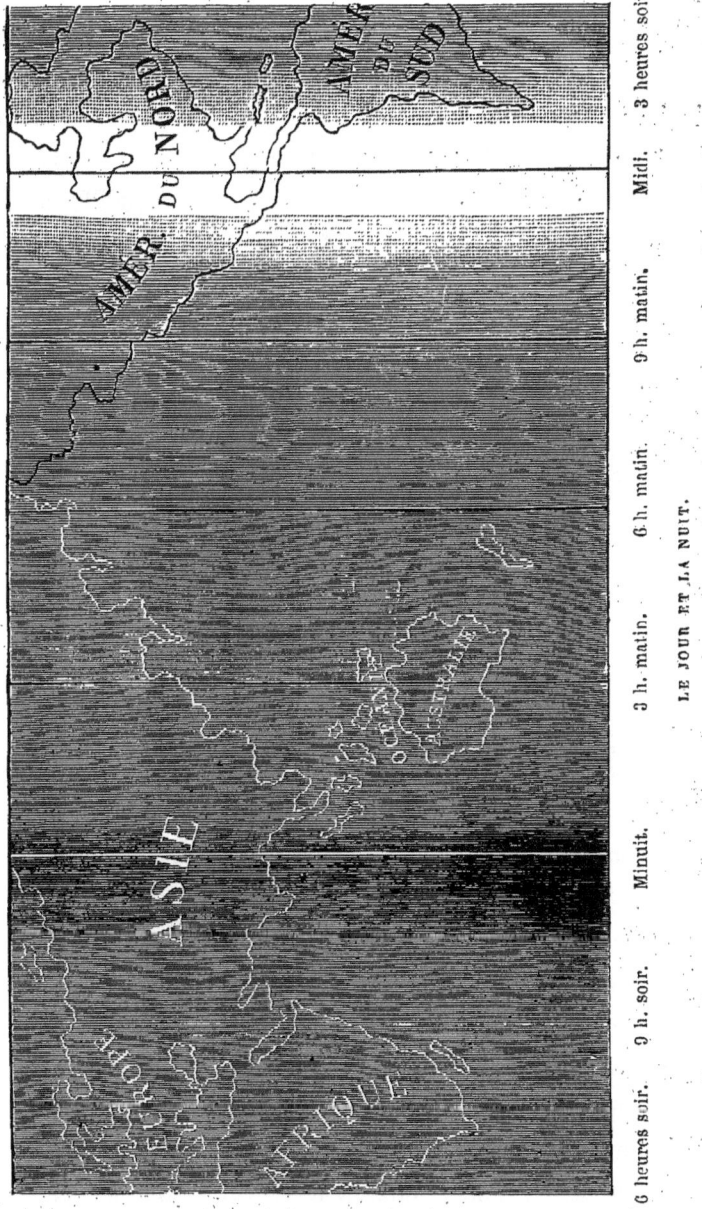

— Tenez, mon oncle, dit madame de Mussy en lui tendant la dépêche qu'elle avait déjà relue plusieurs fois.

L'oncle Saint-Elme lut à haute voix :

« Saint-Pierre la Martinique.

« Traversée excellente ; pauvre frère bien malade ; révolte apaisée. Plusieurs lettres en route pour vous ; baisers et souvenirs pour tous. »

Chaque enfant voulut prendre sur le papier les baisers que le père y avait mis, et il ne fut plus question que de l'absent, tout le reste de la soirée. Madame de Mussy était rassurée ; maintenant, on n'avait plus qu'à attendre les lettres annoncées.

Madeleine, la favorite de madame de Mussy, s'était emparée de la dépêche, et elle l'avait examinée en tout sens. Le lendemain, elle se présenta à son oncle, la tenant encore dans sa main.

MADELEINE. — Voyez donc, oncle Saint-Elme, la singulière chose ;

La Pomme et le Bougeoir.

nous étions hier le 25 mars, et il était à peu près 8 heures quand Gros-Grain a remis cette lettre à maman. Vous avez dit qu'elle avait mis cinq heures pour arriver, et je vois ici : *heure de départ*, 10 heures du matin ; à ce compte-là nous aurions dû l'avoir à 3 heures.

L'ONCLE SAINT-ELME. — Heure d'Amérique n'est pas heure de France, ma gentille nièce.

MADELEINE. — Comment, on n'a pas la même heure partout.

L'ONCLE SAINT-ELME. — Certes non. Il faudrait pour cela que la terre fût de forme plate et se tînt immobile devant le soleil ; et encore, vu la forme sphérique du soleil, les rayons nous arriveraient ou divergents ou convergents. Mais la terre est ronde, et elle met vingt-quatre heures à présenter toute sa surface à ce monstrueux bec

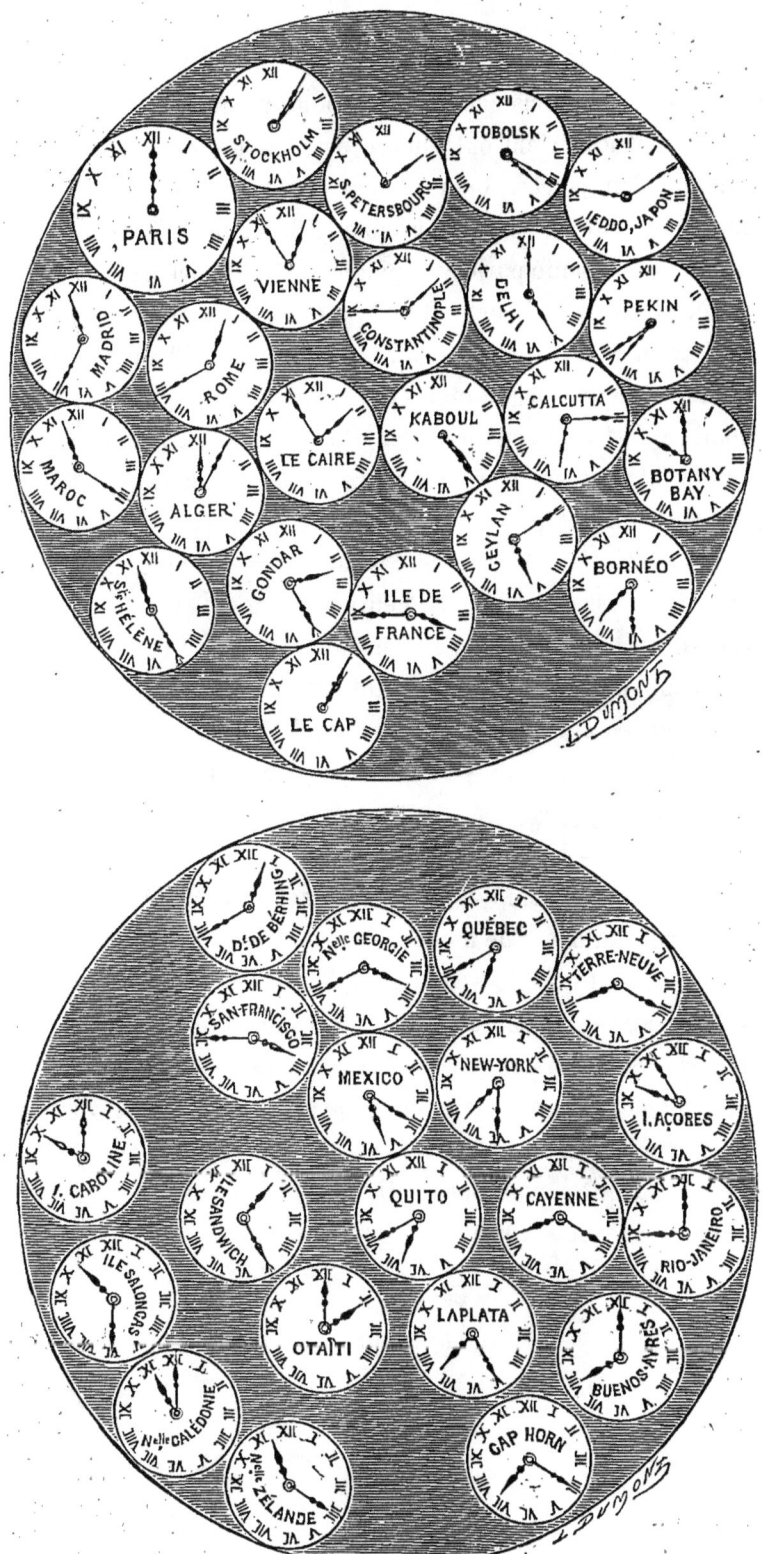

Il est midi à Paris, quelle heure est-il à Madrid, Vienne? etc.

de gaz, chargé de nous éclairer et de nous chauffer. Il en résulte que ceux qui sont à l'Orient ont l'heure avant nous, et ceux qui sont à l'Occident l'ont après. Pour rendre la chose sensible, voici une pomme fixée sur une aiguille à laine. Elle figurera la terre, supposons Paris représenté par cette épingle, et New-York par cette autre. En face, plaçons une bougie allumée : Paris étant plus à l'orient sera éclairé avant New-York, et, par conséquent, aura l'heure avant cette ville. Le soleil met 4 minutes pour éclairer un degré ; il est facile, sachant cela et connaissant la longitude des différents lieux de la terre, de calculer entre eux les heures correspondantes.

Ces observations prennent une grande importance quand il s'agit des chemins de fer. Aussi dans les gares où cette différence est sensible, voit-on : heure de Paris, heure de Genève, etc.

Madeleine. — Je crois bien ; mais ne trouvez-vous pas extraordinaire, oncle, que ce voyage qu'il faut vingt-quatre jours pour accomplir soit fait en cinq heures par la dépêche.

L'oncle Saint-Elme. — La fée bleue ne met pas cinq heures, ma fillette.

Madeleine. — La fée bleue.

L'oncle Saint-Elme. — Oui, l'étincelle électrique, qui est en train de révolutionner le monde, se propage instantanément. Ce qui est long, ce sont les allées et venues d'un bureau à l'autre.

Madeleine. — J'aimerais à connaître l'histoire de cette fée-là.

L'oncle Saint-Elme. — Mon intention est de vous en entretenir ce soir même, mais pour le moment, je crois qu'une promenade dans le bois nous fera beaucoup de bien, et je t'engage à aller inviter ta mère et Laurette à nous suivre. Il fait un temps charmant, nous aurons des nouveautés à voir.

CHAPITRE XIII

UNE HISTOIRE DE CHAMPIGNONS

Les champignons. — Oïdium de la vigne. — Charbon du blé. — Fermentation. — Truffes. — Fougères. — Parties de la fleur. — Cyclamen. — Mourons. — Le fruit et la graine. — Ortie. — Épine. — Poils et aiguillons. — Petit-Jean s'empoisonne avec des champignons.

Quelques minutes après, madame de Mussy et ses deux filles rejoignaient M. de Louvres qui, muni d'une longue boîte verte qu'il portait en bandoulière, les attendait, frais et dispos, comme s'il n'eût eu que la cinquantaine au lieu de ses soixante-huit ans bien sonnés.

Laure. — Que voulez-vous donc faire de cette boîte, oncle?

L'oncle Saint-Elme. — C'est une boîte à herboriser, et comme il est probable que nous n'aurons pas le temps de dire sur les plantes que nous rencontrerons tout ce qui pourrait vous intéresser, nous recueillerons des échantillons qui pourront se garder plusieurs jours.

Madeleine. — Et que nous pourrons montrer à ce pauvre Maxime qui est obligé d'aller à son collège.

Mme de Mussy. — Je te sais gré de cette bonne pensée, ma fillette; et je suis certaine que ton père verra comme moi cesser les taquineries qui s'élevaient journellement entre ton frère et toi.

L'oncle Saint-Elme. — Je crois voir là un heureux résultat de nos causeries; Madeleine en s'instruisant tous les jours gagne dans l'esprit de notre collégien qui, comme ses pareils, est d'abord porté à mépriser les petites filles, et Madeleine en sachant davantage trouve plus de plaisir à causer avec son frère. Leurs relations en deviennent plus agréables.

Laure. — Tiens! voilà Petit-Jean qui vient au-devant de nous? Qu'est-ce que tu portes dans ce panier? ce sont des œufs!

Petit-Jean, après le salut d'usage à la société. — Non, mam'zelle, c'est un petit lot de champignons que j'ai cueillis à votre intention pour votre déjeuner, pour vous remercier de vot'bonté pour la mère ; elle va, à c't'heure, un tantinet mieux.

L'oncle Saint-Elme. — C'est bien d'être reconnaissant, Petit-Jean, mais voilà une reconnaissance qui pourrait être dangereuse ; dans le nid de mousse où tu as logé ta cueillette, j'aperçois quelques individus qui me semblent suspects.

Petit-Jean mortifié. — Mon maître, je les ai cueillis à l'ombre, ils sont encore couverts de rosée, et ils sentent tous très bon.

L'oncle Saint-Elme. — En tout cas, voilà qui tombe à point pour notre botanique. Nous sommes en présence d'un nouveau cryptogame, à classer avec nos mousses et nos lichens. Profitez-en. Prenez chacune un champignon en main ; voyez les filaments qui lui servent de racines, la tige ou *stipe* qui le porte ; la partie supérieure qui se rabat comme un parapluie est le *chapeau*, il est enveloppé par une membrane, le *voile*. Le stipe est entouré par la *bourse* qui se détache facilement.

Laure. — A-t-il quelquefois des fleurs ?

Madeleine. — Non, puisque c'est un cryptogame.

Madame de Mussy. — Et ces lames rosées, placées symétriquement sous le chapeau, ont-elles un rôle, une fonction ?

L'oncle Saint-Elme. — Je crois bien ! c'est dans ces lames que se trouvent les spores ou graines. Les spores donnent naissance, non au champignon, mais à des filaments blancs qui semblent, en s'entre-croisant, former un feutre grossier et qu'on appelle *mycélium*. C'est sur le *mycélium* que se développera le champignon.

Madeleine. — Où viennent surtout les champignons ?

L'oncle Saint-Elme. — Partout, sur la terre, au milieu des gazons, sur les troncs des arbres, sur les feuilles, sur les animaux ; ah ! ce sont de terribles ennemis ceux-là, d'autant plus qu'ils sont microscopiques.

Laure jetant le champignon qu'elle tient. — Je ne veux plus en manger jamais.

Madame de Mussy. — Ceux que tu manges sont visités aux halles de Paris ; tu peux être tranquille.

L'oncle Saint-Elme. — Et l'espèce qu'on y débite est inoffensive. Elle appartient à l'*agaric comestible* qui se cultive en grand aux environs de Paris. Pour cela, on prépare de grandes couches de fumier qu'on arrose et qu'on recouvre d'une litière de paille pour qu'elle ne se refroidisse pas. La fermentation y développe de petits points blancs; au bout d'une dizaine de jours, on soulève la litière, et on sème du *mycélium* ou blanc de champignon sur la couche; on la recouvre de terreau, et on replace la litière par-dessus. C'est encore l'affaire de huit à dix jours; alors les champignons commencent à

Champignons comestibles.

pousser : on peut les cueillir. Cette culture se fait dans les lieux peu éclairés, dans les caves, dans les anciennes carrières.

L'oncle Saint-Elme, qui a examiné le contenu du panier, le renverse tout à coup, et éparpille ainsi tous les champignons. — Rien n'est plus facile que de se tromper avec ces individus-là, et tenez, voilà Petit-Jean qui en ramasse depuis son enfance ; eh bien, il n'a pas remarqué de différence entre ces deux champignons. Voyez-les.

Madame de Mussy. — Celui-ci me semble tout semblable à ceux qu'on achète à Paris, dans les maniveaux ou petits paniers.

L'oncle Saint-Elme. — En effet, c'est un agaric comestible, ses lames sont roses, sa chair ferme, il exhale une bonne odeur d'amande fraîche et j'en croque un morceau qui a le goût de la noisette. Quant à cet autre qui vous paraît semblable, c'est l'*amanite vénéneux*, un vrai poison. Son pied est plus bulbeux, ses lames sont blanches, il répand une odeur désagréable et il est mollasse. Vous voyez qu'il faut peu de chose pour se tromper. Voici encore un agaric excellent : c'est le *mousseron* qui se trouve dans la mousse. Cet autre, qui a un chapeau conique, lisse en dessus et rempli en dessous de cavités assez profondes, et dont le stipe est renflé à la base, c'est un *bolet*; l'espèce en est plus commune dans le Midi que par ici. On le nomme *cèpe*, d'un mot qui veut dire *oignon*, à cause de son pied bulbeux. Celui-ci est le *ceps* ou *cèpe* des bois; son chapeau

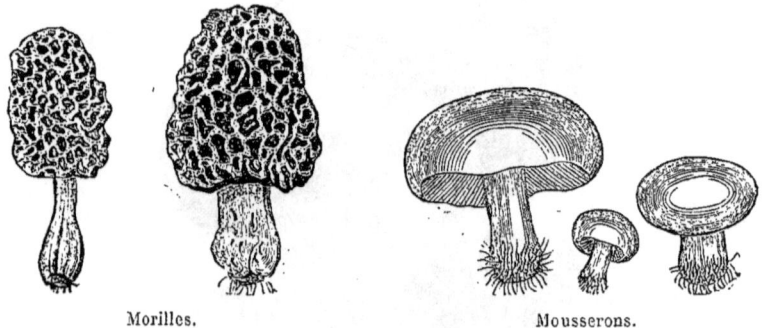

Morilles.   Mousserons.

est fauve, ses tubes longs et jaunâtres. Il y a une espèce de ces champignons qui croît sur le chêne et qu'on nomme improprement *agaric* du chêne ; il fournit l'amadou employé en médecine pour arrêter les hémorrhagies. Que fais-tu, Petit-Jean? Je te défends de ramasser ces champignons, retourne à tes bêtes, et ne prends pas l'habitude de rôder ainsi dans les bois ou les prés, quand tu n'y seras pas appelé par nous.

Petit-Jean jeta un regard mécontent sur son maître et s'éloigna, non sans s'être retourné plusieurs fois vers le malencontreux fruit de sa chasse matinale.

M. Saint-Elme. — En somme, il faut se méfier des champignons à couleurs vives, à odeur désagréable, à chair molle. Les *oronges* qui sont, comme l'indique leur nom, d'un jaune d'or, renferment bon nombre d'espèces vénéneuses. L'oronge vraie, d'un beau rouge orange, très commune en France, se mange avec plaisir; mais à côté, nous avons la fausse oronge qui lui est presque semblable et qui est un violent poison.

On côtoyait, en ce moment, la lisière du bois, toute garnie de jeune gazon vert constellé de petites marguerites rosées, de coucous jaunes, et éclairée par un brillant soleil.

M. Saint-Elme. — Tenez, voici encore une espèce de champignon qui va compléter pour vous les espèces principales. C'est ce lycoperdon ; il n'a pas de stipe, il est globuleux, son chapeau, qui est brun parce qu'il est déjà vieux, est ordinairement d'un blanc pâle. Il est gros et fait de l'effet ; en dedans, il n'a rien. Et M. de Louvres d'un coup de canne fit éclater le champignon qui laissa échapper

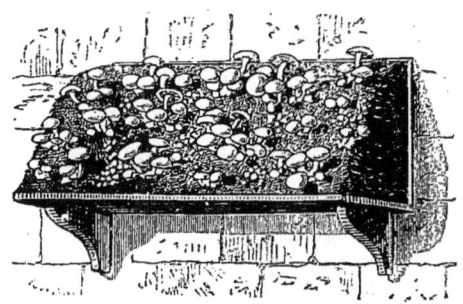

Meule à champignons.

un nuage de poussière brune. Grosse tête et rien dedans ; c'est ce qui l'a fait surnommer *vesse de loup*. J'ai pourtant entendu dire qu'en Italie on en tirait aussi de l'amadou.

Madeleine. — J'ai vu de l'amadou, cela ne ressemble guère à un champignon.

Madame de Mussy. — Est-ce que la farine ressemble au blé ? est-ce que le vin ressemble au raisin ? Que voilà bien une réflexion d'enfant étourdie !

L'oncle Saint-Elme. — Allons, ne rougis pas, mignonne, tu as mal formulé ta demande, voilà tout. Pour préparer l'amadou, — dont le nom est une contraction de trois mots latins *ad manum dulce*, si mon neveu Maxime était là, il vous les traduirait : « doux au toucher, » — on prend la partie intérieure de l'agaric du chêne, on la coupe en tranches minces qu'on bat au marteau, jusqu'à ce qu'il soit tout à fait souple ; ainsi préparé, il arrête les hémorrhagies, comme je vous le disais en commençant.

Madame de Mussy. — On doit le sécher beaucoup quand on veut l'employer pour allumer du feu.

L'oncle Saint-Elme. — On le plonge d'abord dans une dissolution de nitrate de potasse, puis on le fait sécher. Quelquefois même on le roule dans de la poudre à canon.

Laure. — Oncle, regardez donc cette petite éponge que j'ai arrachée là-bas, il y en a encore beaucoup.

L'oncle Saint-Elme. — Cette petite éponge est une *morille*, le plus inoffensif et non le moins bon des champignons. Je n'y pensais pas ; c'est en effet sa saison, elle vient dans les bois, en mars, après les pluies. Son chapeau n'est point couvert de la coiffe, il est troué de nombreuses alvéoles qui lui donnent un faux air d'éponge ; en ce moment, elle est blonde, parce qu'elle est jeune ; en grossissant, elle prendra une couleur enfumée. Mène-nous où tu as cueilli celle-ci, Laurette, nous allons les moissonner si elles sont assez nombreuses. Gros-Grain vous fera avec cela une sauce dont vous me direz des nouvelles. En deux bonds, Laure, très fière de sa découverte, revint à l'endroit où, au milieu des tas de feuilles sèches, se dressaient une foule de morilles fraîches, de bonne mine et de tailles variées : les unes grosses comme des noisettes, les autres grosses comme des oranges. Chacun se livra à la cueillette, on en emplit ses poches et les petits paniers que portaient les enfants. Vous pouvez en cueillir, avait dit l'oncle Saint-Elme, tant que vous le voudrez, elles ne seront pas perdues ; celles qu'on ne mangera pas seront enfilées en chapelet et suspendues ; on pourra ainsi les garder très longtemps. Il y en a vraiment de si grosses qu'on les mangera sur le gril. Madeleine se montrait très ardente, et sa mère, en la voyant si vive, si animée, se demandait si c'était bien la même enfant pâle et ennuyée qui, engourdie devant sa table de travail, bâillait à se décrocher les mâchoires devant sa grammaire ou sa géographie. Ah! le bon air, la belle nature ; l'enseignement qui va des yeux à l'intelligence, les leçons de choses, voilà qui enlève l'aridité aux études et prépare des esprits sains et pratiques dans des corps alertes et bien portants. Les poches et les paniers pleins, Madeleine eut une idée superbe : elle ouvrit son ombrelle à demi et s'en servit comme d'un vaste sac.

— Allons, dit l'oncle Saint-Elme, laissons-en pour les autres ; il ne faut pas gâter notre chasse par trop d'avidité. Beaucoup de nos paysans viennent cueillir aussi, et la vente de ces champignons leur fournit un léger gain. Avançons encore un peu, je vois des fougères très belles qui méritent notre attention. Mais avant de les examiner, je tiens à ajouter un mot sur nos champignons. Comme je vous l'ai dit, il y en a bon nombre qui poussent en parasites, sur d'autres végétaux. L'un d'eux, qui naît dans la graine même du blé quand il est encore en fleur, engendre la *carie;* ce parasite, qui se reproduit très aisément, perce le grain de blé pour venir s'épanouir en filaments à sa surface. La *vigne* a aussi son champignon qui, croit-on, a causé la maladie connue sous le nom d'*oïdium*. Ces petites plantes, formées de filaments qui se croisent et s'entre-croisent à l'infini, sont munies de suçoirs qui s'attachent sur les feuilles et amènent l'affaiblissement du végétal. Le maïs, les orges, les avoines, sont sujets au *charbon* qui se développe dans les fleurs et les tiges qu'il fait avorter. Les moisissures, qui au microscope représentent des forêts originales et variées, appartiennent encore à cette famille envahissante. Vous savez qu'elles se développent sur les animaux et les végétaux humides en fermentation, surtout quand ils se putréfient.

Madeleine. — Pouah ! la vilaine chose ! je ne mangerai certes plus de fromage.

Madame de Mussy. — La croûte seule est envahie par ces moisissures, tu le sais bien.

Madeleine. — Qu'est-ce donc, oncle Saint-Elme, que la fermentation ?

L'oncle Saint-Elme. — C'est la décomposition de certaines substances organiques, sous l'influence de la chaleur tempérée de l'air ou de l'eau. Une matière qui fermente fournit des corps qui, eux, sont de nature inorganique comme les gaz. La fermentation est quelquefois accompagnée de gaz répandant une mauvaise odeur. La fermentation de l'orge produit du sucre; celle du raisin, l'esprit de vin, les alcools; celle de l'esprit de vin, le vinaigre. Tu vois que souvent elle est utile et ne doit pas exciter ton dégoût.

Madeleine. — Tout cela m'intéresse au contraire beaucoup. Mais, cher oncle, à propos de champignon, est-ce que la truffe n'en est pas un?

Laure. — Du tout, c'est une pomme de terre.

L'oncle Saint-Elme. — La pomme de terre a bel et bien des fleurs et des feuilles; elle vit en plein air, courageuse et productive, se contentant d'une terre maigre et ne marchandant pas ses dons. La truffe, espèce de champignon souterrain, ne connaît ni la lumière ni l'air. Elle pousse dans les sols traversés par des racines; son favori est le chêne. Quand elle pourrit, elle se décompose et met à jour ses spores qui produisent les filaments blancs du mycélium qui, à son tour, produira les jeunes truffes.

Madeleine. — Oh! les jeunes truffes! c'est très joli. Je ne me fais pas l'idée des charmes de la jeunesse chez ces plantes. En cherchant, en trouverait-on ici? Il y a des chênes, je crois.

L'oncle Saint-Elme. — Les chiens de berger et les barbets sont très habiles à chercher les truffes, par obéissance seulement. Le porc, lui, est un gourmet qui chasserait pour son propre compte. On l'emploie en Provence et en Périgord. Quand il a trouvé l'endroit où réside l'objet de sa convoitise, il reste, le groin posé dessus; mais si on ne l'enlève pas tout de suite, il le croque à belles dents.

Madeleine. — Tous les porcs sont chasseurs de truffes?

L'oncle Saint-Elme. — Pour leur propre compte, sans doute; mais il est difficile de les dresser. Un porc bien élevé... pour la chasse, vaut quelquefois trois cents francs.

Madeleine. — Maintenant, mon oncle, faut-il commencer la chasse aux fougères? J'aime surtout à cueillir, moi.

Laure. — D'abord, il faudrait les connaître. Où y en a-t-il donc des fougères?

L'oncle Saint-Elme. — La forêt en est remplie : tiens, en voici une. Vois ses feuilles délicates, élégantes et découpées; les jeunes qui commencent à pousser sont roulées en crosse comme celle-ci.

Madame de Mussy. — Le feuillage est en vérité charmant; quel dommage qu'il ne s'élève pas une belle gerbe de fleurs du milieu de ces tiges !

L'oncle Saint-Elme. — Même sans fleurs, cette plante est belle, et si vous l'aviez vue dans les pays chauds élever à dix ou quinze mètres son élégant panache de feuilles, vous lui trouveriez une beauté

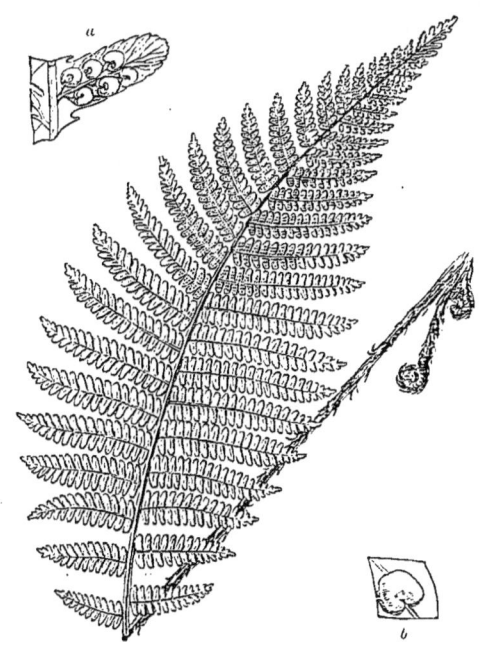

Fougère apidie mâle. — *a*, fragment de fronde; *b*, sporange.

égale à celle des palmiers. C'est la fougère arborescente des tropiques. Ici, nous n'en avons que de modestes. Elles ne sont ni moins intéressantes ni moins utiles et renferment bien des surprises. D'abord, Laurette, au lieu d'en arracher des poignées comme tu le fais, contente-toi d'apporter ici une belle feuille bien entière et bien fraîche. Là, celle-ci est parfaite; retourne-la.

Madeleine. — Oh ! une plante qui a des œufs !

L'oncle Saint-Elme. — Je pourrais te répondre que toutes les plantes en ont, puisqu'elles ont des graines; celles-ci sont plus apparentes. C'est en effet la graine, et la fougère que nous étudions est la fougère mâle. Eh bien, que croyez-vous qu'il arrivera, lorsque cette graine ou spore se répandra dans la terre ?

Madeleine. — Qu'elle donnera naissance à une petite, petite fougère.

L'oncle Saint-Elme. — Pas du tout. Dans cette espèce, on ne ressemble qu'à sa grand'mère, jamais à sa mère. Il en sortira un petit végétal qu'on appelle *prothalle* et qui ne ressemble pas du tout à une fougère ; ce prothalle est muni de vraies graines qui, elles, donneront naissance à une vraie fougère.

Madeleine. — J'aimerais à voir cela.

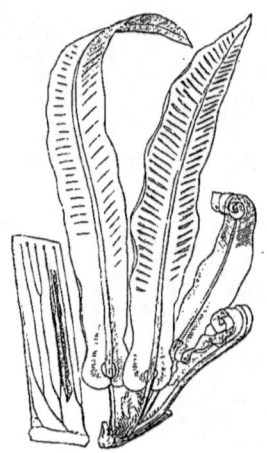

Scolopendre langue de cerf. — *a*, coupe d'une feuille avec un *spore*, grandeur naturelle.

L'oncle Saint-Elme. — C'est chose facile. Nous avons dans le parc bon nombre de fougères que nous pourrons étudier. Je te recommande la scolopendre langue de cerf qui est en pleine végétation. Maintenant, parlons de l'utilité des fougères : leur cendre fournit de la potasse. Dans certains pays du Nord, où elles croissent en abondance, elles servent de nourriture aux bestiaux, et les hommes mêmes mangent les jeunes pousses comme nous le faisons des asperges. Dans les travaux d'horticulture, on les emploie quelquefois pour qu'elles servent d'abri à des plantes délicates.

Madame de Mussy. — Est-ce qu'on ne se sert pas quelquefois de la fougère pour le coucher des enfants?

L'oncle Saint-Elme. — Certainement ; cette couche bien sèche et parfumée est de beaucoup préférable à vos oreillers de plumes qui amollissent et échauffent. Elle convient surtout aux enfants frêles et délicats. On l'emploie aussi en médecine. Nous allons lui enlever une partie de sa tige souterraine.

Madeleine. — Mais, mon oncle, c'est une racine que vous coupez là.

L'oncle Saint-Elme. — C'est ce qu'on nomme un rhizome ou tige souterraine, qui rampe horizontalement et sur laquelle poussent les feuilles. Dans les fougères arborescentes, les feuilles poussent verticalement le long de la tige. Ce rhizome, brun à l'extérieur, blanc en dedans, renferme une huile particulière et résineuse, efficace contre une maladie fort désagréable, le ver solitaire, qui, sans nous consulter et sans la moindre cérémonie, s'installe dans nos intestins d'où il est des plus difficiles à déloger.

Laure — Comment, il faut manger cette racine? mais c'est très amer.

Madame de Mussy. — Laure, je te prends encore à tout mettre dans ta bouche.

L'oncle Saint-Elme. — On ne mange rien du tout. Les pharmaciens réduisent le rhizome en poudre, voilà tout. On prend cela avec du miel. Maintenant, Madeleine, puisque tu veux faire un herbier, choisissons quelques feuilles et jeunes frondes — c'est le nom donné aux pousses — à notre retour, je te montrerai à les disposer.

Après un choix scrupuleux parmi les masses de feuilles apportées par Laure, on s'arrêta à quelques échantillons qui furent soigneusement déposés dans la boîte de M. de Louvres; on y joignit plusieurs touffes de mousse pourvues de leurs urnes élégamment coiffées.

L'oncle Saint-Elme. — Nous en avons fini avec les plantes sans fleurs. Nous ne nous occuperons plus que de celles qui fleurissent.

Madeleine. — Retournons par la lisière du bois, cher oncle, j'en ai vu de très jolies. Et je n'ai pas à chercher bien loin, en voici une qui a de charmantes fleurs d'un jaune doux.

Laure. — Tu les connais bien, ce sont des coucous.

L'oncle Saint-Elme. — De leur vrai nom, primevères ; un joli nom, n'est-ce pas? qui signifie printemps et qui l'annonce. En effet, la primevère officinale que vous tenez en main, est l'une des premières messagères de cette jolie saison. Examinons-la si vous le voulez. Elle appartient à la famille des Primulacées. C'est une plante vivace.

Madeleine. — Toutes les plantes ne le sont-elles pas, puisqu'elles vivent ?

L'oncle Saint-Elme. — On désigne ainsi celles qui vivent plus de trois ans, pour les opposer aux plantes annuelles qui ne vivent qu'un an et aux plantes bisannuelles qui en vivent deux. La racine est une souche brune avec des filaments qui sont terminés par des bouches ou suçoirs, au moyen desquels la plante va chercher dans la terre les sucs nécessaires à son existence. Elle n'a pas de tige.

Madeleine. — Pas de tige, oncle? et cette branche droite qui supporte les fleurs?

L'oncle Saint-Elme. — C'est une hampe. La tige porte fleurs et feuilles. Cette branche, comme tu dis, est nue. Le muguet, les tulipes, les jacinthes et bien d'autres, sont supportés par des hampes. Les feuilles de notre primevère sont ridées, un peu velues et d'un vert tendre ; la partie amincie qui les retient par le bas est le *pétiole* et non la queue, comme on dit souvent. Les Anglais les mangent en salade ou cuites, comme nous le faisons des épinards. Nous savons que, par les feuilles, la plante respire. La façon dont sont disposées ses fleurs, partant toutes d'un point commun pour se tourner dans des directions différentes, se nomme *ombelle*. Laurette, n'entends pas ombrelle, je te prie.

Laurette, absorbée par la confection d'une botte de coucous qu'elle avait rapidement moissonnés et que sa petite main avait peine à tenir, ne prêtait, nous devons le reconnaître, qu'une médiocre attention aux paroles de son oncle.

Madame de Mussy et Madeleine, bien au contraire, étaient tout yeux et tout oreilles.

L'oncle Saint-Elme. — La fleur, d'un jaune soufre tachetée de jaune orange, a un léger parfum, doux et agréable. Certains peuples en parfument le vin ou la bière. Elle forme une étoile d'une seule pièce, appelée pour cela monopétale, et terminée à sa partie inférieure par un tube qui entre dans le calice. Le calice est l'enveloppe verte que vous voyez, il est *monosépale*, c'est-à-dire d'une seule pièce. Nous allons faire les cruels, et déchirer cette jolie enveloppe. A l'intérieur de la corolle et attachées au tube, voici les étamines ; ce sont de petites poches nommées anthères, pleines d'une poussière jaune, le *pollen*, dont chaque grain vu au microscope offre des formes très déterminées : des étoiles, des sphères, que sais-je ? Pénétrons au fond du calice, voici une petite baguette, c'est le style : il porte, dans le bas, une petite boule verte qu'on appelle *ovaire*, qui contient les graines, et à sa partie supérieure, ce petit renflement est le *stygmate*. Quand l'époque de la maturité sera venue, le pollen, tombant sur le pistil, le fertilisera, et la graine devenue productive pourra produire une foule de primevères.

Madeleine. — Voilà bien des noms nouveaux !

L'oncle Saint-Elme. — Que veux-tu, il faut bien que chaque objet ait son nom ; pour retenir ceux-là, il te suffira de les entendre redire et d'avoir la volonté de les retenir. N'est-ce pas ainsi que tu fais en apprenant une langue ?

Madeleine. — Mon oncle, ce n'est pas la bonne volonté qui me manquera, je vous l'assure.

L'oncle Saint-Elme. — Et tu seras récompensée d'un peu de peine par beaucoup de plaisir ; de toutes les sciences naturelles, je n'en sais pas une qui convienne mieux à la femme que la botanique.

Madame de Mussy. — Nous vous devrons une bien grande reconnaissance, mon oncle ; vous nous ouvrez positivement les yeux. Nous étions et nous sommes encore des aveugles devant tant de choses merveilleuses et si utiles à connaître, qui nous entourent.

L'oncle Saint-Elme. Pour le moment, je vous prierai de remarquer que les étamines et le pistil constituent les organes de reproduction. Nous aurons lieu d'appuyer sur ce fait, dans la suite. Notre jolie primevère n'est pas douée de grandes vertus médicinales ; cependant, on l'emploie quelquefois comme le tilleul, dans les affections du système nerveux. Cette petite plante gaie et modeste a des sœurs. Dans les Alpes, on trouve la primevère farineuse, dont les feuilles semblent couvertes d'une poudre blanche ; elle a des fleurs bleues, quelquefois blanches mêlées de rouge. Dans ces mêmes montagnes, pousse la primevère oreille d'ours, aux feuilles épaisses et veloutées ; on la cultive, et il y a des amateurs qui en ont réuni de superbes collections ; les fleurs sont tantôt brunes, ou jaunes, ou olive, ou rouges, toujours d'une belle nuance, également veloutée. Il y en a, dans la petite serre, une dizaine de pieds, nous irons les examiner.

Madame de Mussy. — Est-ce que les primevères de Chine, qui sont d'un rose si fin ou d'un blanc si pur, appartiennent à cette famille ?

L'oncle Saint-Elme. — Oui ; c'est une espèce exotique qu'on recherche beaucoup. Les feuilles sont joliment découpées. A côté de ces fleurs, on range également les *cyclamen*, nous en trouverons en herborisant le long des haies ou des fossés ; la racine est toute ronde comme un petit pain de munition. Messieurs les porcs en sont très friands et les paysans l'appellent herbe à pourceaux ; mais dans les serres où l'on traite cette charmante plante avec plus d'égards, on en obtient de blanches avec un petit cœur d'un rose vif, ou de roses avec un cœur pourpre. Elles ont une forme élégante avec leurs pétales relevés, et bien sûr, ma nièce, que vous en avez maintes fois orné vos jardinières, pendant l'hiver.

Madeleine. — Je crois, mon oncle, que ce sont ces fleurs que nous appelions des bonnets de Cauchoises.

L'oncle Saint-Elme. — Le surnom n'est pas mauvais, elles ont en effet l'air d'une petite coiffure des plus coquettes.

Nous ajouterons à notre famille des Primulacées une plante gentille d'aspect, mais une ennemie terrible des pauvres oiseaux. En voici justement un pied qui rampe là contre cette haie ; voyez cette petite étoile rouge finement découpée ; elle a un air de bonne humeur et de gaieté. C'est sans doute pour cela que les anciens l'appelaient *anagallis*, d'un mot grec qui signifie éclater de rire ; ils lui attribuaient la propriété de guérir la mélancolie.

Madeleine. — Comment, cette jolie fleur empoisonne ?

L'oncle Saint-Elme. — Les oiseaux, certainement. Ne confonds pas l'anagallis, que nous nommons plus simplement mouron rouge ou mouron bleu selon la couleur de ses fleurs, avec le mouron

Cyclamen d'Europe. — *a*, plante ; *b*, fleur ; *c*, fruit.

blanc qui est une excellente nourriture pour les petits habitants des cages ; il appartient, lui, à une autre famille de jolies fleurs en étoiles que nous rencontrerons sûrement, les *stellaires*. Elles émaillent nos prés pendant la plus grande partie de la belle saison. Cueille, cueille, Laurette, tu n'as rien à craindre de l'anagallis, car malgré ta gaieté et ta légèreté, tu n'es ni pinson ni fauvette.

Laure. — J'en cueille pour l'herbier de Madeleine ; que faut-il prendre ?

L'oncle Saint-Elme. — Un plant entier ; dans un herbier, il faut que l'individu qu'on conserve présente fleurs, feuilles, racines, fruits.

En général, toutes ces parties ne peuvent se recueillir en même temps, la saison des fleurs n'étant pas ordinairement la saison des fruits. On complète alors sa collection, à la longue.

Madeleine. — Je viens de trouver, sur une des tiges, cette petite boule verte : qu'est-ce que c'est ?

L'oncle Saint-Elme. — C'est le fruit ; il est de forme bien originale et ressemble à une boîte à savonnette. Tiens, prends la loupe ; vois-tu cette calotte bombée ? voici que je la lève, et tu vois toutes les graines qu'il contient.

Madeleine. — C'est encore plus joli au microscope qu'avec nos simples yeux ; est-ce régulier ! comme toutes ces graines sont bien rangées !

L'oncle Saint-Elme. — Il en est de même pour tout ce que renferme la nature ; tout y porte un caractère d'ordre, de régularité, de symétrie, de beauté vraiment admirable. Les plus beaux produits de l'industrie ou de l'art, chez l'homme, deviennent, au contraire, affreux dès qu'on les soumet à l'examen scrupuleux de la loupe ; regarde ta robe de fin cachemire, la dentelle des manchettes de Madame de Mussy ; est-ce assez grossier, assez laid ?

Madeleine. — Oncle, d'où cela vient-il ?

L'oncle Saint-Elme très simplement. — Cherche. Tu ne trouves pas, ma mignonne ? Tout simplement de ce que l'une est l'œuvre de Dieu et l'autre, l'œuvre de l'homme.

Madame de Mussy. — Comme c'est vrai ce que vous dites là, mon cher oncle, et comme je comprends que l'étude de la nature élève l'esprit et forme le cœur ! Je voudrais que vous fussiez toujours l'unique instituteur de mes enfants. Mon mari vous sera vraiment bien reconnaissant de suspendre vos études si élevées, pour ouvrir les yeux de ces chères petites.

L'oncle Saint-Elme. — Pas d'exagération, ma nièce. Leurs maîtres savent plus que moi ; seulement, je prépare un peu la terre dans laquelle ils n'auront plus qu'à semer.

Madeleine. — Enfin ! voici une violette ! depuis que nous nous promenons, j'en cherche. Voyons si elle est bien complète : voici son petit calice vert divisé en cinq sépales; sa corolle formée de pétales avec une queue.

L'oncle Saint-Elme. — C'est l'éperon qui tient au pétale supérieur. Elle a cinq étamines et un pistil. Elle est complète. Elle appartient à la famille des violariées, dont elle est le type. Tout est utile en elle ; ses feuilles sont émollientes ; ses fleurs fournissent un thé excellent dans les maladies de poitrine et la racine est un vomitif très énergique. De plus, elle embaume ; celle-ci est la violette odorante et non la violette des chiens qui a cependant des propriétés médicinales.

Madeleine. — Ces grandes fleurs jaunes et brunes qui pous-

Violette odorante. — *a*, fleur ; *b*, section de la fleur : pistil et étamines ; *c*, calice ; *d*, fruit ; *e*, une graine.

sent sur les murs sont-elles aussi des violettes? elles ont à peu près la même odeur.

Madame de Mussy. — Comment? ne sais-tu pas que c'est de la giroflée?

L'oncle Saint-Elme. — Une famille intéressante encore, celle des crucifères, ainsi nommées à cause de leurs quatre pétales posés en croix. Elles ont six étamines, dont quatre plus grandes. Tu prieras Maxime de t'en cueillir quelques branches, Madeleine. Les choux, les navets, la moutarde, les radis, le cresson, sont des crucifères. Toutes renferment dans la tige un principe âcre et irritant ;

mais elles sont dépuratives et forment des aliments sains.

Laure. — Oh! là! là!

Madeleine. — Qu'as-tu, mon pauvre furet; est-ce que quelque méchante bête t'a mordue?

Laure. — Aïe! aïe! ça pique! ce sont ces vilaines orties que je ne voyais pas; elles m'ont enfoncé toutes leurs épines.

L'oncle Saint-Elme. — Ah! dame, quand on chasse, il faut s'attendre à quelques surprises.

Laure. — Est-ce aussi une empoisonneuse, cette vilaine plante? oh! ça me brûle beaucoup.

L'oncle Saint-Elme. — Dans quelques minutes, tu n'y penseras plus; il n'en serait pas de même, si tu étais dans les Indes au lieu d'être en pleins champs normands. Ta piqûre aurait fait enfler ta main, puis ton bras; tu aurais un violent mal de gorge, des douleurs de tête qui te forceraient à garder le lit, pendant une longue semaine.

Sous les tropiques, le soleil donne aux sucs des plantes une action bien autrement forte que dans nos climats tempérés.

Laure. — Ah! oncle Saint-Elme, si vous appelez ce que renferme cette horrible plante un sucre!

L'oncle Saint-Elme. — Je n'ai pas dit sucre, mais suc. Un grand nombre de végétaux ont des sucs particuliers; ce qui te brûle est produit par une petite glande placée à la base des poils qui hérissent la tige; en la pressant, tu as comprimé cette glande qui a laissé échapper son suc âcre et brûlant que le poil a galamment conduit dans ta menotte.

Madame de Mussy. — Si Laurette gardait ses gants!

Laure, gentiment. — Eh bien, maman, oncle Saint-Elme n'aurait pas pu nous dire ce qu'il sait sur les orties.

L'oncle Saint-Elme. — Puisque nous en sommes à rendre à certains termes leur véritable sens, je te dirai encore que tu t'es trompée en disant les épines. En botanique, il faut distinguer les poils, les aiguillons ou piquants et les épines.

Les poils sont de petites productions qui recouvrent l'épiderme des plantes et semblent destinées à les protéger contre les attaques des insectes. Il y en a qui, sur les feuilles, les recouvrent quelquefois d'une épaisse couche cotonneuse, tel est le bouillon blanc; dans certaines plantes de montagnes, l'edelweiss, par exemple, les pétales de la fleur en sont enveloppés comme d'un manteau contre le froid. On dit alors que les plantes sont pubescentes; elles sont glabres quand elles n'ont aucun duvet; d'autres, comme la

Bourrache.

bourrache, sont hérissées de poils piquants. L'aiguillon, lui, appartient à l'écorce de laquelle il se détache facilement comme dans l'églantier et la ronce.

L'épine, au contraire, fait corps avec l'arbre, l'arbrisseau ou l'arbuste, et par une culture patiente on peut les convertir en branches. Cette haie que nous suivons et qui a déjà des boutons est l'épine blanche ou aubépine; elle va bientôt fleurir. Elle donnera ensuite un petit fruit rouge appelé snèle qui, l'hiver prochain, servira de nourriture aux merles, aux grives et aux bouvreuils. Son bois très dur est employé, comme les buis, à des jouets d'enfants.

LAURE. — Voilà une plante qui vaut mieux que l'ortie.

L'oncle Saint-Elme. — Rien n'est inutile, mignonne; l'ortie comme toutes choses. Dans les pays du Nord, elle sert de fourrage aux bestiaux; ses tiges, qu'on fait tremper ou rouir comme celles du chanvre, fournissent un fil grossier avec lequel on fait de solides tissus ou des filets très forts.

De ses racines, on tire une belle couleur jaune, et, avec ses graines, vous pourrez voir Pierret fabriquer une pâtée dont nos jeunes dindonneaux se montreront très gourmands. Enfin, l'ortie est

Noisetier commun. — *a*, branche en fleurs avec des bourgeons, branche avec des feuilles; *b*, étamines de la fleur mâle; *c*, styles surmontant le pistil de la fleur femelle; *d*, fruit avec l'involucre.

employée en médecine : ces piqûres qui te faisaient gémir, Laurette, ont plus d'une fois guéri des petites filles bien malades, en rappelant à la surface de la peau les boutons de la rougeole ou de la scarlatine qui étaient rentrés, et les mettaient en danger de mort.

Madeleine. — Alors, mon oncle, je ferai figurer l'ortie dans ma collection. C'est une plante très honorable, malgré son abord grincheux.

L'oncle Saint-Elme. — Encore là, elle méritera une mention à part. Elle n'est pas telle que le coucou qui porte en lui étamines et pistil ; elle porte à part ses fleurs mâles ou à étamines, et ses fleurs femelles ou à pistil. Quelquefois elle les réunit sur le même pied, on la dit alors *monoïque;* quelquefois, sur des pieds entièrement mâles, entièrement femelles, on la dit *dioïque.* Ne fronce pas le front, Madeleine ; encore deux mots barbares à entrer dans ton cerveau ; l'ortie, le chanvre, le noisetier sont des plantes dioïques.

Quand le moment où le pollen doit féconder les étamines est arrivé, il se passe un fait remarquable : les étamines, enfermées jusque-là dans la corolle, s'étendent brusquement et projettent leur poussière jusqu'à un mètre de distance.

Laure. — Mais alors, c'est une plante qui remue ?

L'oncle Saint-Elme. — Non, ce n'est là qu'un mouvement mécanique ; sois tranquille, nous en trouverons des plantes qui remuent, et cela, mignonne, sans aller bien loin. Tenez, cette partie de la haie que nous suivons est justement plantée en épine-vinette !

Madame de Mussy. — Est-ce ce que l'on met dans les bonbons ?

L'oncle Saint-Elme. — Oui, et le fruit qu'on recueille en automne donne d'excellentes confitures au goût acide et parfumé. Mais pour le moment, c'est la fleur qui nous occupe. Y en a-t-il, au moins ? Tout cela m'a l'air en bouton ; non, voici une grappe à laquelle je vois une fleur entr'ouverte, regardez, je touche le pistil avec la pointe de ce canif, que fait-elle ?

Madeleine. — Elle a bougé, elle se resserre et se pose sur le pistil. Bon ! voilà la fleur fermée.

L'oncle Saint-Elme. — Nous aurons l'occasion de rencontrer des plantes encore plus extraordinaires. Ne quittons pas cet arbuste sans faire sa biographie. D'abord, ne le maniez qu'avec défiance ; ses épines fort nombreuses font des piqûres dangereuses et difficiles à guérir. Il n'est pas bon de le planter partout ; ainsi dans cette haie, il va faire tort à l'épine ; ses racines gourmandes appauvriront le sol en prenant tout pour elles. Il est encore plus mauvais de le laisser croître auprès du blé ; les cultivateurs prétendent que le champignon microscopique qui s'y attache fait naître, en se transformant, la carie ou la rouille du blé, du seigle et des autres céréales. Maintenant que nous avons révélé ses vices, passons à ses qualités : il en a beaucoup, outre les confitures, il fournit à la teinture un beau jaune; ses épines servent de chevilles aux cordonniers ; ses feuilles ont quelque chose d'acidulé qui plaît au palais et, dans certaines provinces, on les mange en guise d'oseille ; les chèvres et les moutons s'en régalent.

C'est un arbuste qui pousse un peu partout; ses feuilles ne sont pas opposées l'une à l'autre, mais alternes et pointues ; les fleurs, encore presque toutes fermées, formeront des grappes d'un jaune pâle : les fruits sont de petites baies rouges fort allongées.

Il est très agréable de faire des clôtures avec cette plante élégante; alors il vaut mieux l'employer seule. On en forme surtout des massifs, vous en trouverez plusieurs dans le petit parc.

Voyez cette plante grimpante qui court dans la haie, elle est encore de la famille du chanvre et de l'ortie ; les petites filles ne l'aiment pas toujours à cause de son amertume, bien que ce soit, avec la gentiane, le meilleur dépuratif tonique. C'est le *houblon* avec lequel on fabrique la bière. Quand il sera en fleur, nous viendrons cueillir ses fleurs femelles qui sont enfermées dans un gland écailleux et ses fleurs

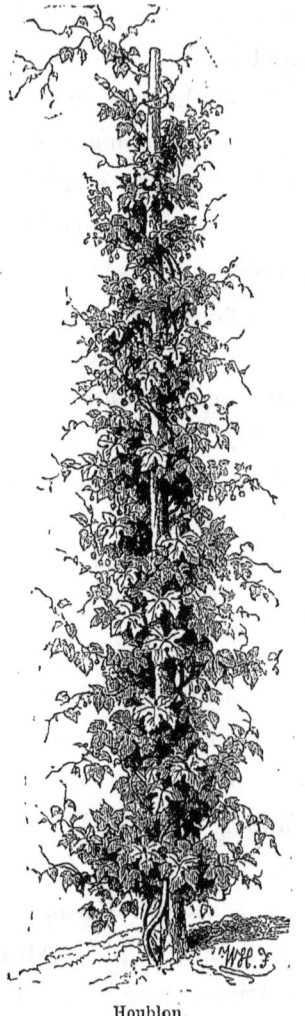

Houblon.

mâles qui forment de petites grappes. Voici notre moisson qui s'est bien grossie ; le soleil au-dessus de nos têtes marque midi ; je ne sais si vous êtes comme moi, mais je me sens fort en humeur de fêter la cuisine de Gros-Grain.

Madeleine. — Vous aviez bien jeté à terre tous les champignons de Petit-Jean, n'est-ce pas, oncle?

L'oncle Saint-Elme. — Tous, et non sans raison.

Madeleine. — Eh bien, mon oncle, quand nous sommes sortis du bois, tout à l'heure, j'ai regardé par terre, il n'y en avait que quelques-uns d'écrasés, les autres n'y étaient plus.

Madame de Mussy. — Pourvu que quelque pauvre paysan ne les ait pas ramassés, les croyant sains et bons.

L'oncle Saint-Elme. — Je ne le pense pas. L'action seule d'avoir jeté ces champignons doit les faire paraître suspects, et nos paysans sont en général prudents. D'abord, je vous dirai qu'à la rigueur et avec certains soins, presque tous les champignons peuvent être rendus comestibles; il suffirait de les laisser macérer dans l'eau vinaigrée ou l'eau salée assez longtemps pour détruire le principe vénéneux qu'ils renferment.

Madeleine. — Alors, par précaution, on n'a qu'à les mettre toujours dans le vinaigre?

L'oncle Saint-Elme. — C'est ce que l'on fait généralement. Comme vous êtes un peu fatiguées de notre excursion matinale, je vous offre cette après-midi de commencer l'herbier.

Les deux sœurs applaudirent. Dès qu'elles furent de retour, elles s'empressèrent d'aller porter leurs morilles à Gros-Grain qui se montra très satisfait et promit des sauces exquises; après quoi on s'assit, non sans satisfaction, autour de la table pour le dîner. Chacun y fit honneur. Le repas touchait à sa fin, quand Pierret, la figure à l'envers, entra brusquement dans la salle à manger. Il fallait qu'il se fût produit un événement extraordinaire pour que le calme et sage Pierret oubliât ainsi les convenances.

— Mon maître, dit-il, venez, venez vite au pré, Petit-Jean se meurt.

— Petit-Jean ! s'écrièrent en même temps M. de Louvres et ses nièces.

— Le petit malheureux ! dit l'oncle d'un ton moitié courroucé moitié chagrin, je suis sûr qu'il aura ramassé les champignons.

Et, sans attendre davantage, il s'empressa de suivre Pierret jusqu'au pré où Petit-Jean, pendant toute la matinée, avait gardé ses bêtes. Il trouva le petit berger à demi replié sur lui-même, paraissant souffrir beaucoup de douleurs internes ; il était très pâle, comme stupéfié, ne paraissant ni voir ni entendre et n'ouvrait la bouche que pour dire de temps en temps : « A boire ! un peu d'eau ! » M. de Louvres le souleva, le tâta, examina sa langue, ses yeux et lui dit :

— Tu as mangé les champignons que j'avais jetés, ne nous mens pas, Jean ?

Le pauvre garçon fit un signe affirmatif et trouva la force de dire :

— Bien sûr qu'il ne fallait pas les perdre.

— Pierret, reprit M. de Louvres, sans s'attarder comme le pédant de la fable à faire une morale inopportune, transporte au plus vite cet enfant chez moi ; je vais lui faire prendre de l'émétique. Le poison n'a pas encore eu le temps de produire tous ses effets.

Quelques instants après, Petit-Jean était étendu sur un fauteuil, dans une petite salle du rez-de-chaussée. La maison entière s'était empressée autour de lui. Madeleine et Laure semblaient pétrifiées de terreur ; elles croyaient qu'il allait mourir. Les mouvements convulsifs qui soulevaient le corps du petit paysan les impressionnaient vivement. Madame de Mussy voulut les emmener.

— Non, dit l'oncle Saint-Elme, laissez-les encore ; il n'est pas mauvais qu'elles voient quels soins sont donnés à cet enfant.

Madame de Mussy. — L'émétique est un remède bien violent, oncle.

Madeleine. — Moi, si j'avais été seule, je lui aurais donné du vinaigre.

L'oncle Saint-Elme. — Eh bien, ma pauvre fillette, tu aurais fait là de la belle besogne. Le vinaigre délaie le poison et ne servirait qu'à le répandre. Il faut employer les vomitifs les plus énergiques sans tarder. Les effets des mauvais champignons mettent quelquefois vingt-quatre heures à se produire ; il ne faut jamais craindre d'agir avec énergie. Pour calmer la soif de Petit-Jean, Pierret, va nous préparer de l'eau sucrée, j'y verserai quelques gouttes d'éther et ce petit imprudent en sera quitte pour la peur.

— Merci, merci, maître, murmura Petit-Jean.

— Tu vois, vilain garçon, que tu as eu tort de ne pas m'écouter. Sans doute que, dans ta malheureuse récolte, il se trouvait plusieurs fausses oronges.

Petit-Jean fit un signe négatif.

— Comment, non ! J'en ai pourtant reconnu une, moi.

— C'est le scops ! dit Petit-Jean d'un air sombre. Il me regarde mal toutes les fois que je passe.

— Encore ! Nous aurons de la peine à déraciner de ta pauvre tête les idées fausses qu'elle renferme. Pour le moment, soigne-toi. On va aller avertir ta mère qu'elle ne se tourmente pas ; demain tu seras sur pied, et je te répète que si tu touches à une plume du scops, ce sera fini entre nous.

Maintenant, mes nièces, le danger est conjuré : retirez-vous et laissons Petit-Jean aux bons soins de Pierret.

CHAPITRE XIV

LA FÉE BLEUE.

L'herbier. — L'électricité. — L'aimant. — La pile de Volta. — Le télégraphe Chappe. — Électro-aimants. — Câbles sous-marins. — La gutta-percha. — Le télégraphe Morse. — Une dépêche mal transmise. — La fée bleue dans les forêts vierges.

Le reste de la journée se passa à faire les préparatifs nécessaires pour l'herbier. M. de Louvres atteignit plusieurs mains de papier gris sans colle, et il en plaça cinq ou six sur un grand carton uni. Il avait ouvert la boîte en fer-blanc ; il y prit délicatement un des coucous, possédant sa racine ; il l'étendit sur une des feuilles de papier, la disposant de manière à présenter ses fleurs et ses feuilles bien étendues ; puis, comme elles étaient très fraîches et toutes disposées à reprendre leur position première, il les maintint avec une quantité de disques en fer-blanc dont il s'était muni et qui forçaient la plante à garder la position qu'il lui avait imposée, sans toutefois l'altérer en rien. Ensuite, il plaça à l'un des coins de la feuille de papier, des étamines, un pistil, quelques racines, une feuille, un calice et une corolle.

— Demain, dit-il, cette primevère aura pris l'attitude que je prétends lui donner; nous enlèverons les disques de fer-blanc, nous la couvrirons de cinq feuilles de papier gris, et nous la mettrons en presse pendant vingt-quatre heures. Après-demain, nous la visiterons encore, nous enlèverons les papiers qui seront humides et nous les ferons sécher après avoir pris soin de les remplacer par des secs. Si quelque faux pli s'est produit dans notre plante, nous le rectifierons, et nous agirons ainsi jusqu'à ce qu'elle soit parfaitement sèche. Après chaque visite, nous augmenterons la pression. Plus notre opération se fera rapidement, mieux cela vaudra pour nos fleurs dont la couleur s'altérera moins.

Enfin, quand la dessiccation sera complète, nous placerons la primevère sur une feuille épaisse de papier blanc, nous l'y fixerons au moyen de petites bandes de papier étroites que nous collerons avec de la colle à bouche. Pour que notre plante ne soit pas visitée et altérée par les insectes, nous l'enduirons avec un pinceau de la liqueur de sir Smith ou d'eau alunée. Alors elle aura l'honneur de commencer l'herbier de Madeleine. Sur la feuille de papier gris enveloppant encore la feuille blanche, on écrira le nom de la plante, sa famille, et le lieu où on l'a trouvée avec la date.

Madame de Mussy. — Ainsi un herbier devient un album de souvenirs.

L'oncle Saint-Elme. — Je ne connais pas, pour des jeunes filles, à la campagne, de passe-temps plus agréable que celui de faire un herbier.

Madeleine. — Je vais certainement en faire un, mais je ne suis qu'une petite ignorante et, sans vous, cher oncle, je ne serai capable de rien.

L'ONCLE SAINT-ELME. — Mon aide ne te manquera pas. Mais pour se procurer des plantes, il faut herboriser, et pour herboriser, il faut l'attirail du botaniste. Dès demain, Gros-Grain, en conduisant Maxime, fera à Rouen les acquisitions nécessaires. Une boîte à herboriser, moins lourde que la mienne, un bâton armé d'une houlette pour soulever la racine des plantes; une loupe; un couteau à plusieurs lames; quant au sac pour les écorces et les tubercules, au papier gris pour recevoir les plantes les plus délicates, nous les trouverons ici.

MADELEINE. — Quel bonheur, et que cela va m'amuser!

LAURE, l'air un peu penaud. — Et moi, je ne suis pas assez grande pour faire l'herbier?

L'ONCLE SAINT-ELME. — Tu pourras nous aider; tu iras à la découverte, petit furet, et tu dénicheras les espèces nouvelles. Tu auras aussi ton petit équipement. De plus, à l'été, nous y ajouterons les filets à papillons, pour faire la chasse aux insectes.

MADELEINE. — Oui, mais on ne les tuera pas, et après les avoir regardés, on leur rendra la liberté.

L'ONCLE SAINT-ELME. — Ce sera comme tu voudras; mais je ne crois pas que Maxime, quand il nous accompagnera, sera aussi tendre que toi pour toutes ces bêtes.

MADELEINE. — Eh bien, s'il leur fait mal, je le battrai. Mais, mon oncle, n'avez-vous plus rien à nous dire de l'herbier?

L'ONCLE SAINT-ELME. — Quand tu auras réuni plusieurs individus, tu en formeras un cahier à part, que tu enduiras encore d'alun, que tu saupoudreras de camphre, et qui sera la première série de l'herbier. Nous tâcherons de grouper les individus par familles. Tu choisiras surtout pour déposer ton herbier un endroit bien sec.

Il importera aussi de choisir les plantes dont le soleil aura essuyé la rosée. A mesure que tu les recueilleras à la chasse, tu les placeras dans la boîte, en ayant soin de placer toutes les racines du même côté. On peut ainsi, quand le temps manque pour préparer toutes ses plantes, au retour, les garder fraîches plusieurs jours. Il suffit d'envelopper leurs racines de mousse fraîche qu'on humecte de temps en temps.

Madeleine. — Est-ce que les fleurs ne sont pas chacune l'emblème d'une vertu ou d'un défaut?

M. Saint-Elme. — Tu veux parler du langage des fleurs? j'avoue que je suis moins versé dans cette question que dans les sciences naturelles. Cependant je puis te dire, et c'est d'un bon augure, que la primevère est l'emblème de l'espérance.

Madeleine. — Merci, mon oncle. Me permettez-vous d'aller m'informer de Petit-Jean?

L'oncle Saint-Elme. — Va. Moi, je vais préparer ce qu'il faut ce soir pour causer de notre fée bleue.

Le soir, nous retrouvons nos amis réunis autour de la grande table du cabinet de M. de Louvres; leurs yeux sont remplis de curiosité et se promènent de l'oncle à la table, surchargée d'une quantité d'objets inconnus, surtout à Madeleine et à Laure.

M. de Saint-Elme. — Sans nous perdre dans des détails trop scientifiques et trop arides pour vous, je suis obligé de vous demander d'abord, si vous savez ce qu'on entend par électricité.

Maxime. — C'est la foudre.

L'oncle Saint-Elme. — La foudre est un effet, dont la cause est le fluide électrique. Tiens, Madeleine, prends ce tube en verre; toi, Laurette, ce bâton de cire à cacheter, et frottez-les avec un coin du tapis de drap vert de la table. Toi, Maxime, déchire cette feuille de papier en tout petits morceaux. Bien, voilà qui est fait. Approchez maintenant chacune vos bâtons de ces légers fragments.

Laure. — Ils viennent se coller à ma cire.

Madeleine. — Non, c'est à mon bâton de verre.

L'oncle Saint-Elme. — Ne soyez pas jalouses; ils vont à l'un aussi bien qu'à l'autre. C'est qu'en frottant le verre et la cire, vous y avez développé de l'électricité.

Laure. — Je ne la vois pas.

L'oncle Saint-Elme. — C'est un fluide incolore, sans poids, invisible, qui se développe dans les corps par le frottement ou par d'autres causes. On le connaissait chez les Grecs et les Romains ; le nom d'électricité vient même d'*électron*, mot grec qui signifie *ambre* parce qu'il avait été constaté que l'ambre jaune attirait les corps légers, mais on n'alla pas plus loin, le Grec Thalès et le Latin Pline n'en surent pas davantage. Les grands travaux sur l'électricité ne datent que de la fin du seizième siècle. A partir de ce moment, Français, Anglais, Italiens, Allemands et plus récemment Américains, concourront tous par leurs découvertes à faire de cette puissance merveilleuse des applications pratiques et utiles. Je me réserve de vous donner plus tard certains détails. Pour aujourd'hui, je vais tâcher de vous présenter une idée claire de la télégraphie électrique. Examinons ce petit fer recourbé en fer à cheval, dont vous vous êtes servis maintes fois pour faire marcher des petits canards sur l'eau.

Madeleine. — Oui, je le reconnais, c'est un aimant.

L'oncle Saint-Elme. — L'aimant a la propriété d'attirer le fer et d'autres métaux, comme le nickel. On attribue cette force à un autre fluide qu'on appelle *magnétisme*.

Maxime. — Ce nom vient-il encore des anciens ?

L'oncle Saint-Elme. — Justement; d'après la tradition, on raconte qu'un berger nommé Magnès, ayant perdu un de ses moutons sur le mont Ida, sentit que sa houlette en fer était fortement retenue à terre par un bloc noirâtre et rocheux. Cette pierre était un oxyde de fer ou un aimant naturel.

D'autres prétendent que la découverte fut faite dans la colonie grecque de Magnésie. Le fait certain, c'est que les anciens savaient que l'aimant attire le fer ; ils admiraient cette propriété sans en tirer le moindre profit, ignorant que la vertu principale de l'aimant est de se tourner toujours vers le Nord.

Voici deux faits à vous rappeler.

Mais revenons à nos petits bâtons. Maintenant, Madeleine, approche, ta cire vivement frottée vers la balle de sureau, suspendue à cette petite potence par un fil de soie.

Madeleine. — La balle de sureau vient à moi ; bon ! voilà qu'elle se sauve.

L'oncle Saint-Elme. — A ton tour, Laure, approche ton bâton de verre.

Laure. — Bien, elle approche; à présent, elle se sauve aussi.

L'oncle Saint-Elme. — A toi, Madeleine.

Madeleine. — Elle revient.

L'oncle Saint-Elme. — Et pourquoi tout ce mouvement? d'abord, la cire a agi sur le sureau comme sur le papier, elle l'a attiré et électrisé, car lorsqu'un corps électrisé en touche un autre, il lui donne de son électricité.

Maxime. — Je comprends cela, mais pourquoi la balle s'écarte-t-elle ensuite?

L'oncle Saint-Elme. — Parce que les corps frottés se chargent tantôt d'une électricité résineuse ou négative, et tantôt vitrée ou positive. Or, celles qui ont le même nom se repoussent, celles qui ont un nom différent s'attirent. Il y a donc attraction ou répulsion dans l'échange de l'électricité. Maintenant, Maxime, prends cette règle de fer et frotte-la, puis approche-la de la balle de sureau.

Maxime, qui a frotté avec énergie. — Mais, mon oncle, il ne se produit rien, rien du tout.

L'oncle Saint-Elme. — Parce que le fer laisse passer dans ton corps l'électricité que tu produis au fur et à mesure.

Maxime. — Cependant la cire et le verre, tout à l'heure...

L'oncle Saint-Elme. — Ne laissaient rien passer et gardaient tout pour eux. De là, les corps bons conducteurs et les corps mauvais conducteurs. Tous les métaux sont bons conducteurs, le corps humain, l'eau, les corps humides, la terre mouillée. Au contraire, la laine, le cuir sec, le bois sec, la soie, la porcelaine, le verre, autant de mauvais conducteurs. Si tu avais enveloppé la règle de soie ou de laine, tu aurais produit quelques effets.

Maxime. — Ainsi quand on veut barrer le chemin à l'électricité d'un corps frotté, on n'a qu'à l'envelopper de soie?

L'oncle Saint-Elme. — C'est bien dit, tu vas au-devant des faits. Nous savons donc qu'on produit de l'électricité en frottant. Un nommé Otto de Guerike inventa même une machine électrique pour la production de cette électricité; mais cette production est lente. Un savant physicien italien, nommé *Volta*, inventa un appareil d'une grande simplicité avec lequel il produisit de l'électricité bien plus rapidement. Le voici : avec ce petit rond de zinc, ce petit rond de cuivre et ce rond de laine que j'imbibe d'eau salée et que je réunis, je développe de l'électricité; mais comme ce ne serait que faiblement, je vais réunir beaucoup de ces éléments, quinze par exemple, je les place l'un sur l'autre et je forme cette pile. A l'extrémité supérieure, j'attache ce fil

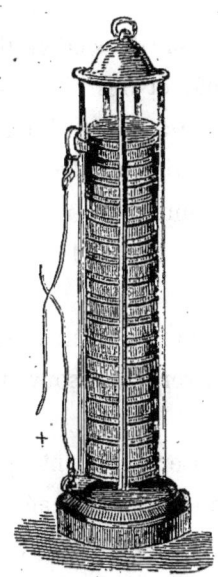

La pile de Volta.

en cuivre couvert de soie; à l'extrémité inférieure, j'en mets un semblable; je les réunis et j'obtiens une étincelle d'un bleu pâle.

MADELEINE frappant dans ses mains. — Voilà la fée bleue!

L'ONCLE SAINT-ELME. — La voilà en effet, bien faible encore, mais, si, au lieu d'eau salée, j'emploie de l'acide sulfurique, elle aura déjà plus de force. Ainsi la pile de Volta fournit de l'électricité d'une façon continue; le chemin qu'elle parcourt dans les fils pour se réunir forme un courant. Que je l'allonge, ce courant, à ma volonté, qu'au lieu d'avoir un mètre comme ici, je lui fasse parcourir dix lieues, cent lieues, l'étincelle se produira aussi instantanément que tout à l'heure.

Vous pensez bien que cette propriété merveilleuse de transmission instantanée fit naître, dans la tête de plusieurs physiciens, l'idée d'appliquer l'électricité à la télégraphie.

Madeleine. — Mais alors, quand on ne connaissait pas le télégraphe, comment donc envoyait-on ses dépêches ?

L'oncle Saint-Elme. — On n'en envoyait pas, les particuliers du moins ; quant au gouvernement, il se servait d'un système de signaux faits au moyen de mâts et de pièces de bois placés de distance en distance, — à 12 kilomètres, — sur les monuments élevés. La lunette d'approche jouait un grand rôle dans ce système, très compliqué, car avec la combinaison du mât et des ailes, — trois branches, — il fallait arriver à former 36,804 signes différents. Les résultats produits étaient remarquables : ainsi de Brest à Paris, en 1846, on mettait huit minutes pour communiquer. Cette télégraphie n'existait, vraiment organisée, que depuis 1792, inventée par les frères Chappe.

Madeleine. — Cela ne devait pas être bien utile quand il faisait du brouillard, comme cet hiver. Vous souvenez-vous, maman, on ne se voyait pas à deux pas.

Madame de Mussy. — Certainement que les temps brumeux étaient un obstacle au jeu du télégraphe aérien.

L'oncle Saint-Elme. — Avec cette pile, on décompose aisément l'eau en ses deux éléments, l'oxygène et l'hydrogène. Un physicien de Munich, nommé Sommering, inventa un télégraphe électrique basé sur cette décomposition ; il avait organisé différents vases représentant les vingt-quatre lettres de l'alphabet et les dix chiffres de la numération ; plus de trente fils conducteurs étaient nécessaires pour l'application de cette idée. C'était compliqué. On abandonna le projet de Sommering quand, vers 1820, un danois nommé OErsted découvrit qu'un courant de la pile de Volta, en tournant autour d'une aiguille aimantée, faisait bouger cette aiguille ; mais ses effets étaient très faibles. Un autre physicien, ayant enroulé sur lui-même le fil d'une pile et l'ayant couvert de soie, plaça au centre d'un cercle formé par ce fil une aiguille aimantée ; il remarqua que plus il y avait de tours plus l'aiguille déviait. Cependant, il fallait toujours employer une quantité de fils correspondante aux lettres de l'alphabet.

Madame de Mussy. — Que d'intelligences ont été mises en mouvement pour parfaire cette découverte.

Maxime. — C'est vrai, mais voyez, maman, comme on se rappelle leurs noms, aussi ! C'est vraiment beau d'être savant.

Le télégraphe Chappe.

Madeleine. — Vous verrez que mon frère, à son tour, enrichira la science de quelque belle découverte.

L'oncle Saint-Elme. — Ce que je lui souhaite. On en était donc là, au temps d'OErsted, quand Arago, un savant français, démontra que le courant de la pile de Volta, en passant sur un morceau de fer pur, dit *fer doux*, l'aimantait, et que l'aimantation cessait quand le courant ne passait plus. On fit alors un électro-aimant ainsi construit ; on prit un morceau de fer doux replié en fer à cheval, on enroula de chaque côté un fil de cuivre couvert de soie dont on laissa les deux extrémités libres pour pouvoir être mises en communication avec la pile ; quand l'électro-aimant était aimanté par le courant, il attirait un poids de fer d'autant plus considérable qu'on employait un plus grand nombre de piles ; avec quarante, il soulevait 5,000 kilogrammes. La grande découverte était faite, car c'est sur l'aimantation temporaire du fer par le courant qu'est basée la télégraphie électrique, quels que soient les systèmes ou les mécanismes employés.

Madeleine. — Mais, mon oncle, ces grands fils qu'on voit le long des voies ferrées, que font-ils là dedans ?

L'oncle Saint-Elme. — Ils servent de chemin à la fée bleue, c'est sur eux qu'elle court quand la pile l'a produite ; alors, elle vient aimanter l'électro-aimant, placé à l'endroit vers lequel on dirige la dépêche ; l'électro-aimant attire un levier en fer doux qui fait mouvoir un cadran sur lequel est une aiguille avec les lettres de l'alphabet. La personne, placée au départ, munie d'un appareil appelé manipulateur, fait passer le courant ou l'interrompt à volonté ; celle qui est placée à l'arrivée surveille le récepteur.

Laure. — Qu'est-ce donc que ces petites tasses en porcelaine qui sont attachées aux fils ?

M. Saint-Elme. — Ce sont des corps chargés d'isoler l'étincelle qui se dérangerait de sa route, et irait, en suivant le bois, se perdre dans la terre. Nous avons dit que la porcelaine ne conduisait pas l'électricité.

Madeleine. — J'ai, je le crois, bien compris votre explication du télégraphe, oncle Saint-Elme ; mais sur la mer, il n'y a pas de poteaux, ni de fils.

L'oncle Saint-Elme. — Il y a des fils solidement enfermés dans une enveloppe très épaisse de gutta-percha. C'est un câble métallique ; il renferme, dans sa gaine de gutta-percha, quatre fils de cuivre entrelacés avec quatre cordes de chanvre, le tout réuni par un mélange de goudron et de suif. Ces fils sont encore protégés par dix gros fils de fer tordus, en hélice, et très serrés l'un contre l'autre. Il lui faut de la solidité et de la souplesse pour résister au mouvement des eaux.

Madame de Mussy. — Comment est-il posé? il ne peut être exposé aux hasards de la mer; tout fort qu'il est, il se romprait.

L'oncle Saint-Elme. — N'en doute pas. On l'a placé au fond de la mer, et on a utilisé, tantôt les passes qui séparent les rochers, tantôt les crêtes aiguës de ces rochers. C'est un merveilleux travail.

Madeleine. — Avant les télégraphes à grands bras que vous nous avez décrits, n'avait-on rien pour communiquer?

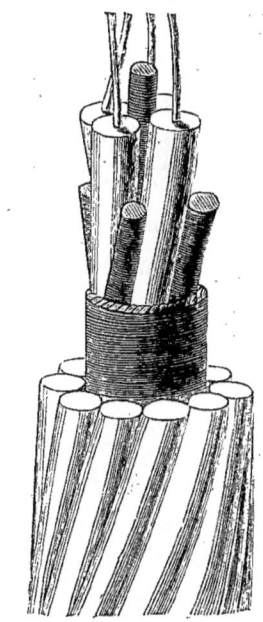

Morceau du câble de Douvres à Calais.

L'oncle Saint-Elme. — Dans les temps tout à fait anciens, on employait des feux allumés sur des hauteurs; c'étaient là des moyens bien insuffisants. Ainsi, Eschyle nous représente, dans sa tragédie d'*Agamemnon*, un garde guettant au sommet du palais le retour du roi, qui devait être annoncé par une suite de feux allumés sur des vaisseaux. Te rappelles-tu cela, Maxime?

Maxime. — Oui, mon oncle; et c'est le jour même de son retour, que sa femme Clytemnestre, aidée de son favori Égisthe, assassina Agamemnon, au sortir du bain.

Madeleine. — Mon oncle, encore une petite question ; je n'ai pas bien entendu le nom de ce qui enveloppe le câble sous-marin.

L'oncle Saint-Elme. — C'est la gutta-percha.

Maxime. — Du caoutchouc, n'est-ce pas ?

L'oncle Saint-Elme. — Non, les deux substances sont fournies par des végétaux fort différents.

Laure. — Moi, j'ai vu des caoutchoucs, maman en a dans son salon. Et une fois, j'ai cueilli une feuille, il en est sorti du lait.

L'oncle Saint-Elme. — Ce lait est la résine contenue dans la plante dont le nom est le *hévée* ou *cahuchu*. Nous possédons des plantes qui en contiennent aussi, mais si peu, si peu, qu'il est inutile de l'extraire ; la laitue, les pavots, l'ortie en renferment.

Laure. — Encore l'ortie ! quelle plante !

L'oncle Saint-Elme. — Les hévées d'Afrique et d'Amérique ne pourraient pas tenir dans le salon de ta mère, Laure ; dans leur patrie, ils atteignent de 18 à 20 mètres. Ce sont de beaux arbres dont le fruit renferme une amande agréable. Je me souviens avoir vu à Java d'autres arbres, les *figuiers* de l'Inde, desquels se tirait aussi du caoutchouc.

Madeleine. — Comment fait-on ? Je pense que ce n'est pas comme Laure, qui leur arrache les feuilles.

L'oncle Saint-Elme. — On fait dans le tronc une incision profonde, et de chaque côté de laquelle partent d'autres entailles obliques ; la sève qui contient la résine arrive dans ces creux et est recueillie sur des moules de terre qui ont la forme d'une poire ; au contact de l'air, le suc se durcit, et l'on peut ainsi le transporter. Quelquefois on en forme des feuilles ou des plaques épaisses. A quoi sert le caoutchouc ? Laure le sait bien : à fabriquer des ballons et des balles qui rebondissent légèrement. Maxime le sait aussi : à effacer les traits de crayon mal donnés sur un dessin ou sur une épure, et, comme c'est une substance impénétrable à l'eau, à confectionner des chaussures, des manteaux imperméables. La chirurgie l'emploie, l'industrie, la marine le plient à bien des usages. Mais je n'ai parlé du caoutchouc qu'à propos de la gutta-percha, revenons à nos moutons. Elle est fournie par un arbre des îles de la Sonde, l'*Isonandra percha*, un grand arbre d'une hauteur de 20 mètres, et dont la circonférence en mesure au moins trois. Les Indiens tirent de son fruit une espèce d'huile dont ils assaisonnent leurs aliments. Les gens de Sumatra et de Java employaient la résine que renferme sa sève, à faire des manches de hache, et, pour la recueillir, se contentaient de couper l'arbre et de pencher le tronc sur des cornets fabriqués avec des feuilles de bananier. A ce compte-là, les *Isonandra percha* auraient été singulièrement diminués; les Européens appliquèrent à sa récolte la même méthode qu'à celle du caoutchouc, et ce nouveau produit rendit beaucoup de services. La gutta-percha renferme les mêmes principes que le caoutchouc, elle n'est pas élastique, mais elle a plus de consistance et de dureté. Comme lui, elle est imperméable à l'eau, ne subit aucune altération des sels étendus d'eau, et conduit mal la chaleur et l'électricité. C'était là une matière faite exprès pour construire les câbles.

MADELEINE. — On doit faire subir à cette gomme une préparation avant de s'en servir.

L'ONCLE SAINT-ELME. — Sans doute. Après l'avoir débarrassée de la terre et des fragments de bois qu'elle contient par un lavage chaud, on la chauffe ; quand elle devient pâteuse, on la coule dans des moules, et on la laisse refroidir ; c'est alors qu'elle acquiert cette dureté qui la rend si résistante. On peut la réduire en fil, en rouleau, en feuilles. C'est un produit qui n'est connu en Europe que depuis une quarantaine d'années.

Tout ce qui pouvait intéresser les enfants sur la télégraphie électrique ayant été dit, l'oncle Saint-Elme fit fonctionner un petit appareil qu'il avait disposé entre son cabinet et la salle où reposait Petit-Jean. Le reste de la soirée se passa à télégraphier des nouvelles du malade qui était dans un état aussi satisfaisant que possible, hâtons-nous de le dire. C'était un petit télégraphe Morse muni de deux postes ; on avait placé le manipulateur dans la salle, Madeleine et l'oncle Saint-Elme transmettaient, sur le cadran, ce qu'ils voulaient dire, et Maxime, placé dans le cabinet, les yeux attachés sur le récepteur, le transcrivait au fur et à mesure pour le répéter à madame de Mussy et à Laure qui, bien que dix heures fussent sonnées depuis longtemps, avait les yeux aussi vifs et aussi éveillés que s'il eût été midi. On fit bien des erreurs, ce qui était excusable, car le télé-

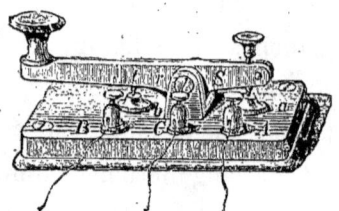

Télégraphe Morse (manipulateur).

graphe Morse pour composer l'alphabet n'emploie que ces deux signes : un point et une barre, — qu'il combine de vingt-cinq façons différentes. Nos jeunes télégraphistes se trompèrent quelquefois ;

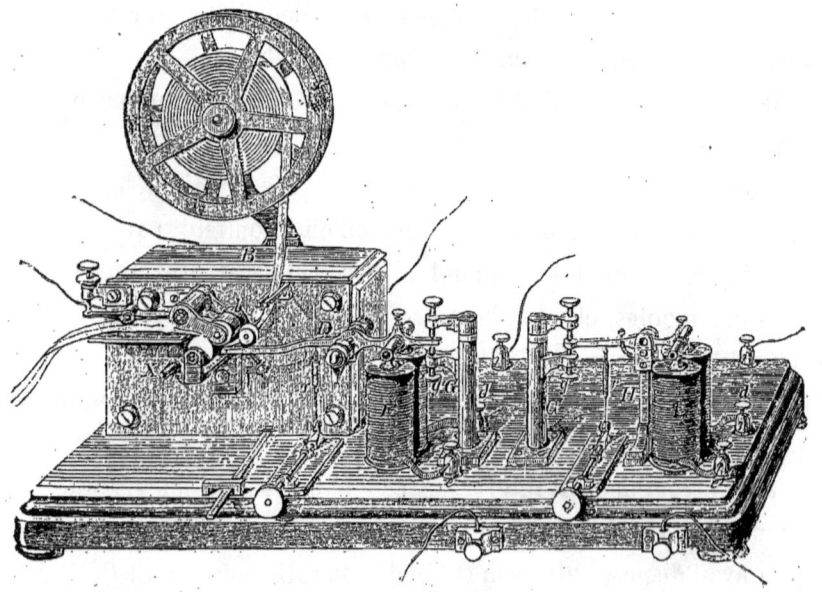

Télégraphe Morse (récepteur).

c'est ainsi qu'au lieu du mot *monte*, Madeleine forma le mot *mort;* ce qui effraya tellement madame de Mussy qu'elle s'élança sur l'escalier et courut vers Petit-Jean. Comme bien vous pensez, tout se termina par un éclat de rire. Cette méprise me rappelle un fait plus grave, dit

M. Saint-Elme, arrivé à un de mes amis, et dû à la négligence d'un employé. Son père, qui avait atteint un grand âge, était parti pour passer l'hiver à Nice. Il devait, des différentes villes où il s'arrêterait, envoyer à son fils, retenu à Paris par des affaires importantes, de fréquentes dépêches. Quel n'est pas le chagrin de mon ami quand il reçoit cette dépêche, le lendemain même : « Père, mort en chemin de fer, par Avignon, l'heure et le jour. » Mon ami déses-

Une ligne télégraphique.

péré ne fait ni une ni deux, il court au chemin de fer de Lyon, saute dans le premier train, et, le cœur serré d'angoisses, s'enquiert auprès du chef de gare du voyageur décédé si malheureusement. Stupéfaction du fonctionnaire; il n'a pas entendu parler de cet événement, ni lui, ni personne. On télégraphie à Nice, rien! C'était trop fort. Les employés assuraient qu'il devait y avoir un malentendu. Mon ami allait se réembarquer pour Nice, quand l'idée lui vient de s'adresser au télégraphe même. Aucune dépêche du genre de celle qui était venue l'alarmer n'avait été envoyée. Un jeune employé reconnut la dépêche que présenta le pauvre garçon, et déclara d'un air assez penaud qu'il avait voulu dire : « Père, monte en chemin de fer. » Mon ami se sentit si heureux, qu'au lieu de reproches, il n'eut que des remerciements pour le jeune étourdi qui lui avait causé une si poignante inquiétude.

Le télégraphe dans une forêt d'Amérique.

Aujourd'hui, ajouta M. de Louvres, le télégraphe tend à devenir universel, bientôt il passera par les plus humbles villages. Les Américains, que rien n'arrête, en ont qui traversent les forêts. Les arbres séculaires servent de poteaux. Je vous dis que moi, qui suis vieux, je verrai peut-être la fée bleue faire le tour du monde.

Comme il se faisait tard, on se sépara pour aller rêver télégraphe.

CHAPITRE XV

LE NID DE ROITELETS.

Les petites poulettes du bon Dieu. — Légendes sur le roitelet. — Le troglodyte et le rouge-gorge. — La ballade des Enfants dans les Bois. — Le hibou nourri par sa mère. — L'amour maternel chez les animaux. — L'architecture des oiseaux. — Les oiseaux-mouches et les colibris. — Le pétrole.

Petit-Jean passa les deux jours qui suivirent chez M. Saint-Elme, et ce ne fut pas sans peine qu'on put le garder dans l'habitation ; dès qu'il s'était senti mieux, il avait demandé à retourner au petit pré avec ses bêtes. Gros-Grain, qui avait été chargé de le surveiller et qui n'était pas précisément tendre, le ramena deux fois par l'oreille dans la petite salle, au moment où le petit paysan tentait, avec son obstination habituelle, de s'échapper. Un matin, ne le voyant plus, Gros-Grain très en colère se mit à jurer, ce dont il n'était pas chiche ; tout à coup, il s'arrête en apercevant le berger grimpé sur le toit de chaume d'une petite écurie réservée, où Blidah et la bonne jument trouvaient un confortable abri pendant l'hiver. Gros-Grain, qui ne connaissait que sa consigne, allait, malgré ses cinquante-huit ans, se hisser jusqu'à Petit-Jean ; celui-ci l'arrêta du geste, et mit sa main sur sa bouche pour lui recommander le silence ; en deux bonds, le paysan redescendit auprès du matelot.

— « Ne parlez point si haut, Monsieur Gros-Grain, voilà que le bonheur est quasiment installé chez not'maître : y a là haut une nichée de petites poulettes du bon Dieu !

— Bah ! dit Gros-Grain en se radoucissant tout à coup ; t'as bien raison, petiot, il ne faut point leur faire de mal.

— Je les guettais depuis hier, dit l'enfant ; j'avais ben cru reconnaître le gentil ri ki ki de ce doux oiseau ; à ce matin, j'ai grimpé, et j'ai aperçu le mâle avec sa petiote tête jaune comme de l'or et ses deux petiots plumets qui font sa couronne. Je me suis ensauvé pour ne point l'effaroucher. La femelle couve ; elle a des petits œufs roses plein son nid ; ah ! ben, le vilain scops à M. Pierret y peut me regarder comme un sauvage, y ne me fera rien, le roitelet y me défendra.

— Comme t'en dis long, ce matin, Petit-Jean ; on ne te reprochera point d'être muet comme un poisson, aujourd'hui, vrai !

— Dam ! Monsieur Gros-Grain, je suis l'heureux pour tous mes maîtres, et si vous voulez me le permettre, je vas aller le dire à la petite mam'zelle Laure.

Petit-Jean, nous l'avons dit, aimait beaucoup Laure ; quant à Madeleine, dont les manières étaient plus fières quoique très polies, elle n'avait le talent ni de le faire jaser, ni de lui plaire.

— Tu n'as pas besoin de les aller chercher, reprit Gros-Grain ; elles descendent tous les matins de bonne heure, pour se promener avec leur oncle, et aller chercher des plantes.

En effet, Madeleine et Laure ne tardèrent pas à paraître ; elles reçurent assez indifféremment la nouvelle qui avait tant enchanté Petit-Jean, savoir l'établissement d'une famille de roitelets dans la maison de leur oncle.

— C'est un bel oiseau, dit Gros-Grain qui, élevé en Normandie, avait pour ce charmant petit être une tendresse mêlée de respect. Il est petit, petit, c'est le plus petit de nos pays, et on croit par ici qu'il porte bonheur à la maison qui le loge ; aussi celui qui lui ferait du mal serait mal venu, nos demoiselles. Quand j'étais gamin, ma mère me répétait souvent que, si je tuais une poulette du bon Dieu, — c'est comme ça qu'on les appelle par ici, — ou si je lui prenais son nid, il m'arriverait malheur, comme qui dirait, je deviendrais orphelin.

— Et c'est vrai, Monsieur Gros-Grain, ma mère m'a toujours dit de même, fit Petit-Jean, très sérieux. Toutes les superstitions et préjugés de la campagne semblaient s'être incarnés dans l'étroit et tenace cerveau du petit garçon.

— Qu'est-ce que tu leur contes donc, Gros-Grain ? dit M. de Louvres qui, appuyé à la fenêtre de sa chambre, avait entendu la fin de la conversation. Le roitelet est un aimable et gracieux oiseau, grand ami de l'agriculteur puisqu'il passe sa vie à guerroyer contre les insectes ailés qu'il attrape au vol. Il ne faut donc pas le détruire pour deux causes, parce qu'il est utile et inoffensif.

LAURE. — Mon oncle, je désirerais le voir ; voulez-vous faire mettre une échelle contre l'écurie.

L'ONCLE SAINT-ELME. — Ma mignonne, tu le verras voltiger tout le jour entre les arbres, tu n'auras pour cela qu'à le guetter ; quant à te hisser sur le toit, ce serait dangereux pour toi, qui pourrais tomber, pour le roitelet qui pourrait s'effaroucher et gâter son nid. Ce nid, que je m'étonne de voir suspendu ici, est ordinairement bâti sur les pins ou les sapins. Il est construit avec beaucoup d'art, tout en mousse sèche, et, à l'intérieur, le roitelet y accumule tout ce qui peut le rendre doux et moelleux, des plumes, du duvet ramassé brin à brin ; l'extérieur est enveloppé de toiles d'araignées qui préservent le nid de l'humidité, car les petits sont très frileux, et les poulettes du bon Dieu, comme dit Petit-Jean, sont pleines de tendresse pour leur délicate famille.

MADELEINE. — Pourquoi appelle-t-on ce joli oiseau, roitelet ?

L'ONCLE SAINT-ELME. — Les Romains le désignaient déjà sous le nom de *Régulus*, petit roi. Les naturalistes, les ornithologistes, comme on dit pour ceux qui s'occupent des oiseaux, pensent qu'il doit ce nom à sa tête d'un jaune doré ornée d'un bandeau de plumes noires. Le mâle seul a cette distinction ; la femelle est gris de cendre et ne porte aucun ornement. Les légendes, et il y en a beaucoup sur cet oiseau, donnent une autre origine à son nom.

MADELEINE. — Une légende ! oh ! cher oncle, dites-la vite ; c'est si amusant.

L'ONCLE SAINT-ELME. — Je m'en rappelle deux, et je vais vous les dire. On raconte qu'au commencement du monde, il fallut un messager pour apporter le feu du ciel sur la terre. Aucun des oiseaux, petits ou grands, ne se montra jaloux de remplir cette mission, et les pauvres terriens auraient couru le risque de geler, quand un tout petit oiseau se présenta. Il fut accepté, et s'élança bravement dans les airs. Tout se passa bien jusqu'à l'heure du retour ; le pauvre petit, ne connaissant pas les inconvénients du feu, se laissa brûler toutes ses plumes et revint sur la terre en fort triste état. Tous les oiseaux, en le voyant victime de son dévouement, lui offrirent chacun une plume pour qu'il s'abritât contre le froid. Le hibou fut le seul qui refusa de s'associer à cet acte de reconnaissance. Aussi, en même temps qu'ils décernèrent le titre de roi au courageux petit oiseau, ils chassèrent à tout jamais le hibou de leur société. On changea le nom de roi en celui de roitelet, comme plus en harmonie avec la taille du gentil porteur de feu. Depuis ce temps, le hibou, n'osant plus se montrer le jour dans la peur de rencontrer un de ses frères les oiseaux, se condamna à ne sortir que la nuit.

Petit-Jean, qui avait écouté avec beaucoup d'attention, disait en secouant la tête : « Je savais bien, le hibou est un mauvais drôle. »

— Ceci est une légende, Petit-Jean, lui murmura Madeleine ; il ne faut pas croire que c'est arrivé.

L'oncle Saint-Elme. — Êtes-vous disposées à entendre la seconde légende ?

Laure et Madeleine. — Oui, oui ! et une troisième aussi !

L'oncle Saint-Elme. — Un jour, tous les oiseaux se réunirent pour nommer un roi. On décida que la couronne appartiendrait à celui qui volerait le plus haut et qui irait le plus près du soleil. Alors ce fut un concours de vol fort curieux. Tous s'en mêlèrent, depuis la poule qui battait des ailes et faisait de vains efforts pour s'élever dans les airs, depuis le pingouin, qui, lourd et ridicule, cherchait à s'élancer, jusqu'à l'oiseau-mouche qui volait en bourdonnant et retombait fatigué comme une fleur qui se brise, jusqu'à la frégate au vol puissant, tous, tous s'agitaient : les cygnes sur les étangs, les hirondelles au-dessus des mers, les pinsons, les mésanges dans leurs nids. Ah ! dame, on a de l'ambition partout, même au pays des oiseaux. Tout à coup, un bruit, semblable à celui d'une flèche qui part, se fit entendre et l'on vit l'aigle s'élever si haut, si haut qu'il ne parut plus que comme un point noir et sembla se perdre dans les rayons du soleil. Enfin il redescendit à tire d'aile ; après avoir plané sur les mille oiseaux électeurs, il dit d'une voix forte :

— Y en a-t-il un qui puisse aller plus haut que moi ?

Et, comme personne ne répondait :

— Je suis roi ! dit-il avec fierté.

— Vive le roi ! répétèrent à leur tour les oiseaux ; mais une petite voix douce et pénétrante, perçant le brouhaha des mille oiseaux qui criaient, chantaient, péroraient, dit :

— Je m'oppose à la nomination de l'aigle. C'est moi qui suis le roi.

Et, comme on riait à la vue de la petite taille de l'orateur :

— Vous avez promis la couronne à celui qui monterait le plus haut, continua-t-il ; eh bien, je me suis assis sur le dos de l'aigle et il m'a emporté sans s'en douter, parce que je me suis enfoncé sous ses plumes. J'ai donc été plus haut que lui, je suis roi.

On entendit un certain murmure. C'était l'assemblée qui délibérait.

— Nous ne pouvons élire roi un tel insecte, dit avec mépris un énorme albatros.

— Il n'est pas gros, mais il a de l'esprit, reprit une sage cigogne.

— Écoutez, dit un hibou, je suis l'oiseau de Minerve, je représente la sagesse, voulez-vous que je vous donne un conseil ?

— Oui, répondirent en chœur tous les oiseaux.

— Eh bien, le plus fort, le plus adroit, le plus puissant, c'est l'aigle, qu'il soit roi ; mais que celui qui, avec lui, est parvenu où nuls n'étaient allés jusque là, soit le petit roi, le roitelet.

Cette proposition fut acclamée, l'aigle prit fièrement possession de son trône sur la plus haute montagne ; quant au roitelet, il dit de sa voix flûtée :

— J'accepte le nom que vous me donnez, mais je ne quitte ni mes bois, ni mes champs ; je serai l'ami du paysan et des chaumières. Le bonheur est aux humbles.

Madeleine. — Le gentil oiseau ; oh ! maintenant je l'aime beaucoup. N'en pourrait-on avoir en cage ?

Petit-Jean, d'un air fâché. — Vous n'avez donc point ouï ce qu'a dit M. Gros-Grain, tout à l'heure, not'demoiselle ? Il y a un malheur pour ceux qui touchent au nid des roitelets.

Madeleine. — Je ne crois pas à cela ; mais, si mon oncle dit qu'ils sont malheureux en cage, je ne chercherai point à m'en procurer.

L'oncle Saint-Elme. — Ils sont si malheureux qu'ils n'y vivent pas.

Madame de Mussy. — J'ai entendu vos jolies légendes, mon cher oncle, et...

Petit-Jean. — Tenez! tenez, voilà le petiot poulet qui part pour la chasse.

L'oncle Saint-Elme. — Oui, c'est bien un roitelet! Voyez son bec grêle, court et droit, sa petite tête d'un beau jaune vif, ses ailes brunes et longues, sa queue échancrée. Salut! mignon oiseau! nous respecterons ta famille; apporte du bonheur s'il est vrai que tu es un bienveillant messager!

Madeleine. — Alors, c'est le plus petit des oiseaux de nos pays?

L'oncle Saint-Elme. — Il y a encore le troglodyte, qui se réfugie, l'hiver, dans les trous des murailles, et qui a les ailes plus courtes; on le confond souvent avec le roitelet dont il a les mœurs. C'est un oiseau vif, gai, dont le sifflement est fort agréable, c'est aussi un grand chasseur d'insectes. Mais au moment où notre hôte, le roitelet, a pris son vol, je me souviens que je vous ai involontairement interrompue, ma nièce. Veuillez achever votre pensée.

Madame de Mussy. — Je disais que vos légendes m'en rappelaient une, bien connue chez nos voisins les Anglais, et dont le héros n'est pas le mignon roitelet, mais le brave petit rouge-gorge.

Madeleine. — Comment, mère, vous saviez une jolie légende et vous ne nous en aviez jamais rien dit.

Madame de Mussy. — Mes pauvres fillettes, à quel moment l'aurais-je pu? Vraiment, à Paris, on n'a pas le temps de vivre. Ne te souviens-tu plus, Madeleine, combien nos jours étaient occupés?

Madeleine. — Oui, chère mère, mais ici, nous avons tout le temps; racontez-nous donc cette histoire.

Madame de Mussy. — C'est la ballade des « Enfants dans les Bois ». Un gentilhomme du Norfolk, père de deux charmants enfants, dont l'aîné, un petit garçon, comptait trois ans, est atteint d'une maladie mortelle, en même temps que sa femme. Avant de mourir, il songe à ses enfants, et fait son testament par lequel il lègue une grosse somme en or à chacun d'eux, seulement, ils n'en jouiront qu'à leur majorité; jusqu'à cette époque, elle appartiendra au frère du gentilhomme. Mon frère, dit le mourant, sois bon pour mes chers enfants. Ils sont si petits! protège-les dans le jour, protège-les dans la nuit; sois à la fois leur père et leur mère. — Le ciel vous récompensera si vous faites votre devoir, dit la jeune mère, sinon, mon frère, vous serez puni. — Ne craignez rien, Madame ma sœur, dit l'oncle; si je leur fais le moindre tort, je demande à Dieu qu'il éloigne tout bonheur de moi et des miens. Les pauvres parents embrassent leurs enfants et meurent. L'oncle les emmène dans sa maison et leur témoigne d'abord beaucoup d'amitié. Mais un an et un jour ne s'étaient pas écoulés, que le désir de s'emparer de la fortune entra dans son cœur. Il fait alors marché avec deux brigands pour qu'ils assassinent les enfants dans un bois. Les deux petits partent, tout joyeux de monter à cheval, babillent avec ceux qui allaient les tuer. Ces hommes, malgré eux, se sentent émus de tant de gentillesse, et regrettent presque d'avoir accepté une si horrible tâche. Cependant, l'un, plus féroce que l'autre, déclare qu'il est décidé à commettre le crime; une querelle s'engage qui se termine par la mort du plus cruel brigand. L'autre, resté seul avec les enfants, les prend par la main — ils pleuraient, les pauvres petits! — et les conduit tout au fond de la forêt. Là, il les quitte, en leur disant : Attendez-moi, je vais vous chercher de la nourriture. Mais il ne revient pas. Les pauvres bébés errent en se tenant par la main; leurs petites lèvres étaient noires des mûres qu'ils avaient mangées; quand vint le soir, ils s'assirent en pleurant, et le matin venu, errèrent encore jusqu'à ce que la mort mit une fin à leurs maux. Ils moururent dans les bras l'un de l'autre. Personne ne leur donna la sépulture jusqu'à ce que Robinhood, le rouge-gorge, les couvrit de feuilles sèches et bien tristement.

Laure. — Que c'est triste! pauvre petit rouge-gorge! je l'aime vraiment. Et le méchant oncle?

Madame de Mussy. — Il fut puni. Ses biens furent brûlés, il perdit ses fils, et mourut en prison, dénoncé par le brigand qui avait perdu les enfants. Ne pleure pas, Laure; c'est un conte. D'ailleurs, je l'ai lu présenté d'une façon moins noire. Les petits enfants, couchés sur

JE VIS SUR SA CAGE UN AUTRE OISEAU, PLUS GROS, MAIS TOUT PAREIL.

la terre humide grelottaient de froid, quand le rouge-gorge fit appel aux autres oiseaux, et, s'arrachant du duvet et des plumes, le jeta sur les orphelins. Son exemple fut suivi par tous les oiseaux, et les enfants réchauffés se réveillèrent à l'aurore, au doux refrain que leur chantait Robin-hood; ils retrouvèrent leur route, et de braves gens, les prenant sous leur protection, leur firent rendre leurs biens.

Laure. — Ah! que j'aime mieux cette histoire-là.

L'oncle Saint-Elme. — Le rouge-gorge est un de nos plus aimables oiseaux. Il chante le premier, même avant l'alouette qui salue pourtant de son joyeux *lire, lire, lire*, le lever du soleil; le soir, il chante encore. Pendant l'été, il habite les bois; quand vient l'hiver, il n'émigre pas. Il s'approche des maisons et, quand la neige tombe, il vient frapper les vitres de son bec pour demander du secours qu'on ne lui refuse jamais. Tout l'hiver, nous en avions plusieurs qui étaient très familiers et qui nous remerciaient du pain et du grain que Pierret leur servait, par de douces chansons.

Madeleine. — Pourquoi le nomme-t-on rouge-gorge?

L'oncle Saint-Elme. — A cause de la couleur d'un roux ardent de sa poitrine et de sa tête. On raconte que ce brave oiseau, désolé d'entendre les plaintes des damnés monter jusqu'à lui, obtint de Dieu la permission de leur porter quelques gouttes d'eau pour les rafraîchir. Ce serait dans un de ces charitables voyages qu'il aurait été touché par le feu infernal; de là, sa couleur rousse.

Madeleine. — Encore une légende! Dites-moi, oncle, est-ce qu'on tue les rouges-gorges?

L'oncle Saint-Elme. — Hélas! oui; comme tous les oiseaux des bois, il n'obtient pas grâce devant le terrible fusil du chasseur. Il tombe comme la mésange, sa sœur, ou comme le joyeux pinson, le chardonneret et la linotte. Ces gentils animaux, qui nous charment de leurs chants et qui sont les auxiliaires de l'homme par la guerre qu'ils font aux insectes, devraient être protégés. Dans les communes, dans les écoles, on affiche la défense de les détruire, mais les chasseurs ne tiennent pas compte de ces avis et, d'un coup de fusil, ils font tomber ces charmants êtres qui, s'ils goûtent parfois à nos fruits, ou se nourrissent de nos grains, payent amplement les emprunts qu'ils nous font en détruisant les parasites dangereux. Mais que nous veut donc Pierret !

PIERRET. — J'entendais là, en greffant, ce que Monsieur racontait d'intéressant à ses nièces ; j'ai vu à propos d'oiseaux quelque chose de bien singulier, ce matin. Figurez-vous, Madame et Mesdemoiselles, que ce petit Scops, depuis qu'il est guéri, était devenu avec moi caressant comme un chat. Tout à coup, hier, il me reçut comme un sauvage, et se mit à voleter en tout sens ; si son aile n'était point si faible, il serait parti. Cela m'étonne, mais comme je ne veux point le perdre, je le mets dans une cage et le suspends à ma porte. Là, j'ai beau lui apporter de la nourriture, il n'en veut point et fait le boudeur. Ce matin, j'avais à sarcler tout le carré d'œillets, je me lève comme qui dirait avant le jour ; je remets le Scops à l'air, — ces animaux-là ne craignent point la fraîcheur du matin. — Il n'y avait pas une petite demi-heure que je travaillais, que j'entends des sifflements : *che, chou, chei*, entremêlés de petits cris *grei, cré, crei*, du côté de la cage. Je lève la tête tout doucement, et je vois, sur la cage du Scops, un autre oiseau, un peu plus gros, mais tout pareil à lui, qui semblait l'embéquer. A un mouvement un peu brusque que je fis, l'oiseau s'envola et les *ché, chou* redoublèrent d'un ton irrité. Quand je m'approchai du Scops, il battait des ailes et poussait de petits cris. Je pus voir qu'un mulot mort avait été posé sur sa cage. C'est la mère du petit hibou qui vient lui apporter de la nourriture, et c'est ça qui le rend sauvage. N'est-ce pas, Monsieur de Louvres, que c'est joli cette histoire-là ?

MADELEINE. — Demain, nous nous lèverons comme vous, Pierret, et nous irons assister à cette scène. C'est trop amusant.

L'ONCLE SAINT-ELME. — Ce fait est très commun ; maintes fois des mères oiseaux sont venues nourrir leurs petits, soumis à la captivité. Mais, puisque votre Scops, Pierret, ne pourra jamais bien voler, laissez-le donc libre. Ainsi il apprivoisera peut-être la mère.

PIERRET. — Je ferai comme Monsieur voudra, mais si la mère allait rendre le Scops sauvage ?

L'oncle Saint-Elme. — Je ne le crois pas ; en tout cas, il ne s'éloignera pas de vous qui le traitez bien ; il pourrait seulement nicher dans quelque trou de mur ou d'arbre. Vous ferez comme il vous plaira. Tous les animaux, continua M. de Louvres, en s'adressant à ses nièces pendant que Pierret retournait à son ouvrage, ont un grand amour pour leurs petits, depuis la gigantesque baleine, qui porte son baleineau pressé contre elle à l'aide de ses fortes nageoires et qui donnerait sa vie pour le protéger, jusqu'au faible et délicat colibri, tous aiment et soignent leurs petits avec un courage, un dévouement, un instinct admirables. Mais c'est dans le monde des oiseaux que ce sentiment se trouve le plus développé. C'est sans doute en raison de la faiblesse des petits nouvellement éclos que la Providence a donné à des êtres d'une intelligence médiocre une telle sagesse et une telle prévoyance.

Madeleine, en riant. — Oui, les oiseaux gardent bien leurs petits ; Laurette, te rappelles-tu des coups de bec de la petite poule russe ?

Laure. — Je ne lui en veux pas ; c'était pour défendre sa nichée ; elle ne me connaissait pas.

L'oncle Saint-Elme. — C'est surtout dans la construction des nids que l'amour maternel des oiseaux fait souvent ressembler leur instinct à de l'intelligence. Comme l'a dit un auteur, ils deviennent alors maçons, tailleurs, sculpteurs, mineurs ou vanniers.

Madeleine. — Maçons, comme l'hirondelle qui bâtit son nid en ciment très solide ; papa m'en a montré plusieurs fois ; mais tailleurs, il faudrait supposer qu'ils cousent, oncle, cela est plus difficile à croire.

L'oncle Saint-Elme. — Il y a, ma chère, en Amérique, une espèce de fauvette qui fait son nid entre deux longues feuilles qu'elle a cousues, dans leur longueur, avec des fils. Quand le nid est formé, elle ramasse des débris de coton, dans les plantations ; le bourre, le meuble, et les petits y viennent très commodément.

Madeleine. — Elle n'a pourtant pas de main, comme l'écureuil, ni de queue comme le castor, ni de dents comme les chiens, ni de trompe comme l'éléphant.

L'oncle Saint-Elme. — Elle n'a que son bec, et son corps qui est le vrai outil, a dit Michelet ; c'est la poitrine qui serre les matériaux, les presse, les mêle jusqu'à les assujettir à l'œuvre générale. Et au-dedans, l'instrument qui imprime au nid la forme circulaire n'est autre encore que le corps de l'oiseau. C'est en se tournant constamment qu'il arrive à former ce cercle. Et quelle prudence dans le choix de l'endroit où l'oiseau va déposer ses œufs précieux. Il consulte le vent pour mettre le nid dans sa direction. Si les pieds des petits sont faibles pour la marche, la mère attache le nid dans les lieux élevés ; quelquefois, comme le loriot, elle le suspend aux arbres pour que la brise vienne bercer sa chère couvée ; si les petits naissent forts et agiles, elle niche dans les lieux bas, au pied des buissons ou près des eaux. Ce sont les plus petits oiseaux qui font les nids les plus parfaits ; si la couche extérieure est grossière, la seconde est formée de matériaux plus fins, et la dernière est la plus moelleuse.

Madeleine. — Est-ce que les canards, avec leurs pieds plats et leur large bec, font de jolis nids ?

L'oncle Saint-Elme. — Non, les palmipèdes, ceux qui ont les pattes palmées, sont des maçons et non des artistes.

Un trou, quelques pierres, cela leur suffit. De même chez les *échassiers*, tels que flamants, ibis, hérons, grues. Les gallinacés, dont la poule est le type, n'offrent pas de nids merveilleux, bien que la mère, dans cette famille, soit un type de tendresse et de courage. Par exemple, nous n'adresserons pas les mêmes compliments aux mâles qui sont batailleurs, gourmands et jaloux. C'est chez les *passereaux*, où nous trouvons déjà les chanteurs, que nous voyons les plus fins architectes de nids. Ils sont délicats, vifs, habiles, gais ; cette famille renferme les pinsons, les fauvettes, les rouges-gorges, les mésanges, les roitelets, les oiseaux-mouches, les chardonnerets. Là, le mâle et la femelle concourent au bien être de la famille, la mère couve, le père chante ou va chasser pour la nourrir. Ceux qui font les plus jolis nids sont le pinson, le colibri ; le fond est formé d'une couche cotonneuse mêlée à des herbes sèches et à des écailles de fougères. Ce nid est quelquefois bâti dans la seule corolle d'une fleur, il est si petit, et ses œufs n'ont pas la grosseur d'un pois.

La fauvette des roseaux possède aussi l'art de bâtir ; elle entrelace des herbes sèches autour de plusieurs tiges de roseaux et suspend, au-dessus de l'eau, son nid douillet et profond. Mais je ne m'arrêterais pas si je me laissais aller sur ce sujet, et notre chasse aux plantes en souffrirait.

Madeleine. — Mon oncle, dites-nous seulement un mot sur les oiseaux-mouches.

Laure. — Non, sur les colibris.

L'oncle Saint-Elme. — Oiseaux-mouches et colibris se ressemblent beaucoup, seulement le colibri a le bec arqué, l'oiseau-mouche l'a droit. Tous deux sont répandus dans les Amériques, mais les plus brillants et les plus jolis vivent sous les tropiques. Le plus petit a une longueur de six centimètres. Il est donc encore inférieur en taille à notre roitelet. Ils brillent des couleurs les plus éclatantes ; le plus joli est le colibri topaze. Dès que paraît l'aurore, ils volent de fleur en fleur, comme des papillons, et plongent leur long bec effilé dans les corolles où, au moyen de leur langue bifurquée, ils pompent les sucs ou prennent le pollen.

Ils vivent aussi d'insectes et se désaltèrent de rosée. Au grand jour, ils se retirent dans leurs nids et sautent à la figure des curieux qui s'approchent de ce mignon asile grand, dit-on, comme un doigt de gand.

La femelle est grise comme nos moineaux ; le mâle, tout diapré de rose, de bleu, de rouge, étincelant de beauté, voltige autour d'elle en étalant ses ailes et son brillant poitrail.

Le joli petit ménage qu'ils font à eux deux ! Oui, mais il y a un terrible ennemi à tant de bonheur. Il s'avance quelquefois entre deux feuilles, grimpe, rampe et se dresse, avec ses mandibules empoisonnées, vers le gracieux nid. C'est un monstre, c'est la mygale aviculaire, une araignée monstrueuse qui attaque les oiseaux-mouches et les colibris ; dans ces combats, où les mignonnes créatures déploient un courage extrême, il est triste de dire qu'elle est presque toujours victorieuse, grâce à ses ongles et à ses terribles mandibules ;

après avoir ensanglanté le nid, elle emporte les cadavres de ses victimes dans le terrier qu'elle habite sous terre.

LAURE. — C'est encore triste, cette histoire-là.

L'ONCLE SAINT-ELME. — Voilà qui va être plus gai. Gros-Grain va, donc atteindre nos cartons d'oiseaux-mouches, pour les montrer à mes nièces.

Gros-Grain ne se le fit pas répéter et étala sous les yeux des enfants charmés un vrai écrin de bijoux.

— Lors de notre séjour au Brésil, nous en avons acheté beaucoup à des nègres chasseurs. Mais nous n'en avons attrapé aucun, dit Gros-Grain; ils meurent tout de suite dans vos doigts.

A quelques jours de là, toute la maison fut effrayée par le cri : « Au feu ! au feu ! » En deux temps, M. de Louvres et Maxime s'élancèrent dans la cour d'où semblaient partir les cris.

Une flamme claire et lumineuse sortait d'une petite hutte où l'on serrait les instruments de jardinage. Pierret, tout pâle, versait aussi vite qu'il le pouvait les seaux d'eau que lui apportait Gros-Grain. L'oncle et le neveu se joignirent à eux et, comme la pièce était sans meubles, le feu n'ayant que peu d'aliments finit par s'éteindre ; bientôt il n'y eut plus qu'une flamme rougeâtre et basse, puis une fumée épaisse.

— Ouf! dit Gros-Grain en s'essuyant le front; camarade, diras-tu comment cela est arrivé.

Pierret baissait la tête et ne semblait pas pressé de répondre.

— Est-ce que tu ne connais pas la cause de cet accident? demanda M. de Louvres.

— Pardon, mon maître ; c'est encore cette diable de lampe à pétrole ; elle m'a échappé de la main et l'huile a pris feu ; je n'aurais rien dit, mais j'ai eu peur en voyant flamber les nattes de paille, et j'ai appelé.

— Je te pardonne d'autant plus, mon pauvre Pierret, que tu as une fameuse brûlure au bras; monte chez moi, je vais te panser. Je t'avais recommandé de n'employer que la lanterne pour les visites du soir ; le pétrole s'enflamme trop aisément, il n'est pas bon de courir avec cette lampe.

Les nièces de M. de Louvres l'avaient rejoint dans son cabinet, où il se mit en devoir de soigner son jardinier; une large ampoule gonflait l'avant-bras du pauvre garçon.

M. de Louvres la piqua pour la vider; puis il lava la plaie avec un mélange d'huile d'olive et d'eau de chaux, mit une compresse et la couvrit de ouate. Pendant que l'oncle Saint-Elme faisait sa besogne avec la dextérité d'un chirurgien, Gros-Grain, qui l'aidait, maugréait à demi-voix. « Diable de pétrole; vieil étourdi, disait-il. Avec

Découverte de la première source jaillissante d'huile de pétrole.

une brûlure, on ne sait jamais ce qui peut arriver. » Pierret, qui devait souffrir beaucoup, ne se plaignait pas, ce qui fit l'admiration des trois enfants. Au bout d'une heure, le mal était réparé. Toutefois M. de Louvres dut dire ce que c'était que le pétrole.

— C'est une huile minérale naturelle, répandue en sources, et qu'on connaît en France depuis la moitié du dix-septième siècle, résuma-t-il rapidement. On raconte que les premiers qui en trouvèrent une source jaillissante et enflammée furent cruellement brûlés;

quelques-uns perdirent la vie. Le feu produit par l'huile qui, pure, se nomme naphte, ne s'éteint pas dans l'eau. Il faut l'éteindre sous le sable, la cendre, la terre. Il arrive en Sibérie, en Valachie, que le naphte s'enflamme sur l'eau et se répand à de grandes distances avec une rapidité vertigineuse. Cette huile donne une belle clarté, mais elle doit être employée avec précaution.

Le naphte devait entrer dans la composition du feu grégeois des anciens. A présent, fillettes, il est tard, bonsoir, et surtout ne rêvez pas d'incendie.

CHAPITRE XVI

NOUVELLE CHASSE AUX PLANTES.

Tournefort. — Linné. — Horloge et calendrier de Flore. — Les Jussieu. — Les gants jaunes de l'oncle Saint-Elme. — Les poisons. — Un oignon de 6,000 francs pour déjeuner.

Quelques jours après, M. de Louvres, Madame de Mussy et les deux jeunes filles sortaient, dans les champs, par la petite porte du fond. non sans avoir donné un coup d'œil au Scops qui avait, en effet, l'air tout hérissé et maussade. Petit-Jean avait repris son poste auprès de ses bêtes, aussi frais et dispos que s'il ne lui fût arrivé aucun accident.

— Je crois, mon oncle, que nous allons rencontrer des plantes nouvelles; je serais bien fâchée si je ne pouvais étrenner cette jolie boîte verte, dit Madeleine.

— Moi, je n'y mettrai pas beaucoup de fleurs, dit Laure ; je réserve toute la place pour les morilles que je trouverai : Gros-Grain m'a recommandé de lui en faire une provision.

L'ONCLE SAINT-ELME. — Tout en cheminant, je dois vous dire quelques mots sur les hommes qui ont rendu l'étude de la botanique possible et à la portée de tous. Dans tous les temps, les plantes ont préoccupé et charmé les hommes; dans l'antiquité, on n'avait pu en faire une science ; on étudiait les végétaux et leurs propriétés, mais on n'avait pas saisi les liens communs qui pouvaient servir à les classer méthodiquement. Le premier qui réussit à donner un système de classification fut un botaniste français du dix-septième siècle nommé Tournefort. Bien des savants, avant lui, aidés par la découverte du microscope qui permet d'étudier les tissus et les plus petits organes des plus infimes plantes, avaient décrit les végétaux avec une grande précision. Tournefort, professeur de botanique au Jardin des Plantes, sous Louis XIV, eut l'idée de diviser les plantes d'après les formes et les caractères de ce qui vous plaît le plus dans la fleur, sa corolle. Il rendit ainsi l'étude de la botanique aussi aimable qu'elle avait paru incohérente et sévère. En effet, il était aisé de reconnaître si la corolle était monopétale ou polypétale, simple ou composée, régulière ou irrégulière. Il réunit ainsi toutes les plantes en vingt-deux classes; les séparant en deux divisions, les arbres et les herbes.

Madeleine. — Cette division me paraît très claire, et nous pourrions bien nous y tenir.

L'oncle Saint-Elme. — Sois tranquille, nous ne ferons pas l'étude approfondie de la botanique, mais seulement quelques promenades d'herborisation pour vous faire connaître les plantes au milieu desquelles vous vivez. Je suis obligé de dire que le système de Tournefort, quoique très ingénieux, n'était pas sans défaut. Le premier était de classer les plantes quand la corolle n'a pas de forme appréciable. Heureusement qu'à peu près vers le temps où ce botaniste répandait ses idées nouvelles, grandissait en Suède, dans la petite ville de Freshült, un garçon nommé Charles Linnéus. Son père, un honnête pasteur, se désolait journellement au sujet de son fils qui ne manifestait pour l'étude qu'un enthousiasme des plus restreints. Il déchirait ses livres, barbouillait ses devoirs et, courant les champs du matin au soir, rentrait au logis exténué, les bras pleins d'herbes ou de fleurs qu'il avait arrachées dans les prairies et les bois.

Madeleine. — Il est tout à fait drôle ce petit Charles.

L'oncle Saint-Elme. — Son père, voulant une fois pour toutes couper les ailes à son humeur vagabonde, l'enferma au collège de Vexiæ. Au bout de quelques mois, le directeur écrivait au pasteur que son fils avait disparu, et que lorsqu'il serait retrouvé, le collège lui serait fermé. Le pasteur entra dans une grande colère, et quand le fugitif eut été ramené, il le plaça chez un cordonnier. La vie était bien dure pour l'indépendant garçon ; il se soumit cependant, travaillant la semaine pour acheter le droit d'aller le dimanche à la campagne, cueillir les fleurs, les examiner, les sentir. C'était une vraie passion. On le surprenait quelquefois couché sur l'herbe, les yeux attachés sur une plante insignifiante, restant des heures dans sa contemplation. « Que faites-vous, Charles, lui demandait son compagnon ? — Je regarde pousser les plantes, » répondait-il. Il rencontra, dans ses excursions solitaires, un professeur, qui, lui aussi, aimait les fleurs, et se plaisait à herboriser. Étonné et charmé des connaissances du jeune Linnéus, il obtint du père de prendre l'enfant et lui donna les notions qui lui faisaient défaut. Dès lors, l'ardente vocation de Linné ne se démentit pas. D'une humeur facile et douce, il lutta contre la misère ; lorsque, étudiant à Upsal, il était si pauvre qu'il ne pouvait s'acheter des souliers, plus d'une fois il se souvint des durs jours de son apprentissage et, mettant à profit les leçons reçues chez le cordonnier, répara lui-même ses vieilles chaussures. Mais qu'importait à Linné ? il avait la liberté d'étudier ses plantes chéries, et formait déjà le projet de les classer d'une manière claire et facile. Après avoir étudié la médecine, avoir été en Laponie pour connaître les plantes de cette région, il donna son système basé sur l'étude des étamines et des pistils, autrement dit des organes de reproduction. Il rendit aussi le langage botanique plus intelligible en réduisant le nom de toute plante à deux mots. Comme Tournefort, du reste, il divisait les plantes en genres, les genres en espèces.

Tu sais déjà, Madeleine, qu'on divise les plantes en deux groupes, les Cryptogames, à organes cachés, et les Phanérogames, à organes visibles. La longueur des étamines, leur nombre, leur insertion sont autant de caractères sur lesquels Linné s'appuya.

Laure. — Alors, c'était cela qu'il regardait quand il était petit garçon ?

L'oncle Saint-Elme. — Oui, et dès ce moment, il était doué d'une puissance d'observation bien rare à cet âge, puisqu'on prétend que c'est alors qu'il eut l'idée de son Horloge de Flore.

Laure. — Horloger maintenant! il a donc fait tous les métiers?

L'oncle Saint-Elme. — Il s'agit d'une horloge sans balancier ni rouages, et dont l'ami soleil fait seul tous les frais. Linné, ayant

Linné dans sa boutique.

remarqué que quelques fleurs ouvrent et ferment leur corolle à des heures déterminées, dressa un tableau qu'il appela Horloge de Flore. Les fleurs, en s'ouvrant ou se fermant, annoncent ainsi les heures. Le voici tel qu'il le fit, dit M. de Louvres en tirant un petit carnet. Seulement, comme Upsal est plus au nord que Rouen ou Paris, les fleurs s'y épanouissent environ une heure plus tard.

Le matin, à 4 heures, *s'ouvrira* le salsifis des prés.
— 5 — — l'hémérocalle fauve.

Le matin, à 6 heures, *s'ouvrira* la crépide rouge.
— 7 — — le souci d'Afrique.
— 8 — — le souci des champs.
— 9 — — la sabline rouge.
— 10 — — le mésembryanthémum de Sicile.
— 11 — — l'ornithogale ou dame d'onze heures.

Le soir, à midi, *se fermera* la grande picride.
— 1 heure — l'œillet prolifère.
— 2 — — l'épervière des murs.
— 3 — — l'épervière rouge.
— 4 — — la porcelle des prés.
— 5 — — le nénuphar blanc.
— 6 — *s'épanouit* le géranium triste.
— 7 — *se ferme* le convolvulus à grande fleur.
— 8 — — le cornouiller de nuit.
— 9 — — la belle-de-nuit.
— 10 — — le géranium triste.
— à minuit — le cierge à grandes fleurs.

MADELEINE. — Voilà une horloge que l'on n'a pas besoin de visiter tous les quinze jours!

MADAME DE MUSSY. — N'est-il pas difficile de réunir toutes ces plantes, dont plusieurs me sont inconnues?

L'ONCLE SAINT-ELME. — Cela présente, en effet, certaines difficultés; j'ai pourtant connu des amateurs qui avaient réalisé ce très intéressant problème. Ainsi, chez mon ami Georges Matthéus, à Sceaux — un horticulteur passionné, — j'ai vu toutes ces plantes disposées en cercle; une petite colonnette était élevée devant chacune, portant l'heure de l'épanouissement ou du sommeil. Comme j'admirais l'ingénieuse disposition de cette horloge, mon ami me cita fort à propos ces vers du poète :

>Tu vois avec plaisir cette horloge vivante :
>Ce n'est plus ce contour où l'aiguille agissante
>Chemine tristement le long d'un triste mur;
>C'est un cadran semé d'or, de pourpre et d'azur,

Où d'un air plus riant, en robe diaprée,
Les filles du printemps mesurent sa durée,
Et, nous marquant les jours, les heures, les instants,
Dans un cercle de fleurs ont enchaîné le temps.

Madame de Mussy. — C'est très joli, et je sens, mon cher oncle, qu'en vivant avec vous, je finis par partager votre culte pour les fleurs.

L'oncle Saint-Elme. — Tu peux les aimer ; ce ne sont pas des ingrates ; elles payent en plaisirs les quelques peines qu'elles nous

Mauve sauvage (*Malva silvestris*). — *a*, tige de fleurs réduite. — *b*, calice (dessous). — *c*, fruit. — *d*, graine, grossie.

coûtent. A l'horloge de Flore, nous pouvons ajouter le calendrier de Flore. Chaque espèce de plante fleurit à une époque déterminée de l'année, variant au plus de quelques jours, selon la saison. Lamarck, se basant sur cette observation, a groupé, pour Paris, les plantes offertes par chaque mois.

Janvier. — L'ellébore noire.

Février. — Le bois-gentil, le perce-neige.

Mars. — Le buis, l'anémone hépatique, l'amandier, le pêcher, l'abricotier, le groseillier épineux, la giroflée jaune, la primevère.

Avril. — Le prunier, la tulipe, la jacinthe, la pervenche, les poiriers, l'érable, le charme, le frêne.

Mai. — Le lilas, le muguet de mai, le cerisier, le marronnier, le bois de Judée, le faux ébénier, la pivoine, la bourrache, le fraisier, le chêne, les roses, le syringa.

Juin. — La sauge, le coquelicot, la ciguë, le tilleul, la vigne, le lin, le seigle, l'avoine, l'orge, le froment, les digitales, le nénuphar, les pieds d'alouette, le lis.

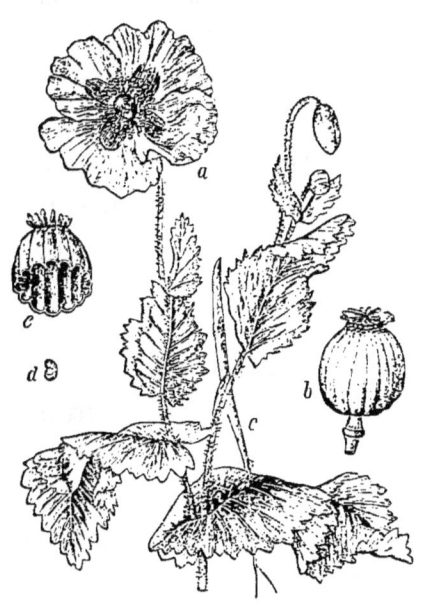

Pavot somnifère (*Papaver somniferum*). — *a*, sommet de la plante. — *b*, capsule à graines. *c*, racine. — *e*, capsule coupée (le tout réduit). — *d*, graine grossie.

Juillet. — Les menthes, l'hysope, la carotte, la tanaisie, les œillets, les laitues, le houblon, le chanvre, la chicorée sauvage.

Août. — La gratiole, la balsamine, les coréopsis, la scabieuse.

Septembre. — Le colchique d'automne, le safran, le lierre, le cyclamen, le lis amaryllis.

Octobre. — Les asters, l'héliante ou soleil, l'anthémis, le topinambour.

Novembre. — Les chrysanthèmes.

Décembre. — La rose de Noël.

Madame de Mussy. — Bon nombre de ces plantes devancent leur époque, grâce à la serre des horticulteurs.

Madeleine. — Je transcrirai ces deux tableaux en tête de mon herbier. N'avez-vous plus rien à nous dire, oncle, de ce gentil Charles Linné ?

L'oncle Saint-Elme. — Plus rien, si ce n'est qu'il vint en France, se lia avec Jussieu, dont nous allons parler, et retourna en Suède, où il professa, à son tour, à cette Université d'Upsal qui l'avait vu pauvre écolier, sans fortune et sans nom.

Maintenant, un mot sur les Jussieu, qui ont mis si heureusement la main à l'œuvre commencée par ces deux maîtres. Bernard de Jussieu, démonstrateur de botanique sous Louis XV, fonda la méthode dite *naturelle*. Linné, dans son système clair et ingénieux, ne rangeait les genres que d'après quelques rapports, et non d'après l'ensemble de ces rapports. Ainsi, la vigne figurait à côté de la pervenche, le jonc à côté de l'épine-vinette; aucun lien naturel ne relie ces espèces; elles n'ont de commun qu'un même nombre d'étamines et de pistils. C'est ce que comprit Bernard de Jussieu; et il se mit à observer les plantes pour en bien connaître les caractères. Chargé par le roi d'établir une école de botanique à Trianon, pour l'instruction des enfants de France, il essaya sa méthode en groupant les plantes d'après leur ressemblance et leurs rapports. Ainsi il réunit les fleurs dont la corolle ressemble à la rose; celles dont la fleur rappelle le papillon; celles dont les pétales forment des rayons. Son neveu, Laurent de Jussieu, instruit par les leçons de son oncle et partisan de ses idées, donna la division en 168 familles naturelles. On était en 1789, et on peut dire que cette belle découverte mit aux mains des botanistes un guide sûr, clair, basé sur l'intelligence et l'observation. Cuvier suivit plus tard, pour classer les animaux, la méthode inaugurée par Laurent de Jussieu. Maintenant que vous savez ce que nous devons à ces savants ingénieux, commençons notre récolte par cette jolie plante qui penche un peu et laisse voir des fleurs verdâtres entre chaque feuille. Arrache sa racine, Madeleine, et apporte-la ici. Quand nous la connaîtrons, tu en choisiras des échantillons. Vois, sa tige est anguleuse, c'est ce qui lui a valu son nom de muguet anguleux ou sceau de Salomon. Elle a une tige souterraine que nous appelons *adventive.* Elle porte une, deux, trois cicatrices ; c'est qu'elle a trois ans. Chaque année, la fleur tombe, et il se produit, en avant, une sorte de bourgeon sur lequel poussera, au printemps, la plante nouvelle.

Madeleine. — Le muguet a ordinairement une bonne odeur.

L'oncle Saint-Elme. — Tu veux parler du muguet de mai dont les jolis grelots sentent la fleur d'oranger. Il n'est pas encore poussé. Il ne porte que deux grandes feuilles et s'élève sur une hampe grêle de 15 à 20 centimètres. On l'emploie en médecine, et ces jolies fleurs desséchées et réduites en poudre servent à faire éternuer. Sa racine s'emploie comme purgatif.

Laure. — Oh ! l'horreur ! Est-ce aussi mauvais que l'huile de ricin ?

L'oncle Saint-Elme. — Elle a une saveur amère et âcre que tu n'aimerais guère davantage.

Madeleine. — Elle a six étamines et un pistil ; c'est une plante hermaphrodite.

L'oncle Saint-Elme. — Bien, petite savante. Mais avant de classer notre plante, je dois vous dire que, d'après la manière dont la graine se reproduit, on divise encore les plantes à fleurs en deux parties, les monocotylédones, dont la graine ne présente qu'une division, comme dans le blé ; les dicotylédones, qui en présentent deux. Tu as mangé des amandes fraîches ? Tu as dû voir qu'elles étaient formées de deux parties ; ce sont ces deux parties ou valves qu'on appelle cotylédons. La graine renferme alors un petit germe d'où s'élèvent la tigelle et la radicule qui ira en terre. Ceci dit, nous rangerons notre muguet dans les *monocotylédones, classe troisième* (qui a les étamines insérées autour de l'ovaire), *famille des aspargainées, muguet de mai,* cueilli au bois du *Coudret,* 26 avril. Voilà l'étiquette que tu placeras dans ton herbier.

Madeleine. — Vous m'aiderez, mon bon oncle, je ne me rappellerais pas tout cela ; peu à peu, j'espère m'en souvenir. Vous avez parlé d'asparaginées. Est-ce que ce mot a quelque chose de commun avec les asperges?

L'oncle Saint-Elme. — Certainement. C'est l'avis de plusieurs botanistes qui rangent les asparaginées comme une tribu de la famille des liliacées.

Madeleine. — En herborisant, nous ne trouverons pas d'asperges sauvages?

L'oncle Saint-Elme. — On en trouve dans des terrains très sablon-

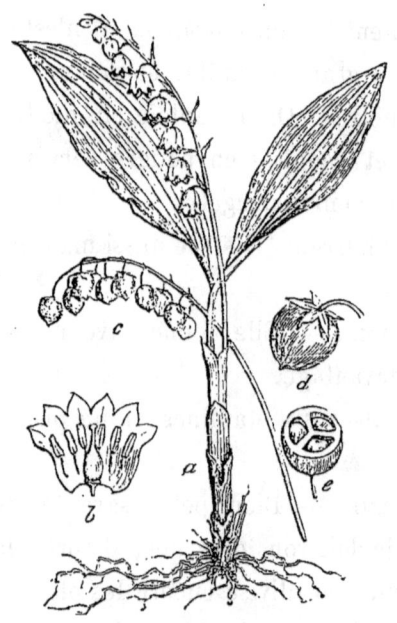

Muguet de mai (*Convallaria majolis*). — *a*, la plante réduite. — *b*, la fleur coupée et grossie. — *c*, grappe de fruits. — *d*, fruit. — *e*, le même coupé.

neux, la culture l'améliore; mais rappelle-toi que toutes les plantes existent à l'état sauvage, ce sont même les seules qui doivent figurer dans l'herbier. Dans la nature, il n'y a pas de plantes à fleurs doubles. Les jardiniers, par une culture savante, sont parvenus à changer les étamines en pétales; pour le botaniste, ces roses admirables, ces riches œillets, ces renoncules, ces tulipes dont ils ont doublé et triplé les pétales ne sont que des monstres.

Madame de Mussy. — De bien jolis monstres, en vérité.

L'oncle Saint-Elme. — Des monstres, puisqu'ils sont hors nature, absolument comme un mouton à cinq pattes, et un veau à deux têtes.

Madeleine. — Je n'avais pas remarqué cela; mais je vois en effet que toutes les plantes des champs sont simples.

Laure. — Il faut avouer que la fleur d'asperge a une singulière forme, mais elle a un bien bon goût.

L'oncle Saint-Elme. — Est-ce que tu as mangé des fleurs d'asperges?

Asperge (*Asparagus officinalis*). — *a*, tige en fleurs. — *b*, racine avec les jeunes turions. — *c*, fleur. — *de*, fleur ouverte. — *f*, fruits. — *gh*, coupe du fruit.

Laure. — Et vous aussi, mon oncle, vous en avez mangé et vous avez l'air de beaucoup les aimer, même.

L'oncle Saint-Elme. — Ce que j'ai mangé de ce savoureux légume est le turion ou bourgeon. Dans la fosse d'asperges que soigne si habilement Pierret, on laissera quelques-uns de ces turions sans les couper, et tu les verras, en s'élevant à plus d'un mètre, pousser des rameaux d'un beau vert ornés d'une foule de petites feuilles linéaires, légères et fines, qui lui donnent l'air d'un arbuste. Bientôt, il se produira des fleurs petites, blanchâtres, en clochettes, toujours six découpures, six étamines et un pistil ; en général dioïques. Les fleurs disparaîtront pour faire place à une baie verte d'abord, rouge vif ensuite, C'est la graine.

Laure. — On n'a qu'à la semer et alors on aura autant d'asperges qu'on voudra. C'est très commode.

L'oncle Saint-Elme. — Ne va pas si vite. L'asperge sans culture ne peut être mangée. Elle est grêle, dure, sans goût. On ne la reproduit pas par semis. On prend sur la racine un faisceau de filaments jaunâtres gros comme une allumette, qu'on appelle *griffe*, c'est cela qu'on plante dans des fosses, qu'on recouvre souvent de terre parce que l'asperge amène toujours ces racines à la surface, ce qui l'empêcherait de prendre corps ; au bout de trois ans, une fosse commence à fournir des asperges comestibles. C'est un aliment très sain qui ouvre l'appétit, un apéritif comme on dit. On emploie, en médecine, le sirop de pointes d'asperges contre les maladies de cœur.

Madeleine. — Ne pouvons-nous pas compléter aujourd'hui notre famille des liliacées ?

L'oncle Saint-Elme. — Ce serait difficile, mignonne. C'est une famille riche en espèces, sans compter le lis blanc ou jaune qui ne s'ouvrira qu'à la fin de mai, au commencement de juin, et qui embaumera nos jardins, il faudrait pouvoir recueillir l'aloès et le dragonnier. Ce dernier ne pousse que dans l'Inde et aux Canaries, et, à moins d'un voyage bien rapide...

Madeleine. — Cher oncle, vous vous moquez de moi.

Laure. — L'oncle Saint-Elme devrait nous montrer à voyager par le télégraphe électrique, comme cela nous serions revenues pour l'heure du déjeuner.

L'oncle Saint-Elme. — Pas mal raisonné, Laurette. Je plaisantais en effet. L'aloès se rencontre en serre et se cultive même dans nos jardins, l'été. On le nomme Yucca de son nom latin. Dans le Midi, on en fait des haies que ses grandes feuilles aiguës et la haute taille qu'il acquiert rendent infranchissables. Il est originaire d'Afrique et il y a les proportions d'un arbre. Il aime le soleil ardent auquel il étend, avec délices, ses feuilles charnues et épineuses. Ses fleurs blanches forment des grappes ou des épis. On en extrait une gomme résineuse employée comme purgatif. Quant au dragonnier, c'est un géant dont le plus grand connu se voit dans l'île de Ténériffe. Il a 15 mètres de tour, et une hauteur de 26 mètres. Je me souviens l'avoir visité dans la petite ville d'Orotava, dans le jardin d'un particulier. Il avait des feuilles et des fleurs ; plusieurs savants qui m'accompagnaient, prétendaient qu'il avait plusieurs milliers d'ans, vu sa croissance très lente. Les premiers explorateurs qui découvrirent les îles Canaries, appelées alors îles Fortunées, parlent, dans leurs récits, de ce dragonnier gigantesque que les naturels du pays adoraient comme un dieu. Avec le baobab, c'est sans doute le plus ancien des géants de la végétation.

Madeleine. — C'est égal, j'aurais bien aimé un petit échantillon de dragonnier.

Madame de Mussy. — Tu demanderas à Maxime de t'en rapporter quand il fera ses longs voyages ; car il ne parle rien moins que de faire le tour du monde.

L'oncle Saint-Elme. — Tous les individus de la famille des liliacées ne sont heureusement pas aussi inaccessibles ; tiens, Madeleine, vois ces jolies fleurs bleues, ce sont des jacinthes.

Madeleine. — Bon, j'ai arraché tout : la racine est donc un oignon ?

L'oncle Saint-Elme. — L'oignon n'est pas une racine, mais une tige bulbeuse ; la racine est formée par ces filaments que tu vois, et ces tiges, riches en sucs particuliers et savoureux, sont souvent un aliment. Dans les liliacées, nous rangerons l'ail, l'échalote, le poireau, l'oignon.

Regarde comme cette fleur est jolie avec sa hampe d'un vert tendre qui se termine en panache de sept ou huit fleurons frisés ; elle s'élève de ses feuilles, en gerbe, et répand un parfum très agréable. Pour la dessécher, tu fendras la hampe charnue de haut en bas, sans quoi son épaisseur l'empêcherait de sécher complètement.

Madame de Mussy. — N'est-ce pas en Hollande que l'on a la passion de ces fleurs ?

L'oncle Saint-Elme. — Oui ; la jacinthe partage avec la tulipe l'honneur de passionner le peuple le plus flegmatique du monde. C'est le marché d'Harlem qui approvisionne tous les amateurs d'Europe. Ah ! ce n'est pas facile de rencontrer une belle jacinthe selon leur idéal.

Il faut qu'elle soit d'une certaine hauteur, que ses fleurs soient au nombre de douze au moins, — quelquefois elles en ont quarante ! — enfin, il faut que les pétales externes et intérieures soient de couleurs

Oignon (*Allium cepa*). — *a*, la plante réduite. — *b*, coupe d'une feuille. — *c*, fleur grossie. — *d*, fruit.

différentes, bien tranchées. Alors, un amateur ne regarde plus au prix pour se procurer ce bel objet, et on en a vu payer une jacinthe de choix jusqu'à trois mille francs. On les reproduit par caïeux, c'est-à-dire qu'on détache de l'oignon de petites bulbes secondaires qui s'y produisent et qu'il suffit de planter pour en obtenir d'autres plantes semblables.

Madame de Mussy. — Est-ce que la jacinthe ne te rappelle rien en mythologie, Madeleine ?

MADELEINE. — Est-ce lorsque le jeune Hyacinthe, l'ami d'Apollon, fut tué par lui en jouant au disque ?

MADAME DE MUSSY. — Sans doute. On dit indifféremment yacinthe ou jacinthe. Le dieu désolé métamorphosa son ami en cette fleur, qui est l'emblème de la douleur.

LAURE. — Voyez donc, mon oncle, ce gentil ruisseau qui passe là-bas, sous les arbres, si nous allions nous promener sur ses bords. Il y aura peut-être des fleurs !

MADELEINE. — Je crois bien ! je vois une magnifique fleur jaune.

LAURE. — A moi ! à moi !

MADELEINE. — A la plus vive, alors !

M. SAINT-ELME qui a traversé le ruisseau sur des pierres à fleur d'eau. — Ni à l'une, ni à l'autre ! Vous auriez déchiré ce bel iris, et je ne vois que lui sur la rive. Ouvre ta boîte, Madeleine, et couchons-la avec précaution. Prenons aussi de ces feuilles en forme de glaive, et arrachons un peu du rhizôme ou racines.

MADELEINE. — Est-ce encore des liliacées ?

M. SAINT-ELME. — Non, nous changeons de classe, nous passons à la quatrième, — toujours monocotylédones, mais épigines ; les étamines sont sur l'ovaire — famille des iridées. Cette fleur jaune est l'iris des marais, faux acore ; la plus commune est violette et nommée iris germanique. Mais, si ce n'est la couleur, leurs propriétés sont les mêmes. Elles sont composées de trois pièces aux riches nuances étalées en dehors. C'est ce qui représente le calice. La corolle est formée par ces pétales qui viennent se recourber en haut de la fleur et qui alternent avec les sépales. Il y a trois étamines à filets larges et aplatis, à anthères allongées, qui renferment un pollen à gros grains. Ses rhizômes sont recueillis avec soin par les femmes du pays, coupés en tranches, enfilés en chapelet, et séchés au soleil ; ils exhalent un parfum de violette, et on les enferme dans les armoires à linge qu'ils imprègnent de leur bonne odeur. On emploie la racine fraîche contre les hydropisies. L'iris aime les pays tempérés. A cette famille, se rattache le *safran*, qu'on cultive dans le Midi et dont on tire une couleur jaune.

Madeleine. — Quel dommage, nous n'en aurons pas ici.

L'oncle Saint-Elme. — On pourra s'en procurer peut-être. En attendant, cette plante qui est là devant toi et qu'on nomme *colchique* pourra t'en donner une idée. Sa fleur ressemble à celle-ci, qui est d'un lilas tendre avec des divisions bien découpées et un peu aiguës. Les feuilles sont lancéolées et longues. Rappelez-vous que le colchique est un poison, et que les animaux se gardent bien d'y toucher. Quant au safran, cultivé dans les safranières, en France, en Turquie, en Espagne, on commence sa récolte en septembre. On va cueillir les fleurs entières et, le jour même, on en détache les stigmates creusés en cornet, qui contiennent la poussière jaune; on les fait sécher à un feu doux, placés dans des tamis en crin, et on les agite de temps en temps. On a calculé qu'il fallait 69,000 fleurs pour obtenir 500 grammes de safran ; vous ne serez pas étonnées qu'on vende ces 500 gr. 50 francs.

Le safran fournit un beau jaune orangé et est utilisé dans la teinture, malheureusement il manque de solidité. Je me souviens que, quand j'étais collégien, j'étais très coquet; mon luxe était d'avoir de beaux gants beurre-frais; c'était le suprême du bon ton. Or, les gants de peau glacée étaient d'un prix bien élevé pour ma petite bourse d'écolier, et ma mère ne me permettait que les gants de coton ou, pour les grandes circonstances, les gants de soie. A chaque lavage, le ton beurre-frais s'éteignait, et j'aurais fini par avoir des gants d'un simple pioupiou comme nous disions, sans l'esprit ingénieux de ma vieille bonne, qui avec une pincée de safran, colorait

Iris germanique (*Iris germanica*), réduite. — *a*, capsule réduite.

une cuvette d'eau en jaune; elle y plongeait mes gants et, chaque dimanche, j'avais la satisfaction intime de voir mes mains habillées de gants dont le ton variait du jaune d'œuf au bouton d'or, selon que le bain avait été plus ou moins foncé.

Madame de Mussy. — Vous avez un heureux caractère, cher oncle, et vous prêtez à tout une aimable couleur.

L'oncle Saint-Elme. — Je parle des choses comme je les vois. N'ont-elles pas toujours un côté doux, utile, ou gai? Il s'agit de les voir de ce côté-là.

Madeleine. — J'ai peur de dire une bêtise; il me semble que notre cuisinière met du safran dans ses sauces. Je crois le lui avoir entendu dire.

L'oncle Saint-Elme. — Le safran est très tonique et il s'en fait, dans le Midi, une grande consommation pour colorer ou parfumer les aliments. On s'en sert encore pour colorer les beurres trop blancs; on l'ajoute aussi à certaines liqueurs, pour leur donner un arôme agréable et une jolie couleur; seulement, comme il est cher, on le falsifie aisément en le mouillant pour qu'il pèse davantage, en y mêlant des pétales de souci.

Madeleine. — C'est un vol, cela.

Madame de Mussy. — Hélas! ma pauvre fillette, si toutes les falsifications étaient aussi inoffensives que celle-là, il ne faudrait pas encore trop se plaindre.

L'oncle Saint-Elme. — Tout se falsifie aujourd'hui; mais, grâce à la chimie qui révèle la présence des corps avec une précision impitoyable, il faut espérer qu'on aura raison des voleurs qui ne craignent pas, pour s'enrichir, d'altérer la santé de ceux qui viennent leur acheter de bonne foi et les paient en bon argent.

Madame de Mussy. — Le meilleur moyen d'échapper à ces falsifications serait de vivre dans ses terres, en consommant ses produits et en faisant fabriquer tout sous ses yeux.

Madeleine. — Oh! maman, ce serait bien impossible!

L'oncle Saint-Elme. — Pas tant que tu le crois. Bon nombre de propriétaires font ainsi! L'oncle Saint-Elme tout le premier. Le lait que tu bois ici est pur, pas d'eau, pas de poussière de plâtre ! Les œufs sont frais et non conservés dans la paille ou la chaux. Le cidre sort de mon pressoir. Le café est acheté vert et brûlé ici ; impossible d'y glisser du pain rôti pulvérisé. De même pour le poivre, il n'y a ni cendre ni terre !...

Madeleine. — Vous m'effrayez, oncle, est-ce que vraiment nous sommes empoisonnés comme cela tous les jours ?

L'oncle Saint-Elme. — Il est évident que le corps s'habitue peu à peu à ces matières malsaines, mais, à la longue, il en résulte une profonde altération dans nos organes, qui devient la source de maladies graves. Tu dois te rappeler, Madeleine, un grand personnage de l'histoire romaine, un terrible ennemi des Romains, qui, à la fin de la lutte, terrassé, vaincu, résolut de se donner la mort et ne put y réussir en employant le poison ; parce que, dans sa jeunesse, ayant à redouter d'avides tuteurs qui guettaient son royaume, il avait craint d'être empoisonné par eux et s'était habitué à consommer peu à peu les poisons les plus subtils, en en augmentant méthodiquement les doses ; il en arriva à ce point que les poisons n'eurent plus de prise sur lui, et il se donna la mort en se perçant de son épée.

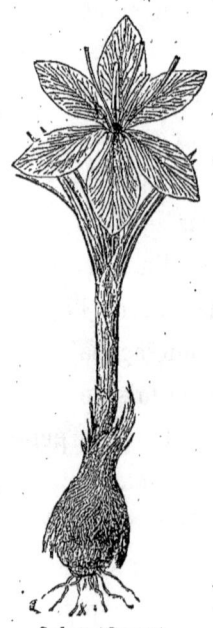

Safran (*Crocus*).

Madeleine. — Je me souviens qu'Annibal s'est empoisonné, voilà tout !...

Madame de Mussy. — Puisque celui dont parle ton oncle n'a pu s'empoisonner ! voilà ce que c'est que d'apprendre légèrement.

L'oncle Saint-Elme. — Je n'ai pas voulu provoquer de reproches, ma nièce, et, pour tirer Madeleine d'embarras, je vais nommer tout de suite le grand Mithridate. Voilà qui est fait.

Madeleine. — Vous avez dit, oncle, que le safran ne donnait pas une couleur de bonne qualité ; maman a son petit salon en damas de soie jaune ; depuis que je suis au monde, je l'ai toujours vu d'un très beau ton, il n'a pas changé.

L'oncle Saint-Elme. — Ah! tu veux te venger de Mithridate en me prenant en faute, petite Madeleine! pour cette fois, au moins, tu ne réussiras pas. Sois sûre que la soie jaune n'a pas été teinte dans du safran, mais dans du curcuma, plante indienne qu'on désigne improprement sous le nom de safran des Indes, dont la racine fournit un magnifique jaune, durable et fin, qui sert à teindre les laines et les soies.

Laure. — Pendant que vous dissertiez sur l'histoire romaine que je ne connais pas, j'ai été cueillir cette jolie tulipe. Tiens, Madeleine, ce sera pour l'herbier.

Madeleine. — Une tulipe! cela! jamais de la vie.

L'oncle Saint-Elme. — C'est encore un personnage nouveau que je vous présente, il n'a rien de la tulipe, et il se nomme le narcisse.

Madeleine :

« Echo n'est plus un son qui dans l'air retentisse,
« C'est une nymphe en pleurs qui se plaint de Narcisse! »

Hein! maman.

Madame de Mussy. — Allons, tu prends ta revanche de Mithridate, c'est bien.

L'oncle Saint-Elme. — Oui, les Grecs, dont l'imagination brillante poétisait tout, avaient fait, de la jolie fleur blanche en étoile, qui semble se mirer au bord des eaux, la personnification d'un jeune homme qui, épris de sa propre beauté, se noya en contemplant ses traits dans le cristal transparent des eaux. Mais ce que Laure nous a apporté n'est que le narcisse des prés, celui qu'on nomme *aiault*, dans nos campagnes, et qui est une des premières fleurs du printemps. Il se développe sur un oignon ; sa tige est remarquable par les deux angles saillants qu'elle forme, ses feuilles sont longues, lisses et minces. Les fleurs sont, comme celles de l'iris, enveloppées dans un spathe que vous voyez encore sur la tige ; c'est cette petite membrane sèche ; elle s'est fendue pour laisser s'ouvrir le bouton.

Le narcisse, dont Madeleine nous parlait tout à l'heure, est bien remarquable par sa jolie collerette liserée de rouge qu'il porte à la gorge des étamines, et par ses fleurs penchées. On le nomme le narcisse des poètes. La jonquille, qui porte un joli bouquet de fleurs jaunes et délicates, est recherchée pour le doux parfum de fleur d'oranger qu'elle répand.

Il y a encore le narcisse à bouquets, très commun dans le Midi de la France. Presque tous les narcisses portent avec eux une odeur pénétrante ; c'est pourquoi les botanistes, plus positifs que les poètes, font dériver le mot narcisse du grec *narkè*, assoupissant. L'échantillon apporté par Laure est très bon pour l'herbier. Quant à la tulipe, elle mérite un mot. Elle est originaire de Syrie ; on en trouve cependant, à l'état sauvage, dans nos montagnes de Savoie. C'est une fleur qui grâce à la culture prend des teintes plus riches ; aussi, il y a deux siècles, les Hollandais se livrèrent-ils avec furie à la culture de cette plante.

Madeleine. — L'aimaient-ils autant que les jacinthes ?

L'oncle Saint-Elme. — Cent fois plus. Ce fut un vrai engouement, une folie qui n'appartint d'abord qu'aux grands seigneurs, mais qui se répandit bientôt dans toutes les classes de la société. L'orgueil s'en mêla, et ce fut à qui aurait la plus belle collection. Pour une espèce rare, un marchand de Leyde donna la moitié de sa fortune. Bientôt on trafiqua sur les oignons de tulipes comme sur les sucres et les huiles, et j'ai lu quelque part que le cours de leur valeur fut coté à la Bourse de Harlem. Pour un *vice-roi*, une des plus rares espèces, on donnait sans hésiter trois mille florins. M. Marmier, dans ses légendes sur les plantes, raconte le fait suivant, assez amusant selon moi. « Un matelot, revenant d'un long voyage, est envoyé par son capitaine, pour annoncer à un négociant l'arrivée du navire qui lui apporte une riche cargaison. Le marchand, enchanté de cette bonne nouvelle, mais peu généreux, lui donne, en remercîment, un hareng pour son déjeuner. Le matelot, en traversant le comptoir, aperçoit entre deux piles d'étoffe un oignon rose et blanc, frais et dodu, qui lui semble un agréable assaisonnement pour son maigre poisson. Il le met dans sa poche et s'achemine vers le quai, ne se doutant guère qu'il emportait une fortune, un *Semper Augustus* qui ne valait pas moins de 6,000 francs. Un instant après, le marchand cherche son caïeu et, ne le voyant pas, appelle ses commis, ses valets, se fâche, menace. Vaine colère ! inutiles perquisitions ! Tout à coup, on se rappelle le marin qui a passé par le comptoir. On court après lui, et on le trouve assis tranquillement sur un rouleau de câbles, achevant de déguster la dernière parcelle de son oignon, très content de son déjeuner. » Il ne se doutait pas du repas princier qu'il venait de faire : un oignon de 6,000 francs ! Le pauvre diable fut abasourdi par les reproches et les imprécations qui éclatèrent sur lui. Absent depuis longtemps de Hollande, il ignorait la passion de tulipes qui s'était emparée de ses concitoyens. Rien n'y fit, il fut condamné à plusieurs mois de prison. On vit des gens vendre leurs terres pour acheter des oignons de tulipe ; on agiota, on spécula et plusieurs réalisèrent des fortunes considérables. Plusieurs se ruinèrent aussi. Enfin, après bien des années de cet affolement, on revint à la raison. Les sages et froids Hollandais redevenaient maîtres d'eux-mêmes, et s'il se trouve encore aujourd'hui quelque ardent collectionneur de tulipes, il ne l'est que par amour des fleurs, et non plus par une coupable avidité ou une folle vanité.

Madame de Mussy. — Ce n'est point moi qui ferais des folies pour les tulipes, je n'aime guère ces fleurs sans parfum.

L'oncle Saint-Elme. — Vois la chose étrange, c'est au pays des roses, en Perse, en Turquie, que ces fleurs sont encore admirées et recherchées. En mai, il y a même à Constantinople la *Fête des Tulipes*.

CHAPITRE XVII

LES GRAMINÉES.

Le blé. — L'arbre à pain. — L'avoine. — Le seigle. — L'orge. — Le maïs. — Deux anecdotes. — Vers de terre, limaces et escargots. — La canne à sucre. — Les légumineuses.

Je ne crois pas que nous trouvions maintenant beaucoup de nouveautés par ici, sortons des bois, continua M. de Louvres, prenons à travers champs, nous irons donner un coup d'œil aux graminées qui sont, elles aussi, des monocotylédonées.

Laure. — Dans les champs, il y a surtout de l'herbe, cela n'est pas très joli.

Madame de Mussy. — Petite ingrate ! tu parles ainsi de plantes auxquelles tu dois la meilleure part de ta nourriture, de celles qui font le pain !

Laure. — Alors, pourquoi n'ont-elles pas de jolies fleurs ?

L'oncle Saint-Elme. — Ce sont des personnes sérieuses qui ne donnent rien aux vains ornements, et dont Linné disait : « Plébéiens, « campagnards, pauvres, gens de chaume, très simples, très vivaces, « qui font la force et la puissance du règne végétal ; » j'ajouterai qu'elles ressemblent aux modestes et courageux campagnards qui font la richesse des États, en travaillant toute leur existence, penchés sur cette terre brune qui donne la vie à tant d'êtres. Et d'abord, à tout seigneur tout honneur ; salut au blé !

Madeleine. — Vous me rappelez, mon oncle, une poésie anglaise, intitulée « la Chanson du gazon » (1), et qui commence ainsi :

« Je vais croissant, croissant partout sur les bords de la route poudreuse, sur les flancs de la colline, sur les rives du ruisseau bruyant, sous les rameaux des bois.

« Je vais croissant, croissant partout autour de la porte ouverte, où s'asseoit le pauvre vieillard, où les enfants s'amusent par un beau jour de mai.

« Je vais croissant, croissant ; vous ne voyez pas, vous n'entendez pas ma voix légère. Je m'avance dans l'ombre des nuits à la lueur de l'aube.

« Je vais croissant, croissant partout, sur le sol où reposent les morts, je grandis en silence, je décore au printemps leur étroite et muette demeure.

« Je vais croissant, croissant partout, je chante les louanges de Dieu qui me fit naître, qui m'ordonne de parer la terre et de croître partout, partout. »

(1) Traduction de M. X. Marmier.

L'oncle Saint-Elme. — Bravo! Madeleine, voilà une poésie simple et charmante ; on pourrait aussi bien l'appliquer au blé et à toutes les céréales.

Laure. — Céréales! qu'est-ce que ce mot-là?

L'oncle Saint-Elme. — Ce sont les plantes qui servent à faire le pain ; on les nomme céréales à cause de Cérès, la déesse aux blonds cheveux, qui veillait sur les moissons et parcourait la terre en apprenant aux hommes l'art de l'agriculture.

Madeleine. — Croyez-vous, oncle, que déjà on cultivait le blé?

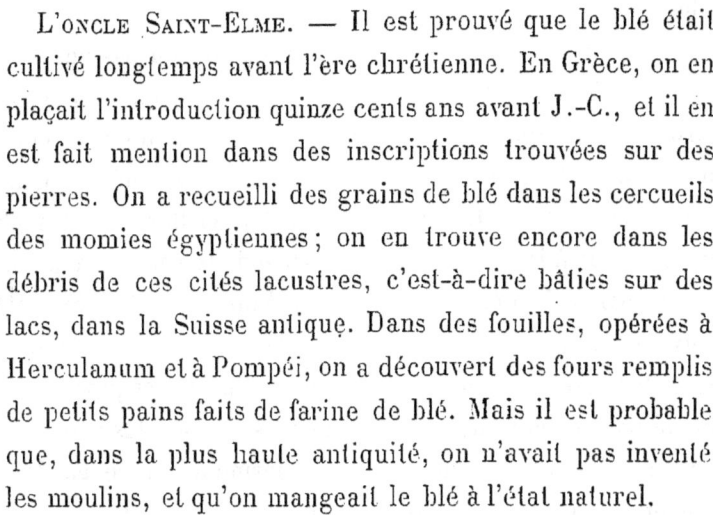

Le blé.

L'oncle Saint-Elme. — Il est prouvé que le blé était cultivé longtemps avant l'ère chrétienne. En Grèce, on en plaçait l'introduction quinze cents ans avant J.-C., et il en est fait mention dans des inscriptions trouvées sur des pierres. On a recueilli des grains de blé dans les cercueils des momies égyptiennes ; on en trouve encore dans les débris de ces cités lacustres, c'est-à-dire bâties sur des lacs, dans la Suisse antique. Dans des fouilles, opérées à Herculanum et à Pompéi, on a découvert des fours remplis de petits pains faits de farine de blé. Mais il est probable que, dans la plus haute antiquité, on n'avait pas inventé les moulins, et qu'on mangeait le blé à l'état naturel.

Madeleine. — Mais c'est très bon, j'en ai croqué une fois tout un épi. Heureusement qu'il n'avait pas le charbon.

L'oncle Saint-Elme. — Plus tard, on le fit bouillir dans l'eau ; puis on le fit griller comme nous le faisons pour le café ; après quoi, on l'écrasait dans un mortier en pierre et on en faisait des bouillies. Enfin, on employa deux meules, que les esclaves étaient condamnés à tourner ; vous vous rappelez Samson. Plus tard encore, vinrent les moulins à vent, les moulins à eau, et aujourd'hui, on a même des moulins à vapeur.

Madeleine. — On aura peut-être aussi des moulins électriques.

L'oncle Saint-Elme. — Pourquoi pas? l'électricité est aussi une force motrice. Le progrès des sciences ne s'arrête pas.

Madeleine. — Alors aujourd'hui tous les peuples cultivent le blé et font du pain ?

Madame de Mussy. — Tu oublies donc que les peuples du Nord n'ont que leurs lichens, et que ceux du désert n'ont même pas cela ?

L'oncle Saint-Elme. — Non, mais il y en a pour qui la nature a été particulièrement généreuse : ainsi, à Ceylan, dans le sud de l'Indoustan, à Tahiti, il y a un arbre nommé le jacquier ou arbre à pain.

Laure. — Il ne peut pourtant pas pousser des petits pains sur un arbre.

L'oncle Saint-Elme. — Petite folle ! pourquoi pas des brioches et des choux à la crème ? Oh ! tu partirais vite pour ce pays-là ! Non, l'arbre à pain, qui est de la famille des mûriers, donne, pendant huit mois consécutifs, des fruits gros comme un œuf d'autruche. On coupe ces fruits en tranches, on les fait griller sur des charbons comme nous faisons des marrons. Quand ils sont bien cuits, on enlève la partie brûlée, l'intérieur du fruit apparaît blanc et savoureux comme du pain frais avec un léger goût de châtaigne. Cette nourriture est aussi indispensable aux naturels des pays où il pousse, que le pain nous l'est, à nous. Aussi ils en font des provisions, en le métamorphosant en une pâte, qui fermente et se garde pendant longtemps sans se corrompre. Pendant les jours où le fruit ne se produit plus, ils vivent de cette pâte qu'ils font cuire au four.

Madeleine. — Mais, oncle, vous auriez dû en apporter de ces arbres, on en planterait dans toute la France, et il n'y aurait plus de malheureux.

L'oncle Saint-Elme. — A cela, il n'y a qu'une petite difficulté ; le jacquier ne pousse que sous la zone torride. Mais ce que tu proposes pour notre pays, a été fait par les Français, pour leurs colonies des tropiques, et cela a parfaitement réussi. Cook, l'illustre voyageur, qui, après avoir fait plusieurs fois le tour du monde, mourut misérablement assassiné par les naturels des îles Sandwich, fut le premier qui eut l'idée de transplanter ce précieux végétal, et ses tentatives réussirent.

Maintenant, Laure, va cueillir quelques tiges de blé, et apporte-les, nous allons les examiner. La tige creuse, mince et divisée par des nœuds, d'où partent les feuilles, se nomme *chaume*. La plus grande hauteur qu'elle puisse atteindre est un mètre. Les fleurs, réunies en petits épis, n'attirent guère l'attention. A ces fleurs, succéderont des grains bien protégés par plusieurs enveloppes, ce sont les *balles* ou *glumes*. Quelques épis sont garnis de barbes, mais le

L'avoine.

blé commun en est dépourvu. Outre la farine, le froment fournit, quand il est frais, un aliment aux bestiaux; sec, il donne la paille. Il produit aussi le gruau. Le gruau est formé d'une foule de granules, qui ont résisté à la mouture et qui renferment la partie la plus nutritive et la plus riche du blé. Quand on sépare ces granules de la farine, on a la semoule qui se vend à part; quelquefois on achève de la pulvériser, alors on a le gruau, avec lequel on fabrique des petits pains délicats et recherchés. Cette tige que tu as apportée, Laure, et qui nous présente une panicule lâche dont les rameaux sont étalés en tout sens, et que le vent fait vaciller si facilement, ce n'est point du blé, mais de l'avoine.

Remarquez que les fleurs sont réunies par trois; elles forment ainsi un épillet; la fleur inférieure est bien complète avec trois étamines, un pistil; les filets des étamines sont très fins, et les anthères figurent assez bien des X. L'ovaire est surmonté de deux styles, et le tout est protégé par deux écailles. La seconde fleur est plus petite, la troisième stérile. C'est charmant de voir un champ d'avoine, quand le vent le fait onduler comme les flots d'une mer doucement agitée.

MADELEINE. — Est-ce qu'on fait du pain d'avoine?

L'ONCLE SAINT-ELME. — Elle est surtout cultivée pour la nourriture des chevaux; cependant, en Auvergne, on fait, avec l'avoine, un pain grossier. La paille est employée comme fourrage pour les bêtes à cornes et à laine; la balle sert à faire des paillasses. Il faut la couper un peu verte, sans quoi elle s'égrènerait sur sa tige.

Prenons ce petit sentier, il conduit tout droit à un champ de seigle.

LAURE. — Ceci est encore du blé?

L'ONCLE SAINT-ELME. — Non; le blé a quatre fleurs par épillet; ce que tu montres là n'en a que deux; ensuite, les feuilles sont plus larges, la tige plus longue, et les grains ont une couleur plus noirâtre. Ceci est du seigle.

MADELEINE. — On en fait d'excellents petits pains, dans lesquels on mêle des raisins de Corinthe.

L'ONCLE SAINT-ELME. — C'est-à-dire que ces pains friands renferment du froment. Cependant tu as raison, on en fait du pain qui a l'avantage de se garder longtemps frais. Le seigle pousse surtout vers le nord; dans les pays où il ne mûrit pas, on le sèche au four, et on le mange, l'hiver, comme des petits pois.

Aimez-vous le pain d'épice?

LAURE. — Beaucoup!

L'ONCLE SAINT-ELME. — Le pain d'épice est fabriqué avec de la farine de seigle qu'on mêle à de l'orge et à du miel.

LAURE. — Voilà une plante bien agréable.

L'ONCLE SAINT-ELME. — Il fait bon cependant de la bien examiner avant de s'en servir. Elle est sujette à une terrible maladie.

MADELEINE se soulevant. — Est-ce au charbon? comme le blé et le maïs?

L'ONCLE SAINT-ELME. — Non, mais il est aussi victime d'un champignon microscopique; il se forme, sur le grain qui s'est développé outre mesure, une petite excroissance en forme de corne, qu'on nomme *ergot*. Le seigle ergoté renferme, pour l'homme, le germe de terribles maladies qui s'attaquent surtout aux membres extrêmes, aux doigts, aux pieds; la gangrène se produit et il faut avoir recours à l'amputation si l'on veut échapper à la mort. On a même vu des cas où la guérison était impossible; dans le centre de la France, il est assez fréquent de trouver du seigle ergoté.

Madeleine. — J'espère qu'on l'arrache bien vite.

L'oncle Saint-Elme. — Loin de là ; on recueille l'ergot et on l'emploie en médecine. Il sert à arrêter les hémorrhagies.

Madame de Mussy. — Ces pauvres plantes sont sujettes à la maladie comme nous.

L'oncle Saint-Elme. — Après le seigle, disons un mot de l'orge qui mérite une glorieuse mention. Ces épis, garnis d'une longue barbe et bien rangés autour de l'axe, poussent dans tous les terrains

Seigle ergoté. — *a*, épi de seigle ergoté. — *b*, ergot de seigle. — *c*, ergot sur lequel se développent des champignons.

et sous toutes les températures. Le pain qu'elle fournit est très grossier, on s'en sert surtout pour nourrir la volaille. En le préparant sous des meules particulières, on nettoie le grain et on l'arrondit ; il prend alors le nom d'orge *perlé* avec lequel on fait une boisson très rafraîchissante, appelée eau d'orge. L'orge mouillée fermente aisément ; au moyen âge, où le vin n'était employé qu'en médecine, le peuple buvait de l'orge fermentée. Aujourd'hui, on se sert surtout de l'orge pour faire la bière. Le brasseur la mouille ;

LES GRAMINÉES.

alors elle gonfle, les grains commencent à germer, et il s'y développe un principe sucré ; on arrête la germination en la faisant sécher au four, puis, on la réduit en une sorte de farine qui, mêlée au houblon, se met à fermenter, et forme la bière.

Le riz, qui aime les pays chauds et humides, nourrit des populations entières en Chine, en Arabie, aux Indes. La fleur est disposée en panicule comme l'avoine, seulement chaque rameau est raide et

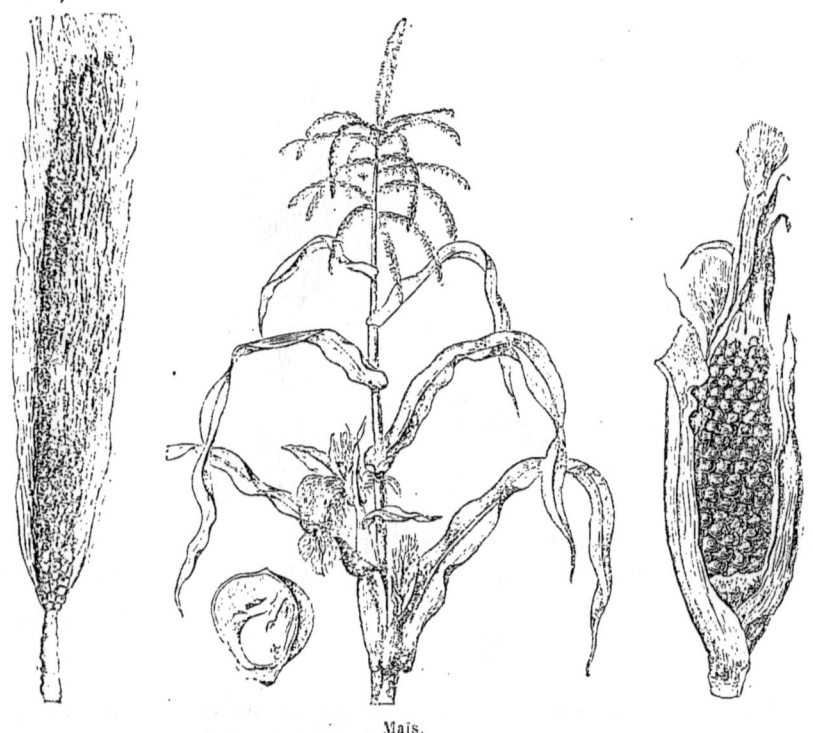

Maïs.

droit. Le maïs, mal nommé blé de Turquie, puisqu'il est originaire de l'Amérique, a de fortes tiges et de longs épis, dont les grains rouges, jaunes ou blancs sont gros comme des pois.

MADELEINE. — Je connais cela ; les singes et les perroquets s'en régalent. J'en ai vu, au Jardin d'acclimatation, qui en croquaient volontiers.

L'ONCLE SAINT-ELME. — C'est encore une plante de ressources, et les hommes s'en nourrissent aussi. En Asie, en Afrique, en Amérique, le maïs fait la base de leur nourriture. Chez nous, on le cultive dans le Midi et dans l'Est, comme plante fourragère. Les Italiens en font une bouillie qu'on appelle *milliasse* ou polenta, et des gâteaux différents. Dans les Landes, je crois qu'on l'utilise aussi de cette manière. Aux Indes, on cueille les grains quand ils sont encore verts et on les mange cuits à l'eau comme nous le faisons des petits pois. Les Américains en tirent une boisson vineuse qui enivre. On peut l'employer, en guise d'orge, à la fabrication de la bière. Vous voyez que c'est une plante bien précieuse. Dans mes nombreux voyages, j'ai vu défiler, sous mes yeux, des végétaux gigantesques ou mignons, riches ou humbles, parfumés, brillants, étranges, aucun ne m'a paru valoir notre blé ; je le répète, aucun n'est aussi utile, aussi riche en matière nutritive, d'aussi facile culture. Un grand ministre, Sully, aimait la terre et les laboureurs, il les protégeait, les encourageait, et le bon roi Henri partageait, en cela, les idées de son serviteur et ami. On raconte, à ce propos, que Henri IV avait l'habitude d'aller chaque année passer quelques jours, près de Chartres, dans un château magnifique, propriété du seigneur d'Allonville qu'il aimait. Un jour, que le roi visitait les jardins où étaient cultivées des plantes fort belles, un fermier dudit seigneur vint au château. « En ce moment, si Votre Majesté y consent, dit-il au roi, je lui montrerai de plus belles fleurs que celles-là. — Voyons-les tout de suite, répondit Henri qui était familier et bon avec les petits. » Cadot, c'était le nom du paysan, le conduisit, sans sourciller, dans un champ de blé, et lui montrant les épis en fleurs : « Sire, dit-il, voici les plus belles fleurs que le bon Dieu a créées. — C'est bien dit, reprit Henri ; ce sont aussi celles que je préfère. » A quelque temps de là, l'excellent roi envoya à Cadot une pièce d'orfèvrerie représentant quatre épis de blé en or. On prétend que les descendants de Cadot possèdent encore ce souvenir du meilleur de nos rois, et le conservent religieusement.

MADELEINE. — Voici une jolie histoire, et ce paysan avait de l'esprit ; ceux d'aujourd'hui sont grossiers, ils n'ont point l'air intelligents ; je ne les aime point.

Laure. — Mademoiselle Madeleine est très fière, oncle.

L'oncle Saint-Elme. — C'est une fierté bien mal entendue ; nous devons aimer et estimer les rudes travailleurs qui endurent tant de travaux pour que nous ayons ce qui est si nécessaire à notre existence. Et puisque je suis en veine de souvenirs, cela me rappelle encore une anecdote. On avait rapporté au roi Louis XII qu'un des seigneurs de sa cour malmenait ses paysans et s'emportait même jusqu'à les frapper. Le *père du peuple* invita ce seigneur peu endurant à sa table et lui fit servir un repas magnifique, mais défendit qu'on lui donnât du pain. Le gentilhomme avait pris place depuis longtemps déjà et ne mangeait pas. « Qu'attendez-vous ? dit le roi. Ce repas n'est-il point à votre goût ? — Pardonnez-moi, Sire, mais, pour manger, il faut du pain. » La figure du roi, qui avait été jusque-là souriante et pleine de bonhomie, devint sévère, et il dit au seigneur : « C'est vrai, il faut du pain ; puisque vous le jugez chose si nécessaire, pourquoi, Monsieur, n'avez-vous que des duretés pour ceux qui, par leurs incessants travaux, vous le procurent ? Ayez à l'avenir plus de tolérance et de bonté. » La leçon était bonne et mérite d'être retenue.

Madeleine. — Je crois que le roi Louis XII m'aurait regardée d'un air assez sévère, oncle ; mais je veux me rappeler ce que vous avez dit, et j'aimerai les cultivateurs.

Madame de Mussy. — Qu'as-tu, Laure, à t'escrimer ainsi contre ce gazon ?

Laure. — Ce n'est pas contre le gazon, maman, mais contre cet horrible ver qui se faufilait par ici pour aller manger le blé.

L'oncle Saint-Elme. — Et tu l'as coupé en deux, ce qui fera deux vers dans quelque temps.

Madeleine. — Comment, mon oncle, vous croyez qu'il n'est pas mort ?

L'oncle Saint-Elme. — Il ne l'est pas. Ces êtres si imparfaits, si dénués, ont la faculté de reproduire, à la longue, les parties qu'on leur a coupées. Maintenant, ma petite Laure, il était tout à fait inutile de pourfendre cet animal inoffensif, ou à peu près. Car s'ils font quelque mal aux végétaux, ces légers dommages sont largement compensés par les services qu'ils rendent.

Madame de Mussy. — Vous m'étonnez, mon oncle; les vers, rendre des services! Je les aurais toujours écrasés sans pitié.

L'oncle Saint-Elme. — Il habite la terre humide, où il vit caché pendant le jour. Il est annelé et apode, ou sans pieds. Les poils raides que vous voyez sont les seuls moyens de locomotion que la nature ait mis à sa disposition. Il nuit aux plantes en séparant les racines, mais, en même temps, il divise la terre, la rend plus facile à remuer, plus accessible à l'air, à l'eau, à la chaleur.

Madeleine. — Alors, ce sont de vrais laboureurs.

L'oncle. — Ce sont au moins des aides pour l'agriculture.

Laure. — Je n'aurais jamais cru cela; maintenant, quand je verrai un ver, je ne le tuerai pas; et tenez, en voilà un gros, tout brun. Je vais le prendre, et le jeter dans ce champ, ou plutôt, Madeleine, ouvre la boîte; je vais l'y mettre et nous le porterons dans le jardin de mon oncle.

L'oncle Saint-Elme, en riant. — Drôle de petite fille, va! La voici maintenant qui veut se faire la protectrice des limaces. Jette vite cette bête, elle est toute gluante et malpropre. Regarde ton gant.

Laure. — On dirait de l'argent.

L'oncle Saint-Elme. — C'est la traînée visqueuse que ces bêtes laissent sur leur passage et qui les aide à glisser. Je veux bien faire grâce à celle-ci, mais malheur à celles qui pénètrent dans le jardin, elles sont toutes exterminées, et Gros-Grain est le farouche exécuteur des hautes œuvres. Songez donc, c'est lui qui a la surveillance des fruits, et ces animaux-là sont de terribles ennemis de nos espaliers; poires, pêches, ou fraises, elles goûtent à tout. Voilà pour l'automne : au printemps, elles croquent sans scrupule les jeunes pousses de nos plantes. Les colimaçons ont de plus qu'elles une coquille qu'ils ne quittent jamais. Ces très peu intéressants personnages sont, à cela près, de la même race; ils appartiennent aux mollusques gastéropodes, et sont aussi nuisibles les uns que les autres pour toutes cultures. Mais j'aperçois la maison, et je ne veux pas achever la promenade sans clore notre causerie sur les graminées. Nous ne pouvons véritablement omettre la canne à sucre, surtout avec des petites demoiselles qui ne doivent pas dédaigner ses produits.

Madeleine. — Parlez pour Laure et Maxime, mon oncle; moi, j'aime mieux ce qui est acide, que ce qui est sucré.

L'oncle Saint-Elme. — N'importe ; ce grand roseau, qui atteint quelquefois une hauteur de 3 à 4 mètres, et qui balance si gracieusement sa fleur en panache soyeux et argenté, mérite notre attention. Sa culture, source de richesse pour les planteurs et les négociants, tient une place très importante dans le commerce. D'abord, les anciens ne l'ont pas connue.

Laure. — Alors, comment faisaient-ils l'eau sucrée?

L'oncle Saint-Elme. — Ils se servaient de miel. Il paraît que ce fut l'expédition d'Alexandre le Grand dans les Indes, qui leur apprit l'existence d'un autre miel « obtenu, sans le secours des abeilles, par un roseau d'Asie. » Lors des Croisades seulement, l'usage du sucre se répandit en Europe. On le réservait toutefois pour la médecine. Après la découverte de l'Amérique, le sucre devint l'objet d'un vrai commerce. On étendit la culture des cannes dans la plupart des colonies, et l'on en fit en grand la récolte. Quand la canne est mûre, environ douze ou quinze mois après sa plantation, on coupe les tiges au ras du sol, on les met en bottes, et on les porte au moulin, pour en extraire la liqueur sucrée que contiennent les tiges creuses. On en forme des pains de sucre bruns, c'est la cassonnade qu'on raffinera en Europe. On en extrait aussi la mélasse qui donne le rhum ou tafia, quand on l'a laissée fermenter. Cette mélasse est la partie du sucre qui n'a pu se dissoudre dans la première opération.

Madeleine. — Mange-t-on toujours du sucre de canne?

L'oncle Saint-Elme. — C'est-à-dire que, sous le règne de Napoléon Ier, tous nos ports ayant été fermés aux Anglais, l'approvisionnement de sucre devint difficile. On le payait jusqu'à 8 francs la livre. Ce fut alors qu'on pensa à extraire du sucre de la betterave, et aujourd'hui on mange autant de l'un que de l'autre.

Madeleine. — On ne sème pas dans les champs que les graminées, n'est-ce pas, mon oncle? J'y ai vu quelquefois des fleurs roses, blanches, bleues.

Madame de Mussy. — Tricolores alors!

L'oncle Saint-Elme. — En effet, à côté des graminées, il faut nommer les *légumineuses*, qui sont fourragères, comestibles ou employées pour l'ornement. Leur fleur a la forme d'un *papillon* et le fruit est toujours une gousse. La luzerne aux fleurs violettes, le sainfoin aux fleurs roses, le trèfle rose ou blanc, les lupins, les pois, les fèves appartiennent à cette riche et utile famille. Dans le jardin, vous allez

Baguenaudier commun (*Colutea arborescens*) (faux séné). — *a*, tige en fleurs. — *b*, tige avec des gousses.

bientôt voir fleurir nos acacias blancs tout parfumés, le faux ébénier avec ses longues grappes jaunes, et le baguenaudier, dont les gousses pleines d'air vous amuseront à faire éclater sous vos doigts.

Nous voici arrivés. Demain, nous reprendrons cet entretien et nous irons visiter les serres.

En traversant la propriété, Laure prit sa route favorite, par l'étang, et, voyant Petit-Jean à son poste, elle courut à lui.

CHAPITRE XVIII.

TOUJOURS LA SCIENCE DE PETIT-JEAN. — VISITE A LA SERRE.

Orvets, couleuvres et vipères. — Le palmier. — Les dattes. — Le cacao. — Les orchidées. — La vanille. — Les plantes vivantes. — Les plantes aquatiques.

— Bonjour, Petit-Jean, cria Laure au berger, es-tu guéri tout à fait?

Petit-Jean avait salué Laure, mais sa figure ne souriait pas et il tenait la tête baissée d'un air honteux et mécontent.

— Qu'as-tu donc, tu m'as l'air triste, est-ce que ta mère est plus malade?

Petit-Jean. — Faites excuse, mamz'elle, elle a de meilleurs moments; les fièvres ont bien diminué.

Laure. — Mais, alors, pourquoi as-tu cet air boudeur?

Petit-Jean. — Je ne suis point boudeur, mais je suit'en colère parce que ben sûr j'ai un sort.

— Un sort! allons, Petit-Jean, qu'est-ce que tu racontes à ma nièce? demanda M. de Louvres qui avait rejoint les enfants. Est-ce que tes champignons n'ont pas encore passé?

Petit-Jean. — Oh! que si! mais je ne puis répéter que ce que je disions à not'petite maîtresse; je crois ben que le berger de Bargemont, un vieux gars qui a au moins cent ans, m'a jeté un sort.

L'oncle Saint-Elme. — En fait de sort, mon garçon, rappelle-toi qu'on a surtout celui qu'on se fait soi-même. En travaillant, tu peux devenir un brave paysan, utile et intelligent, mais tu ne veux pas te guérir de tes sottes idées.

Petit-Jean. — Eh ben, comment que vous expliquez que la rousse, à ce matin, n'a plus une goutte de lait, et comment que Blidah a boudé sur sa nourriture?

L'oncle Saint-Elme. — Si la vache n'a plus de lait, c'est qu'on l'a traite; et si Blidah ne veut pas manger, c'est qu'il s'est suffisamment nourri.

Petit-Jean secouait négativement la tête. Tout à coup ses yeux mornes s'animèrent, il saisit un bâton qu'il tenait à la main, et asséna un grand coup sur l'herbe fleurie du pré. Il allait recommencer ; M. de Louvres le retint par le bras.

— Pourquoi faire du mal à un animal inoffensif et doux ? dit-il.

— Pourquoi, not'maître, répondit le paysan en cherchant à se dégager ; parce que c'est cette bête-là qu'a bu le lait de la Rousse. J'en suis sûr. Vous ne saviez donc point ces choses-là, vous qu'êtes si entendu dans tout !

Un petit être, long de 30 centimètres, gros environ comme le petit doigt, d'un gris argenté, se glissait timide et inquiet entre les herbes et, arrivé sur le chemin sablonneux qui côtoyait la prairie, il disparut comme un trait.

— C'est une *Envoye*, et si vous la laissez échapper, bien sûr vos vaches n'auront plus de lait ; il viendra les traire toutes les nuits.

— Tu te trompes, Petit-Jean. Ce pauvre petit animal est très doux. C'est un anguis que l'on connaît sous le nom d'orvet ou de serpent de verre. Pour prouver la justesse de cette dernière dénomination, vous n'avez qu'à voir sa queue ; le bâton de Petit-Jean l'a brisée ; l'orvet se casserait dans vos mains, absolument comme le lézard, auquel il ressemble beaucoup plus, intérieurement, qu'au serpent. Seulement, il n'a pas de pattes. Je ne sais d'où il peut venir ; ordinairement on le trouve dans les bois sablonneux ; à l'avenir, tu laisseras se promener en paix cet innocent chasseur de mouches et de larves d'insectes. Pas plus que les couleuvres, il ne s'introduit dans les étables pour traire le lait des vaches. Encore un préjugé.

Madame de Mussy. — La couleuvre n'est donc pas à redouter ?

L'oncle Saint-Elme. — Nullement, c'est un reptile sans venin, et sa longueur, qui ne dépasse jamais deux mètres, ne lui permet pas de devenir redoutable en s'enroulant autour de sa proie. D'ailleurs elle n'est pas d'humeur guerrière ; elle se contente de chasser les mulots, les crapauds, les grenouilles ; il est vrai que, poussée par la faim, elle s'enroule aux arbres et vient mettre le désespoir dans les nids en tuant les petits oiseaux ; mais de là à attaquer l'homme !....

Petit-Jean. — Elles vous ont pourtant un dard double, qu'elles vous montrent, qu'il ne ferait pas bon sentir.

L'oncle Saint-Elme. — Les abeilles, les guêpes, les frelons ont des dards; quant aux reptiles, ce qu'on prend pour un dard est leur langue fourchue, et, chez les plus terribles d'entre eux, ce n'est jamais dans leur langue qu'est le danger. Le seul reptile venimeux de nos pays, la vipère, a, comme ses pareils à venin, deux dents à crochets dont la racine renferme une poche emplie de venin; ces dents sont mobiles, et quand la bête mord, la dent pèse sur la poche, le venin suit un canal qui est tracé dans la dent et entre dans la morsure.

Madeleine. — Cela fait trembler.

L'oncle Saint-Elme. — Dans nos pays, le venin de la vipère est rarement mortel.

Madame de Mussy. — Le difficile est de reconnaître si l'on a affaire à une couleuvre ou à une vipère.

L'oncle Saint-Elme. — La différence est facile à saisir : d'abord la couleuvre est généralement plus grosse et plus longue; ses écailles sont en losange, ses couleurs sont plus tranchées; on en rencontre qui ont des couleurs très vives. La vipère est d'un gris roux avec une raie noire sur le dos, le ventre est couleur d'ardoise. La tête des couleuvres est plus triangulaire et plus large en arrière; leur queue est grêle et arrondie à leur extrémité. Le trait saillant est l'absence de crochets.

Madame de Mussy. — Quand on est mordu, il est un peu tard pour constater si l'animal a, ou non, ces terribles dents.

L'oncle Saint-Elme. — On le sent à la douleur violente que cause la morsure; on voit tout le membre gonfler et l'on éprouve des maux de tête et de cœur. Les premiers soins à prendre sont d'empêcher le venin de pénétrer dans le sang et de gagner le cœur; il faut faire une ligature assez forte au-dessus de la blessure, puis agrandir la plaie en l'incisant, et poser une ventouse; mais comme généralement on n'a pas ce qu'il faut pour cela, il faut — pourvu qu'on n'ait à la bouche aucune écorchure — sucer la blessure en rejetant vite ce qu'on a absorbé ; ceci fait, laver à grande eau, et cautériser avec un clou chauffé à blanc, ou avec de l'ammoniaque ou encore du vitriol. Ces soins pris le plus tôt possible, la guérison est sûre.

Madame de Mussy. — Dans un bois, a-t-on tout cela?

L'oncle Saint-Elme, tirant de sa poche une petite boîte en cuir brun. — Pas d'ordinaire, ma nièce; c'est pourquoi, dans les excursions, il est prudent de se munir de ceci.

Laure. — C'est comme un petit ménage.

L'oncle Saint-Elme. — C'est une trousse qui renferme un bistouri, des ciseaux, un canif, de la charpie et des bandes, du taffetas d'Angleterre, un flacon d'ammoniaque, un flacon de phénol, du perchlorure de fer en cas d'hémorrhagie, et de l'alcool camphré. Ce n'est pas gros, et, avec cela, on est à même de porter les premiers secours, en cas d'accident. Il n'y a pas que les vipères à craindre : il y a de mauvaises mouches ; dès qu'on se sent piqué, une goutte de phénol et l'on prévient ainsi des accidents fort désagréables.

Madeleine. — Cher oncle, vous qui savez tout, dites-nous si nous avons à craindre les vipères par ici. J'avoue que ce que vous nous avez dit de la morsure et de la petite cérémonie qui la suit m'a donné le frisson et refroidirait joliment mon amour pour les bois.

L'oncle Saint-Elme. — Rassure-toi ; nous n'avons par ici que des couleuvres, très bonnes personnes, en vérité. La seule chose désagréable qui puisse t'arriver, si tu en rencontrais, ce serait une légère morsure dans le cas où tu les attaquerais; ou, si tu les frôlais de trop près, d'avoir à sentir le liquide nauséabond dont elles couvrent leur agresseur. Encore, cette odeur infecte ne réside-t-elle pas dans leur chair, puisque, dans certaines campagnes, on les mange sous le nom d'anguilles à collier.

Laure. — Manger du serpent, fi, l'horreur!

L'oncle Saint-Elme. — En France, les vipères se rencontrent surtout en Bourgogne, dans la forêt de Fontainebleau, dans celle de Montmorency. Il y a des années, où elles se montrent si nombreuses, qu'on leur fait la chasse. Chaque tête de vipère est payée, par la commune, vingt-cinq centimes.

M. de Louvres fut interrompu, à cet instant, par un bruit de voix et de cris joyeux ; c'était Maxime qui, accompagné de Gros-Grain, revenait du lycée et inaugurait les vacances de la Pentecôte, qui allaient lui permettre de vivre en liberté pendant une huitaine de jours. Les petites filles partageaient la joie de leur frère, pendant que madame de Mussy s'était assise, tout émue, pour lire un gros paquet de lettres qui lui arrivait d'Amérique. Au milieu du léger désordre apporté par ces événements, Petit-Jean avait trouvé moyen de se rapprocher de Laure et de lui glisser dans l'oreille :

— J'ai découvert un autre nid de roitelets dans les branches d'un pin, par chez nous, le voulez-vous ?

— Non, non, dit Laure avec un empressement qu'on ne saurait trop admirer ; seulement, j'aimerais à le voir. Tu nous mèneras auprès de ce nid.

— Non, fit Petit-Jean, point la grande demoiselle.

— Eh bien, dit Laure, j'irai bien toute seule avec toi ; un jour, que l'on restera ici. Je viendrai te trouver et nous irons ensemble.

— C'est bien comme ça, dit Petit-Jean ; je vous promets de vous faire une surprise.

Pendant que Maxime, heureux et léger comme un jeune coursier qui, après avoir senti le mors, se retrouve tout à coup en liberté, formait mille projets pour ses vacances, M. de Louvres, à qui rien n'échappait, examinait soigneusement le petit âne qui, en effet, avait l'air morne et triste. Après un court examen, il reconnut que le sabot de Blidah avait été fendu et appela Pierret pour lui demander l'explication de cet accident. Pierret se montra très fâché, mais ne put donner aucun mot d'explication. On huila le pied de l'âne, on y appliqua un bandage en cuir, et le pauvret se trouvant soulagé manifesta sa joie en se mettant à déjeuner de très bon appétit.

Maxime avait déclaré que son désir était de se former un aquarium ; mais l'oncle Saint-Elme ayant proposé, pour l'après-midi, la visite aux serres, il remit l'exécution de son projet à plus tard et se joignit à ses sœurs. Les serres de M. de Louvres étaient fort belles, et il y consacrait de fortes sommes, chaque année.

— Voici, dit-il, en précédant dans la première ses jeunes parents, qui va compléter notre coup d'œil sur les monocotylédonées; palmiers et orchidées règnent presque seuls dans cette serre. Les palmiers, que vous admirez à cause de l'élégance de leurs feuilles ailées, sont, pour les habitants des Tropiques, aussi utiles que beaux. Celui que vous voyez ici est le palmier *Mauritia flexuosa*, originaire du Brésil, où il forme des forêts entières. Sa haute tige, qui atteint

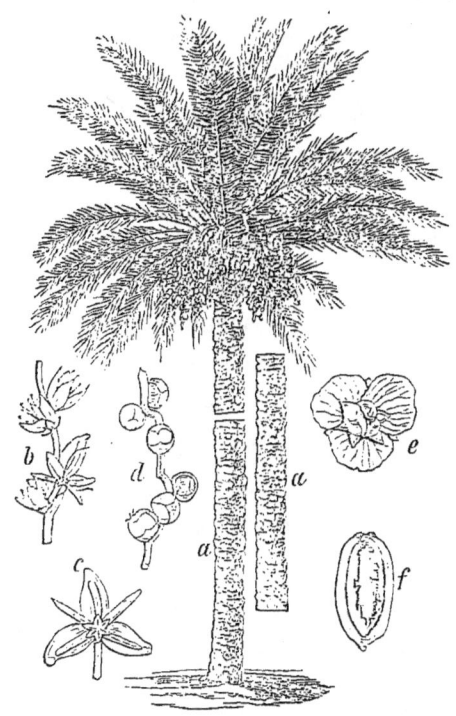

Palmier-dattier (*Phœnix dactylifera*). — *a*, palmier (réduit). — *bc*, fleurs mâles. — *de*, fleurs femelles (les tiges réduites). — *f*, datte coupée (réduite).

trente mètres, en Amérique, porte le nom de stipe; elle est lisse et nue; les feuilles, réunies en bouquet à la cime, sont pennées. Les fleurs se produisent d'abord, sur une longue grappe ou chaton, enveloppé d'un spathe. Elles sont quelquefois hermaphrodites, le plus souvent unisexuées. Les plus intéressants palmiers à étudier sont, sans contredit, les dattiers et les cocotiers. Les dattiers poussent entre le douzième et le trente-septième degré de latitude nord. Les plus beaux se voient dans la Tunisie et l'Algérie.

Madeleine. — J'ai mangé des dattes avec plaisir, mais il me semble qu'on pourrait se passer de ce fruit-là.

L'oncle Saint-Elme. — Ne dis pas cela, Madeleine; les dattes sont un aliment précieux pour les Arabes du désert, et une richesse pour tous les habitants de la Barbarie. Chaque arbre en produit cinquante kilogrammes, en moyenne. Plus la chaleur est grande, plus ils fournissent. Quand elles sont fraîches, c'est un mets de luxe; pour les conserver, on les cueille un peu avant leur maturité, on les passe au four, ou on les laisse sécher au soleil. On leur fait subir une préparation spéciale pour l'usage des caravanes. On les écrase avec du froment réduit en farine et du beurre, et l'on serre cette pâte dans des sacs en peau; c'est le *bsica*. On le délaye dans l'eau pour le manger, et il est encore bon au bout d'un an. Tout est utilisé dans le dattier, même les noyaux qui nous paraissent si durs et qui, ramollis et pilés, sont donnés aux chèvres et aux chevaux. Le bois sert aux constructions; les fruits fermentés fournissent une boisson; en incisant le tronc, on en fait découler un liquide sucré, nommé lait de palmier. Enfin, les feuilles servent à couvrir les maisons, et les nègres en fabriquent des paniers, des nattes, des chapeaux.

Maxime. — Ne peut-on l'acclimater en France?

L'oncle Saint-Elme. — Pas même en Italie, ni en Grèce, ni dans les îles Ioniennes, au climat si doux. Il n'y mûrit pas suffisamment. Il lui faut le soleil ardent du désert, « la tête dans le feu du ciel », comme disent les Arabes. C'est l'arbre des oasis; sous son ombre, on peut cultiver d'autres végétaux précieux. Le dattier, je le répète, est propre à l'Arabie et à l'Afrique.

Madame de Mussy. — Voici un arbuste qui ressemble bien plus aux cerisiers de notre pays, qu'aux arbres étranges que vous nous montrez.

M. Saint-Elme. — Cet arbre, aux feuilles aiguës et d'un vert brillant, dont vous ne voyez encore ni les fleurs, ni les fruits, est le cacaoyer, originaire du Mexique. Ses fleurs sont petites, et son fruit, nommé *cabasse*, qui ressemble assez à un concombre, renferme plusieurs rangées de grains, qui sont le cacao, avec lequel on fait le chocolat que vous aimez tant. Celui-ci ne m'a jamais donné de fruits.

Maintenant, mes amis, suivez-moi vers cette partie de la serre, où sont réunies les *orchidées*. Cette plante, que vous voyez, aux feuilles oblongues, d'un vert clair tacheté de brun noirâtre, et dont les jolies fleurs pourprées forment ce long épi, est l'orchis tacheté, que les enfants iront bientôt cueillir dans les bois, sous le nom de *pentecôte*. C'est le type de cette famille étrange dont les espèces les

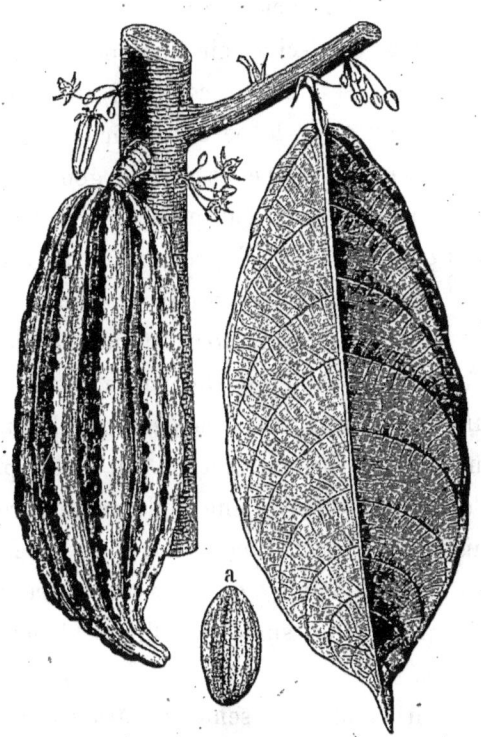

Cacao (*Theobroma cacao*). — Branche avec fleurs, une feuille et un fruit. — *a*, graine.

plus rares ne poussent pas dans nos pays. Examinons la fleur, elle en vaut la peine. Elle se compose de six pièces, disposées sur deux rangs et alternant entre elles; des trois extérieures, il y en a deux, de côté, un peu étalées, celle du milieu, qui se recourbe en avant, forme une sorte de casque avec deux des divisions intérieures. La troisième division s'étale en dehors, comme un tablier pendant, et se prolonge en bas en un éperon creux. On l'appelle labelle. Vous voyez combien cette plante est irrégulière. Elle n'a qu'une étamine et le pollen est contenu dans ces deux petites loges que vous voyez en haut du tablier ; ce godet est le stigmate sur lequel tombera le pollen. Tout est bizarre dans ces fleurs.

Madeleine. — De loin, celle-ci ressemble à une mouche.

L'oncle Saint-Elme. — Et de près, il y en a qui y ressemblent tellement qu'on les distingue à peine de ces insectes.

Avant de passer à d'autres variétés, regardez les racines de celles-ci ; elles forment deux tubercules charnus.

Maxime. — Charnus ! celui-ci a l'air d'une poche vide.

L'oncle Saint-Elme. — C'est grâce à lui que s'épanouit cette jolie fleur en épi ; il en a été le père nourricier. Cet autre tubercule tout gonflé de sucs et d'une espèce de gomme est destiné à nourrir la plante qui poussera ici l'an prochain ; et voici, en dessus, un tout petit bourgeon qui se développera dans deux ans. En Perse et dans l'Orient, on tire ainsi des orchis une sorte de farine très estimée, connue sous le nom de *salep*, et qui convient chez nous aux estomacs fatigués ou délicats. On trouve, dans la famille des orchis, des fleurs d'une bizarrerie étrange. Voici le *sabot de Vénus*, dont le parfum égale la beauté. On en voit une espèce dans les Alpes. Voici l'orchis *papillon*, d'une belle couleur rouge ; il vient de Corse. Celui-ci est l'*orchis singe ;* voyez la labelle divisée en quatre lanières et une pointe, qu'on a comparées aux quatre membres et à la queue d'un singe. Ces fleurs blanches tachées de pourpre sont jolies.

Madeleine. — Oh ! celle-ci est semblable à une araignée.

L'oncle Saint-Elme. — Ici, ce sont des ophrys, en tout semblables aux orchis, mais sans éperon. Celui que tu as remarqué s'appelle, en effet, ophrys jaune araignée. Celui-ci est l'ophrys-mouche ; voyez si sa labelle terminée en fourche ne fait pas songer au corps d'un insecte ? Ici, l'orchis mâle, l'un de ceux dont je vous parlais tout à l'heure qui fournissent le *salep*. Si vous voulez jeter un coup d'œil sur cette gracieuse plante qui grimpe le long de ces arbres et s'enroule en mille capricieuses spirales, vous aurez vu la plus parfumée des orchidées, sinon la plus extraordinaire comme fleur. Je veux parler de la *vanille*. Celle-ci n'a pas prospéré et, pour le moment, vous ne verrez que ses feuilles oblongues et les vrilles au moyen desquelles elles s'enroulent et s'attachent aux arbres, aux pierres, aux roches. Sa fleur est un grand épi ; ses fruits, des gousses ou siliques allongées qui renferment une pulpe parfumée sur laquelle adhèrent une foule de petits grains. La vanille croît naturellement dans les forêts d'Amérique, sur la pente des Cordillères, au milieu des lianes qui vont, viennent, et forment ces épais rideaux infranchissables des forêts

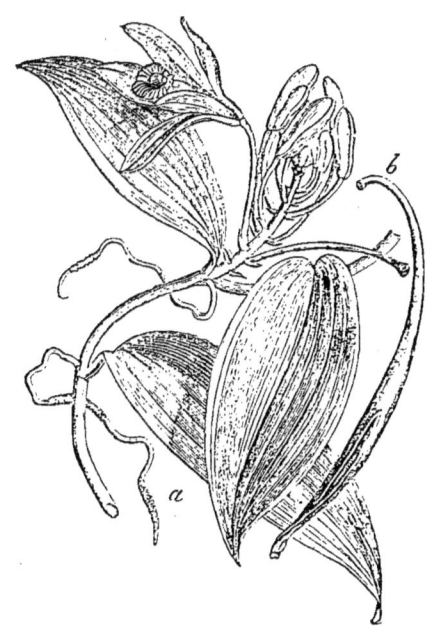

Vanille (*Vanilla planifolia*). — *a*, plante. — *b*, fruit.

vierges. On la cultive au Mexique et dans les colonies de l'Archipel indien. On la fait parfaitement réussir en serre chaude ; celle-ci m'a donné, il y a deux ans, des gousses d'excellente qualité. La culture n'en est point difficile ; la manière de la sécher offre le plus de difficulté. La meilleure est couverte d'un givre argenté, produit par l'excès d'acide parfumé que contient la gousse. Ce givre prouve qu'elle est fraîche et d'une bonne espèce. Elle coûte encore plus cher que le safran qui te faisait te récrier, Madeleine : 200 francs le kilogramme.

Madame de Mussy. — Ce n'est pas acheter trop cher un si doux parfum.

L'oncle Saint-Elme avec une certaine solennité. — Maintenant, je vais vous faire pénétrer dans la partie la plus curieuse des serres, celle où j'ai réuni quelques plantes curieuses. Laure et Madeleine, je vous répéterai seulement ces paroles : « Regardez et ne touchez pas. »

On entra dans une serre basse, très chauffée, au milieu de laquelle un petit jet d'eau faisait entendre son gai murmure. Les plantes n'étaient pas nombreuses, mais, M. de Louvres l'avait dit, elles étaient étranges et dignes d'attention. La première qui s'offrait à la vue avait une tige nue, garnie au sommet d'un bouquet de fleurs ; à la base s'étalaient une douzaine de feuilles composées de deux parties, l'une allongée, l'autre formant un cercle garni de cils raides et longs, sur laquelle de petites glandes répandaient une liqueur visqueuse; elle était séparée par une forte nervure. M. de Louvres avait attrapé une innocente mouche, et il la plaça sur cette seconde feuille ; aussitôt les deux parties se redressèrent le long de la nervure et se replièrent, enveloppant le pauvre insecte sous les cils entre-croisés. Au bout de quelques instants, les feuilles se rouvrirent, mais la mouche était morte.

Madeleine et sa sœur étaient stupéfaites. Quelle était cette plante sanguinaire qui tuait ainsi ?

— C'est la *dionée* attrape-mouche, dit l'oncle Saint-Elme ; on la trouve dans l'Amérique du Nord. Et dès qu'un insecte ose s'aventurer sur ses feuilles, vous avez vu quel sort l'attend. C'est une plante irritable.

Quelques naturalistes ont prétendu que la dionée absorbait et suçait le sang de ses victimes; mais je ne crois pas cela. Voici ici une *desmodie oscillante* qui m'a été donnée par un de mes amis, professeur au Muséum de Paris. Vous avez vu la dionée remuer sous l'attouchement de l'insecte ; celle-ci est plus singulière, elle remue toute seule ; nous allons seulement écarter la natte qui repose sur les vitres et la placer de façon à ce qu'elle reçoive les rayons du soleil.

Sa plante qui appartient à la famille des légumineuses a, comme vous le voyez, trois folioles, une grande et, de chaque côté, deux petites. Regardez, voici la grande foliole qui s'agite, elle va de droite à gauche ; au tour des petites maintenant, vont-elles vite ? l'une s'élève, bien ! l'autre descend ! Les voilà parties, maintenant, elles vont s'agiter ainsi.

Madeleine. — En vérité, mon oncle, cette desmodie a l'air autrement vivant qu'une éponge, avouez-le. Elle a peut-être une idée ; on ne sait pas tout sur les plantes.

L'oncle Saint-Elme. — Chaque jour la nature a en réserve pour nous une foule de surprises. Il est évident que les plantes que nous étudions ont une sorte de sensibilité dont on ignore encore la cause.

Maxime. — Regarde donc, Madeleine ; les petites folioles font un mouvement sec comme les aiguilles d'une montre.

L'oncle Saint-Elme. — Approche, Madeleine ; et vois ce mignon arbuste avec ses petites fleurs en boules roses et son léger feuillage, le connais-tu ?

Madeleine. — On dirait un tout petit acacia.

L'oncle Saint-Elme. — Il est de la même famille ; c'est encore une légumineuse. Touche sa feuille du bout du doigt.

Madeleine. — Je crois qu'elle a tremblé, et voilà sa feuille fermée. Pauvre petite, va-t-elle se faner tout entière ?

L'oncle Saint-Elme. — Rassure-toi ; c'est la sensitive, la craintive mimosa ; le moindre attouchement, un nuage lourd qui passe, un bruit qui l'épouvante, et la voilà qui replie toutes ses feuilles. Le danger passé, elle les étend de nouveau. Pendant la nuit, par exemple, elle dort profondément et les tient fermées.

Laure. — Que c'est amusant les plantes vivantes ! quel dommage qu'on n'en rencontre pas dans notre pays.

L'oncle Saint-Elme. — Toutes les plantes vivent, l'as-tu oublié ? Quant à celles qui manifestent leurs impressions par des mouvements, elles sont rares ; je vous ai déjà montré la fleur de l'épinevinette. Si, vers la fin de l'été, tu veux aller observer un champ de trèfle, tu verras les folioles de côté de chaque feuille resserrées l'une contre l'autre et celle du milieu les recouvrir comme un toit. C'est le trèfle qui dort.

Ce fut en voyant une variété de trèfle, prendre cette position, la nuit, que Linné découvrit le sommeil des plantes; bien des fois, il se leva, la nuit, et alla les surprendre, remarquant que les feuilles changeaient de position chez un grand nombre de végétaux. C'est la privation de lumière qui les invite ainsi au repos.

Lorsque Maxime va aller pêcher le long des mares et des ruisseaux pour peupler son aquarium, il se peut qu'il rencontre une plante qui remue ; c'est la drotéra. Elle n'aime pas les insectes, ses feuilles sont recouvertes de filaments imprégnés d'un liquide visqueux; malheur aux mouches qui s'y posent; les filaments irrités s'enroulent autour d'elles, et, tout engluées par le fluide, elles trouvent, sur la drotéra, une mort certaine.

Ne croyez pas que vous ayez fini avec les feuilles étranges ; voici, à mon sens, l'une des plus curieuses. C'est celle du *nepenthès distillatoria*. Vous voyez, à la feuille, cette sorte d'urne attachée et munie d'un couvercle. On la trouve à Madagascar, un des endroits du globe le plus riche en plantes de toutes sortes.

MAXIME. — J'irai certainement.

L'ONCLE SAINT-ELME. — Regardez dans cette urne, vous la voyez remplie d'eau pure ; elle offre ainsi aux insectes une boisson rafraîchissante.

Jetez maintenant les yeux sur le bassin. Le moment est propice, justement la *Victoria regia* a bien voulu ouvrir sa fleur, qu'hier elle avait tenue si obstinément fermée.

MADELEINE. — Une fleur ! cela ! et si grande !

L'ONCLE SAINT-ELME. — Celle-ci est petite. En Guyane, on en voit s'étaler sur les fleuves, avec une circonférence d'un mètre. En exceptant le *rafflesia* dont je crois vous avoir parlé, et qui infecte les forêts de la Sonde, c'est la plus grande fleur connue. Ses feuilles ont six mètres de circonférence et servent de support aux oiseaux qui veulent s'y reposer.

Madeleine. — Il fait chaud dans cette serre !

L'oncle Saint-Elme. — Je crois bien ; nous entretenons une température de 30° pour l'eau du bassin, sans quoi cette belle fleur ne daignerait pas s'ouvrir pour nous. Dans nos pays, vous verrez de beaux nénuphars s'étaler comme des coupes à la surface des étangs, mais ce sont des enfants en comparaison de cette fleur géante. Ils sont pourtant de la même famille, des nymphéacées. Avant de sortir, je vous invite à remarquer dans cet autre bassin non chauffé une plante complètement submergée, dont les feuilles rappellent celles des iris ou des roseaux.

— Nous la voyons parfaitement, répondirent les enfants.

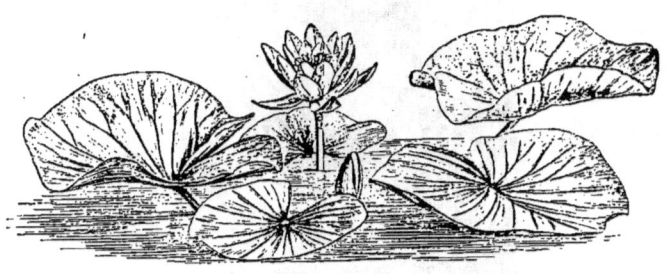

Nénuphar.

L'oncle Saint-Elme. — C'est une plante qui a aussi une histoire ; on la nomme la *vallisnérie en spirale* ; elle croît dans les eaux tranquilles de la France méridionale et de l'Italie. Elle est dioïque, c'est-à-dire que les mâles et les femelles vivent séparément. Les fleurs femelles ont un pédoncule très long qui, au moment de la fécondation, déroule son fil tordu en spirale et l'étend jusqu'à ce que la fleur vienne flotter à la surface de l'eau. La fleur mâle a un court pédoncule qui porte une foule de fleurs enveloppées dans un spathe transparent et fermé. Ne pouvant pas atteindre la fleur qui a gagné le niveau de l'eau, le pédoncule se coupe, le spathe se déchire, et les fleurs, séparées de leur tige, s'élèvent toutes fermées jusqu'à la surface de l'onde, où elles s'ouvrent et vont répandre leur pollen sur le pistil de l'autre fleur.

La fécondation achevée, la fleur femelle enroule sa tige en spirale et se replonge au fond de l'eau. On trouve des vallisnéries dans le Rhône.

Madame de Mussy. — Ceci est vraiment merveilleux; les choses de la nature ont un attrait que rien n'égale.

L'oncle Saint-Elme. — Oui, et c'est surtout dans l'étude de ces merveilles cachées qu'on sent davantage la sagesse et la grandeur de Dieu. Je crois bon d'aller aspirer un peu d'air frais, maintenant.

Vallisnérie.

Maxime. — Cet après-midi, mon oncle, me permettrez-vous d'aller commencer ma chasse.

L'oncle Saint-Elme. — Je te prête Gros-Grain, il est à toi, et ne te quittera pas. Ta mère avait déjà peur à l'idée de te voir t'embarquer sur les étangs. Elle peut être rassurée.

CHAPITRE XIX.
L'ORAGE.

Le canot d'écorce. — La greffe et la bouture. — Le château des abeilles. — Les labiées. — Les feux follets. — L'orage. — Petit-Jean à demi foudroyé.

Aussitôt après le déjeuner, Maxime alla activer le vieux matelot pour qu'il eut à l'accompagner. « Les étangs ne sont pas bien profonds, dit-il, mais encore nous ne marchons pas au fond ; il nous faut une barque ; mon commandant m'a donné carte blanche, vous allez voir. »

Et Gros-Grain alla déterrer une vieille barque, échantillon de l'industrie des Océaniens, creusée dans une écorce, et où deux hommes pouvaient tenir. Pour recueillir les insectes et les petits poissons destinés à meubler un aquarium, vous me direz qu'il suffisait de côtoyer le bord de l'eau et de lancer de temps en temps un filet à mailles serrées. Je suis de votre avis, mais Gros-Grain était trop heureux de pouvoir se rapprocher le plus possible de son élément favori, et bien qu'il parlât avec un souverain mépris des marins d'eau douce, ce fut avec un large sourire épanouissant son joyeux visage qu'il entra, d'un pied fort léger, ma foi, dans le cano polynésien. Maxime, non moins content, l'y suivit ; après avoir navigué sur un petit ruisseau assez profond qui alimentait les étangs, ils se trouvèrent à l'endroit où le petit cours d'eau rejoint la Scie, jolie rivière qui court, à travers des prés fleuris, se jeter dans la mer, au-dessous de Dieppe. Gros-Grain ramait comme un endiablé ; il ne songeait guère à étudier les insectes nageurs ou volants du ruisseau, et si Maxime, muni de son filet et d'une large boîte de fer-blanc, ne se fût livré avec ardeur à la pêche, l'expédition se fût bornée à une promenade fort agréable, mais ne remplissant pas le but proposé. Gros-Grain était lancé ; chemin faisant, il expliquait la manœuvre à son jeune passager ; babord, tribord, foc, huniers, bonnettes revenaient sans cesse sur ses lèvres, et la barque courait comme une enragée sur la rivière capricieuse ; où allait-elle s'arrêter ?

Madeleine, pendant ce temps, avait suivi son oncle qui, aidé de Pierret, se livrait à la greffe de ses rosiers, opération interrompue par les excursions qu'il avait faites avec ses nièces. Laure était retournée errer dans le pré vers Petit-Jean. Elle avait été fatiguée par la chaleur de la serre, et sa mère lui avait dit de rester au grand air le reste de la journée. Mais, par un hasard désagréable, le ciel qui, depuis plusieurs jours, avait été d'une pureté sans nuage, s'obscurcissait de temps en temps, puis s'éclairait tout à coup de brûlants rayons de soleil. Bien qu'on ne fût qu'aux derniers jours de mai, l'air était lourd et une chaleur étouffante semblait sortir de terre.

— N'as-tu rien à voir à ton herbier, mignonne, demanda M. de Louvres à sa petite nièce.

— Non, mon oncle, car je ne puis rien classer sans vous; j'aime mieux vous regarder faire, cela m'amuse; seulement ne pourriez-vous m'expliquer à quoi cela vous sert de couper tous vos rosiers; savez-vous que vous leur faites des blessures ?

L'oncle Saint-Elme — C'est le cas de dire : il faut souffrir pour être belle. Cet arbuste sur lequel je vais attacher la petite branche que me tend Pierret est un sauvageon, un simple églantier qui ne porterait que des roses simples; en y plaçant cette branche qui provient d'un superbe arbuste appelé Rosier du Roi, je ne lui ferai plus produire que de magnifiques roses doubles d'une belle couleur pourprée.

Madeleine. — C'est très ingénieux ; moi, je croyais qu'il n'y avait qu'un moyen de reproduire les plantes : semer leurs graines.

L'oncle Saint-Elme. — C'est le moyen naturel ; mais si tu semais des rosiers, ils ne te donneraient que des roses simples ; il faudrait beaucoup de temps et des soins tout particuliers pour arriver à améliorer l'espèce que tu aurais obtenue. Par la greffe, le végétal se multiplie plus rapidement et gagne en force et en beauté.

Madeleine. — Si jamais j'ai un jardin à moi, je m'amuserai à greffer. Pourquoi ne mettez-vous que des rosiers sur des rosiers, je varierais ; des géraniums sur des rosiers, des marguerites sur des géraniums.

L'oncle Saint-Elme. — Un instant ! la greffe ne réussit que sur des individus de même espèce, de même genre, ou tout au moins de même famille. Il y a déjà deux mois, Pierret a coupé, à des rosiers cultivés et doubles, un grand nombre de branchettes qu'on a mises dans une terre fraîche: Cette précaution les dispose à mieux aspirer la sève montante du sujet sur lequel on les mettra. On a eu soin d'enlever, avec la branchette, un morceau d'écorce ; je fais dans l'écorce de mon sauvageon, à l'endroit où je pose ma greffe, deux fentes, l'une verticale et l'autre horizontale, ce qui ressemble à un T renversé et je l'introduis en dessous ; puis, pour l'assujettir, je l'attache avec un gros fil de laine, et c'est fait.

MADELEINE. — L'autre jour, j'ai vu Pierret planter autour d'un massif beaucoup de petites branches vertes. Était-ce encore des greffes ?

L'ONCLE SAINT-ELME. — Non, ce moyen-là, très employé aussi, s'appelle la bouture. A la fin de février, les jardiniers ont coupé un certain nombre de branches jeunes, ayant le bois formé si c'est un arbre, on les enterre dans le sable frais, à l'abri du froid, et, dans le courant d'avril, on les repique en pleine terre. Peu à peu, les racines nouvelles se forment, et on a des plantes nouvelles.

— Pour te distraire, continua M. de Louvres, accompagne Pierret dans sa visite aux ruches ; il va surveiller le château des abeilles, il ne refusera pas de t'emmener. Vous prendrez Laurette avec vous en chemin.

Madeleine suivit le bon Pierret ; mais quand ils arrivèrent à la prairie qu'il fallait traverser pour aller aux ruches, elle ne vit pas Laure. Elle l'appela plusieurs fois.

— Ça ne fait rien, mam'zelle, dit le jardinier ; elle viendra avec nous une autre fois. Je ne vois pas non plus Petit-Jean, ils jouent ensemble quelque part avec Blidah.

Madeleine, sans inquiétude, suivit Pierret.

Le château des abeilles était un vaste bosquet dans lequel on avait placé une douzaine de ruches. En approchant de l'une d'elles, on entendit un bourdonnement étrange.

— Oh ! oh ! dit Pierret, mon maître a raison de m'envoyer ; c'est le moment des essaims, et il faut surveiller tout ce monde-là.

La ruche voisine, au contraire, était silencieuse ; on l'eût dit inhabitée.

— Décidément j'ai bien fait d'arriver. N'ayez pas peur, Mademoiselle, vous allez assister à un curieux spectacle.

— Oh ! hé ! Petit-Jean !

Petit-Jean restant muet, Pierret fit un geste d'humeur, et s'élança dans le pavillon qu'il habitait, près du poulailler et des écuries. Il était à peine revenu qu'un nuage bourdonnant s'échappa de la ruche silencieuse et se répandit dans l'air.

— Tenez-vous près de moi, mam'zelle Madeleine, dit le jardinier. C'est un jeune essaim qui quitte sa ruche où les abeilles sont trop nombreuses. Il faut les empêcher de se perdre.

Et Pierret, qui avait apporté un chaudron, se mit à frapper dessus avec un marteau, d'une façon assourdissante. Madeleine se bouchait les oreilles. Cependant les abeilles s'étaient arrêtées dans leur course, et s'étaient logées sur un arbre voisin. Étourdies par le bruit, elles s'étaient accrochées les unes aux autres par les pattes et, suspendues à une des branches, elles demeuraient ainsi comme une grappe vivante.

— Tenez, mam'zelle Madeleine, voulez-vous me rendre un service ; continuez la musique, pendant ce temps-là, je vais vite préparer une ruche.

Pierret prenant un panier vide, fait de paille de seigle, le frotta à l'intérieur avec du miel et un gros bouquet de thym ; au bout d'un moment, il plaça la ruche sous la branche à laquelle il imprima une légère secousse qui fit tomber les abeilles encore engourdies. Il l'enleva avec précaution, la posa sur un tréteau, et la coiffa d'un chapeau, espèce d'entonnoir en paille disposé à cet effet.

— Voilà qui est bien, dit-il. Songez donc, il se serait perdu là, plus de seize cents ouvrières et de six cents bourdons ! Demain, s'il fait chaud et soleil, un autre essaim sortira de cette ruche où elles babillent tant. Le jour de leur départ, les rusées ne soufflent pas mot.

— Mais pourquoi s'en vont-elles ? demanda Madeleine, elles ne sont donc pas heureuses ici ?

PIERRET. — C'est toujours ainsi, Mam'zelle ; elles s'en vont parce que les jeunes abeilles sont écloses, et qu'il va naître une nouvelle reine.

Madeleine. — Expliquez-moi un peu cela, Pierret. Je ne connais guère les abeilles que pour leur miel que j'ai mangé et leur dard que je sais très aigu.

Pierret. — Voici, Mam'zelle, ce que je sais. Dans une ruche, on compte environ vingt mille abeilles, six cents mâles ou faux bourdons et une reine. Les abeilles se divisent en cirières, qui sont chargées de bâtir la ruche et de faire les provisions et en nourrices, qui s'occupent de l'éducation des petits. Les cirières choisissent, pour la récolte, des fleurs bien épanouies, et se frottent dans l'intérieur ; elles ramassent ainsi beaucoup de cette poussière jaune ou brune appelée pollen ; elles en font de petites pelotes qu'elles placent dans les *corbeilles* ou parties creuses de leurs jambes de derrière ; elles prennent encore à la surface des plantes une matière résineuse appelée *propolis* et elles reviennent se débarrasser de leur charge, à la ruche. Il s'agit de bâtir la demeure, ensuite : elles commencent à boucher les fentes de la ruche avec du propolis, en ne laissant qu'une petite ouverture ; elles construisent, alors, les *gâteaux* ou rayons qui doivent servir de nid aux petits et de magasins pour les provisions. Ces gâteaux sont faits avec la *cire* qu'elles récoltent sur certaines plantes, et qui se produit dans deux anneaux qu'elles ont sur le corps. Elles bâtissent leurs cellules ou alvéoles sur les deux côtés du rayon ; ce sont des trous à six côtés très réguliers ; les abeilles laissent des espaces vides entre lesquels elles peuvent circuler. Elles construisent avec leurs *mandibules* ou mâchoires. Les cellules, destinées aux reines, sont plus grandes que les autres. Elles ferment celles où elles emmagasinent la cire ou le miel, par un couvercle en cire. Pour que les gâteaux ne tombent pas les uns sur les autres, elles les soutiennent par des colonnes également en cire.

Madeleine. — Personne ne leur a montré, vraiment ! et cette ruche où je vois mille trous réguliers a été faite par ces pauvres petits animaux. Au moins leur laisse-t-on de ce miel qu'elles ont si courageusement fabriqué ?

Pierret. — La première année de l'essaim, on leur laisse toute la récolte. Mais le plus curieux n'est pas encore dans ce que je viens de vous dire. La jeune reine, qui va éclore dans cette ruche d'où est sorti l'essaim, sortira avec les bourdons peu de jours après sa naissance et elle s'envolera à perte de vue, dans l'espace. Deux jours après sa rentrée à la ruche, elle ira pondre un œuf dans chaque cellule ; elle en pond jusqu'à douze mille, dans lesquels il y a des abeilles ouvrières et des mâles. Alors, commence le rôle des nourrices. Au bout de trois jours, sort de cet œuf une petite bête sans pattes, les nourrices lui apportent une bouillie et, selon les qualités de cette bouillie, les abeilles deviennent des ouvrières ou des reines. Cinq jours après, la petite larve s'enferme dans un cocon ; les nourrices bouchent son nid avec de la cire, et en voilà pour une semaine. Au bout de ce temps, elle ronge le couvercle, sort abeille complète et se met à travailler.

Madeleine. — C'est aussi merveilleux qu'un conte de fée.

Pierret. — Il n'y a point de fées, mam'zelle, et il y a un bon Dieu, voilà ce que ça prouve. Mais ça n'est point encore fini. Voilà la reine qui sort de son nid, elle est plus grosse et plus longue que les autres, elle ne travaille jamais, et, quand elle pond, les autres abeilles lui témoignent un grand respect. Or, il arrive que la vieille reine, en voyant la jeune, veut la tuer, mais la plus grande partie des ouvrières ne veut pas ; alors, la vieille reine s'en va avec colère, suivie des abeilles et des mâles qui lui étaient les plus attachés. C'est ce qui s'est passé devant nous. Il peut se faire aussi qu'il y ait plusieurs jeunes reines écloses ; dans ce cas, elles se battent, et l'essaim reste à celle qui l'a emporté. Quant aux bourdons, comme ils ne travaillent pas, ils sont tués par les abeilles qui les percent de leurs dards.

Madeleine. — Moi qui les croyais si bonnes !

Pierret. — Elles sont quelquefois cruelles ; ainsi, on a vu des essaims attaquer des ruches et les piller. Jamais une abeille qui n'est pas née dans la ruche n'y sera admise. Malgré tout, ce sont de curieux animaux, et je ne me lasse point de m'y intéresser. Il ne faut pas oublier non plus qu'elles rendent encore un fameux service. Tout en butinant sur les plantes, elles apportent de l'une à l'autre et distribuent le pollen sur des végétaux trop loin pour le recevoir de la fleur mâle. Elles contribuent à féconder des plantes qui, sans elles, seraient restées stériles.

Madeleine. — N'y a-t-il pas des fleurs qu'elles préfèrent?

Pierret. — Sans doute, celles qui ont le plus de suc, les plantes aromatiques surtout; tenez, tout autour de leur château, M. de Louvres a laissé croître du thym, du serpolet, des sauges; c'est cela qui donne un bon goût au miel. Beaucoup de ces plantes appartiennent aux *labiées*. M. de Louvres ne vous en a-t-il point encore fait voir?

Madeleine. — Non.

Pierret. — Ce sont des plantes dont la fleur forme deux lèvres, dans lesquelles se cachent les étamines. Voici là-bas une ortie blanche, allez la cueillir, mam'zelle, et je vous ferai faire connaissance avec les labiées. Les feuilles sont opposées, simples, un peu ridées, la tige est carrée; les fleurs n'ont point de pédoncule et sont réunies, à certaines distances, tout autour de la tige. Elles ont chacune quatre étamines, dont deux plus longues sont cachées dans la grande lèvre; le pistil forme au fond du calice quatre bosses, au milieu desquelles s'élève le style qui se partage en deux petites branches. Le calice est aussi labié.

La menthe, la lavande, la mélisse, le romarin, le basilic sont de cette famille. Tenez, je vais vous aller chercher un échantillon de lierre terrestre — ces petites fleurs d'un bleu violet, qui poussent le long de la haie, là-bas.

Madeleine, les mains pleines d'une botte de fleurs, ce que Pierret appelait un petit échantillon, s'en retournait à la maison, car le soleil commençait à baisser, et il devait être au moins sept heures. Elle croyait trouver Laure près de sa mère; de son côté, madame de Mussy fut très étonnée de voir Madeleine revenir seule. Elles pensèrent toutes deux que la petite fille avait été au-devant de Maxime avec l'oncle Saint-Elme; mais quand la mère vit M. de Louvres revenir seul, elle éprouva un terrible sentiment d'inquiétude. M. de Louvres avait le sourcil froncé et un air mécontent qui ne lui était pas habituel.

— Ce vieux Gros-Grain n'a pas le moindre bon sens, dit-il; je le donne pour guide à Maxime, et il l'emmène au diable!

— Ne sont-ils pas rentrés encore! demanda madame de Mussy, avec un redoublement d'anxiété. Et Laure, est-ce que vous ne la ramenez pas ?

— Je n'ai point vu Laure de l'après-midi, reprit M. de Louvres. Mais je vous demande où ce damné matelot a pu aller?

M. de Louvres ignorait la mise à l'eau du canot et croyait tout bonnement à une excursion pédestre. L'inquiétude fut à son comble quand huit heures sonnèrent sans ramener personne. Pierret, M. Saint-Elme, les aides-jardiniers, se mirent à battre la propriété en tout sens; tout à coup, Pierret, la mine effarée, ce qui contrastait avec son expression si calme d'habitude, s'écria :

— Mon Dieu, Petit-Jean n'est point ici non plus; les vaches sont rentrées toutes seules à l'étable, et je n'ai point vu Blidah!

Tout ceci prenait les proportions d'un événement peu rassurant. Madame de Mussy, pâle et nerveuse, allait, venait, appelant Laure et Maxime d'une voix saccadée. Madeleine courait de son oncle à sa mère, redisant à l'un les paroles de l'autre, et s'agitant dans le vide. M. de Louvres se possédait mieux; il avait traversé tant de dangers, éprouvé tant de secousses qu'il n'était point aisé à troubler.

— Il se peut, dit-il, que tous nos absents se soient réunis et aient fait une excursion un peu lointaine qui les ait mis en retard; un seul, manquant à l'appel, m'inquiéterait plus que tous. Je suis pourtant d'avis qu'on envoie des gens vers la forêt et vers les étangs, si on les rencontre, on hâtera leur retour, et nous-mêmes...

Un éclair rapide et blafard vint, en balayant le sol, illuminer le jardin d'une lueur fantastique. Presque aussitôt, un roulement sourd d'abord, plus violent ensuite, se fit entendre.

— L'orage! dit madame de Mussy désolée. Mes enfants! mes pauvres enfants!

— Rentrez à la maison, je vous en prie, dit M. de Louvres; je vais moi-même inspecter le pays.

— Par ce temps, mon pauvre oncle, dit Madeleine.

— Bah! j'en ai bien vu d'autres. Rentrez! rentrez! Avant une demi-heure, nous allons revenir avec des nouvelles.

Et pendant que madame de Mussy et Madeleine rentraient à regret, M. de Louvres dit à Pierret !

— Mon pauvre garçon, voilà un orage qui va être d'une violence inouïe ; mais ce n'est pas le moment de reculer.

— Je crois bien, Monsieur, dit Pierret qui avait repris sa tranquillité. Je vais aller du côté des étangs, en suivant la lisière du bois.

Laissons ces courageuses gens à leurs recherches et voyons ce qu'étaient devenus nos promeneurs.

Pendant que Madeleine s'essayait à greffer auprès de l'oncle Saint-Elme, Laure avait été rejoindre Petit-Jean, et s'était assise sur l'herbe à côté de lui, s'amusant à suivre des yeux les insectes qui passaient et repassaient sur les herbes ou voltigeaient autour des fleurs.

— Demoiselle, dit tout à coup Petit-Jean, voulez-vous venir voir le nid ?

— Est-ce loin ? demanda Laure. Il faut que j'aille demander la permission à maman.

— Elle ne le connaîtra tant seulement pas, dit Petit-Jean, c'est à un petit quart d'heure.

— Eh bien, allons ! dit Laure.

Bien que Petit-Jean dît qu'il n'y avait pas besoin de permission, il jeta un regard un peu sournois autour de lui et, ne rencontrant personne :

— Une idée, dit-il, si nous emmenions Blidah. La pauvre bête ne sort jamais de l'herbage, elle se promènera un peu.

— Et je pourrai monter dessus, dit Laure avec empressement.

Eh bien, allez comme en vous promenant jusqu'à la petite porte qui ouvre sur les champs, sortez et laissez-la ouverte.

Laure, saisie par la fantaisie, ne songea plus à demander la permission, et obéit à Petit-Jean. Dix minutes après, ils étaient tous trois dehors, et s'éloignaient à grandes enjambées. Ils gagnèrent ainsi la route qui côtoyait les bois ; Blidah, très joyeux, suivait comme un jeune chien ; il s'était arrêté deux fois pour marquer sa joie en se roulant sur le dos et en poussant des *hi han* de bien-être. Quand Laure voulut le monter, il la déposa d'abord gentiment par terre, mais vaincu par les caresses de Laure et les encouragements de Petit-Jean, il consentit à porter l'enfant, et ce fut le moment le plus charmant de la promenade. L'âne avait pris un petit trot assez vif; Petit-Jean le suivait en courant. Cela dura un bon moment.

— Et le nid? demanda Laure, quand elle fut revenue du premier entraînement causé par le plaisir de la course.

— Il est de l'autre côté du bois, après l'étoile où se croisent les routes. Je l'ai encore vu ce matin. Il va falloir entrer en forêt.

— Il n'y a point de loups, au moins? dit Laure en riant.

— Ne riez point si fort; il y a p'être ben des loups garous, et y n'aiment point qu'on se moque d'eux.

— Qu'est-ce que j'aperçois donc là-bas de blanc, demanda Laure?

— Où donc? fit Petit-Jean en se tournant avec effroi.

— Ah! ce sont les étangs, reprit-il dès qu'il eut porté les yeux dans la direction que lui indiquait Laure.

— Les étangs! mais alors nous pourrions rejoindre Maxime et Gros-Grain par là! Ce Maxime, qui n'a pas voulu m'emmener.

— Je ne connais point beaucoup ces endroits-là, dit Petit-Jean avec répugnance; il se demandait, non sans terreur, ce que Gros-Grain ferait de ses oreilles, en voyant qu'il avait entraîné la nièce de M. de Louvres si loin.

— Avançons toujours un peu, dit Laure; si nous ne les voyons pas, nous reviendrons.

On avança. Plusieurs étangs naturels s'étendaient à perte de vue, peuplés de touffes de roseaux, d'herbes aquatiques et entourés de saules et d'oseraies. C'était un charmant coup d'œil, vu ainsi à la tombée du jour; en mai, les jours ne sont pas encore les plus longs.

Cependant Petit-Jean avançait comme à regret. Il ne fait point bon par ici, dit-il; le follet donne les fièvres; c'est là que la mère les a ramassées.

— Maxime! Gros-Grain! cria Laure de toutes ses forces, en enflant sa voix grêle.

— Ne criez donc point comme cela, Mam'zelle, dit le petit berger, vous allez les réveiller tous !

— Maxime ! Gros-Grain ! répéta Laure en riant.

— Je m'ensauve si vous recommencez, dit Petit-Jean en colère. Vous voyez bien qu'ils ne sont plus par ici. C'est que nous sommes loin, et il ne fait jamais bon à être par ces côtés, entre chien et loup.

— Alors retournons, dit Laure ; les petits roitelets vont être endormis, et nous n'irons pas les réveiller.

Petit-Jean saisit la bride de Blidah avec une telle force que l'âne fit un faux pas et faillit renverser Laure ; en quelques minutes, ils rentrèrent sous bois où le jour avait sensiblement baissé.

— Quand je vous le disais ! murmura Petit-Jean d'une voix étranglée ; allons-nous-en !

— Quoi donc ? demanda Laure.

Petit-Jean, pour toute réponse, lui montra du doigt une lueur étrange qui semblait s'allumer au loin.

— Qu'est-ce que cette petite flamme qui a l'air de danser ?

— C'est le follet ! dit Petit-Jean. Partons et surtout ne le regardons pas ; il nous ferait perdre notre route ; il ne se plaît qu'à égarer les pauvres gens.

— Allons-nous-en bien vite alors, dit Laure que la terreur de son compagnon commençait à gagner, surtout depuis que l'obscurité envahissait peu à peu la forêt. Sais-tu bien la route, au moins, par ici ?

— Par ici, pas trop ; mais nous n'avons qu'à reprendre le sentier qui borde le bois, traversons de ce côté.

Comme ils se dirigeaient vers la lisière de la forêt, non plus une flamme, mais huit, dix, parurent à travers les arbres, s'agitant de ci, de là, d'une façon capricieuse et fantastique.

— Oh ! fit Petit-Jean en se bouchant les yeux.

— Comment sortir d'ici ?

Pour comble de malheur, Blidah, qui trouvait la marche pénible à travers ces sentiers hérissés de souches, s'arrêta sans plus avancer. Laure descendit ; elle en avait assez de la promenade à âne.

Petit-Jean fit de vains efforts pour faire démarrer l'obstiné Blidah qui finit par se coucher sur la mousse.

— Allons-nous-en, dit Laure; Blidah nous suivra. Blidah ne bougea pas. Petit-Jean, malgré sa terreur des follets, ne voulait point quitter la forêt sans ramener l'âne qui lui était confié. Il comprenait le devoir à sa façon, mais ses bêtes étaient tout pour lui.

— Que faire? dit Laure dont les yeux s'emplissaient de larmes à l'idée d'être perdue.

— Blidah va se décider, ben sûr, dit Petit-Jean qui avait rabattu son chapeau de paille sur ses yeux pour ne point voir les follets.

Tout à coup, une lueur plus vive éclaira la forêt et le tonnerre fit entendre ses sinistres roulements.

— L'orage! mon Dieu! mon Dieu! dit Laure en pleurant. J'ai peur!

— Ce n'est rien que ça, dit le petit berger qui redoutait beaucoup plus les follets que la foudre. Mettez-vous bien à l'abri sous un arbre. Tenez, voilà un chêne qui nous couvrira tous les deux.

— Non, dit Laure, je n'ose point bouger de là; et, s'étant assise avec découragement à côté de Blidah, elle mit ses mains devant ses yeux, et attendit en pleurant, appelant du cœur sa mère, son oncle, Madeleine, Maxime, et refaisant dix fois sa prière.

Petit-Jean avait risqué un œil, puis l'autre dans la direction des étangs; les follets avaient disparu; il se sentait rassuré et tâchait de rendre du courage à sa petite compagne et de l'attirer près de lui. L'orage avait éclaté et était dans toute sa force. La foudre tombait tantôt avec un bruit sec et métallique, tantôt avec un fracas horrible. Les éclairs emplissaient la forêt de soudaines illuminations.

Une lumière vive et bleuâtre passa en zigzag rapide devant les enfants, et, instantanément, un bruit formidable les assourdit; en même temps qu'une odeur de soufre se répandait autour d'eux.....

Cependant, M. de Louvres, enveloppé de son caban et muni d'une lanterne sourde, s'était bravement mis en marche; il avait fait le tour des champs qui environnent sa propriété, lançant de temps en temps des appels qui restaient sans réponse. Les éclairs et la foudre n'intimidaient pas le vieux marin qui se sentait pris par une terrible inquiétude. Il était assez sûr de Gros-Grain pour se dire qu'il saurait trouver un abri pour les enfants ; mais pourquoi n'était-il pas rentré avant l'orage ? Était-il arrivé un accident ? et, le sentiment de responsabilité que M. de Louvres avait assumé vis-à-vis de son neveu de Mussy lui revenait à l'esprit et le troublait sensiblement. Un des hommes qui avaient été envoyés en exploration se rencontra avec lui ; il n'avait rien vu ; seulement, des paysans avaient aperçu Gros-Grain et le neveu de M. de Louvres s'engager « dans un drôle de bateau » sur la Scie. Ils filaient très vite. Ceci dérouta l'oncle Saint-Elme ; la Scie ne communiquait pas avec les étangs, et Pierret qui allait s'égarer par là ! Il fallait le rappeler au plus vite. Et Laure, qu'était-elle devenue ? Tout en se dirigeant, sous une pluie torrentielle, par le chemin que nous avons vu prendre aux deux chercheurs de nid, M. de Louvres jetait ses appels, de cette voix vibrante et forte qui lui servait autrefois à commander la manœuvre. Il se pouvait que les enfants eussent voulu se promener avec Blidah, dans cette forêt qu'ils connaissaient déjà pour y être venus souvent. Il lui sembla alors qu'un gémissement, des plaintes, des sanglots partaient d'un endroit proche de lui. Il répéta ses appels ! « Qui est là ? qui se plaint ? demanda-t-il en s'enfonçant dans le fourré. — Moi ! moi ! c'est moi ! Laure, répondit la petite fille, sans bouger toutefois ; vite, vite ! Petit-Jean est mort ! »

Tout à la joie d'avoir retrouvé sa nièce, M. de Louvres ne prêta pas attention à la dernière phrase de Laure et, la soulevant dans ses bras, il l'embrassa.

— Calme-toi, mignonne ! dit-il. Je vais t'emmener. Tu n'as plus rien à craindre.

Mais l'enfant terrifiée montrait Petit-Jean, étendu sans mouvement sur le sol ; ses vêtements étaient déchirés, ses pieds nus. « Il est mort ! » répéta-t-elle. M. de Louvres avait relevé Petit-Jean et lui appuyait la tête contre un arbre. A la lueur de la lanterne, la figure de l'enfant semblait livide. M. de Louvres le palpait en tous sens, écoutait contre sa poitrine et l'examinait avec soin.

— Non, dit-il, il n'est pas mort ; son cœur bat. Ce diable d'enfant

LAURE, TERRIFIÉE, MONTRAIT PETIT-JEAN ÉTENDU SUR LE SOL.

ne mourra pas dans son lit. Il va au-devant de tous les dangers. Il s'est placé juste sous un arbre, pour mieux recevoir la foudre. Il l'a reçue, mais heureusement elle ne l'a qu'effleuré ; le voilà qui respire.

M. de Louvres avait frotté les tempes et les poignets du petit berger avec de l'ammoniaque, et sous cette friction énergique il avait rouvert les yeux ; ses lèvres remuaient comme s'il eût voulu parler, mais sa bouche ne rendait aucun son.

— Diable! dit M. de Louvres; pourvu qu'il n'y ait pas de paralysie. Pierret, qui est allé aux étangs, ne doit pas être loin; nous allons l'attendre, il nous aidera à ramener ce pauvre enfant.

Blidah, remis de sa fatigue, s'était relevé et, reconnaissant son maître, était venu pousser de son nez noir la main qui lui apportait toujours du sucre ou du pain blanc.

— Ah! te voilà! toi; tu as fait aussi l'école buissonnière, dit-il tout en continuant à soigner Petit-Jean, à qui il avait fait absorber quelques gouttes d'eau de mélisse.

— Oh! mon oncle! pardonnez-moi, dit Laure ; ma pauvre maman doit être bien inquiète!

— Calme-toi, ma fillette, dit l'oncle Saint-Elme en enveloppant la petite d'un bon regard. Vous aurez eu plus de peur que de mal. Tu as bien fait de ne point te mettre près de Petit-Jean. La foudre est attirée par les points les plus élevés, et tu vois qu'elle ne met point de façons dans ses procédés; elle a déshabillé Petit-Jean, elle lui a ôté ses souliers; tiens, en voici un! oh! c'est curieux! il n'a plus un seul clou! Je disais bien qu'il n'avait été qu'effleuré, la foudre est allée tomber dans ce grand trou que voilà, à quelques pas de l'arbre. Oh! cela a dû être un coup formidable.

En ce moment, une lueur filtra à travers les branchages.

— Le follet! redit Laure en se blottissant auprès de son oncle!

— Si je ne me trompe, c'est un follet en chair et en os. Eh! Pierret! est-ce toi, mon brave?

— Est-ce mon maître qui m'appelle? répondit la voix de Pierret.

— Lui-même, mon garçon. Tiens! viens par ici ; j'ai retrouvé nos fugitifs. Il y en a un qui a été un peu maltraité par le fluide électrique, mais ce ne sera rien.

Pierret pénétra bientôt auprès du groupe que formaient M. de Louvres et les deux enfants.

— J'ai été moins heureux que Monsieur, dit-il ; j'ai exploré les rives des étangs, pas de M. Maxime, pas de Gros-Grain.

— Je crois bien, dit M. de Louvres, ils se sont embarqués sur la Scie. J'entrevois là une folie de mon vieux loup de mer, et je suis presque rassuré de ce côté. Maintenant, hâtons le retour. Ce garçon est incapable de se soutenir, je pense qu'on pourra le mettre sur Blidah, en le maintenant solidement. Laure marchera, c'est nécessaire pour faire la réaction ; elle a été mouillée et ses dents claquent de froid.

— J'aime mieux le porter, dit Pierret ; aidez-moi à me le mettre sur le dos ; là, très bien ; il n'est pas lourd, le pauvre gamin !

On rentra à la maison sans accident. Minuit sonnait à l'église du village. Madame de Mussy embrassa Laure en pleurant, et se laissa rassurer au sujet de Maxime ; Madeleine couvrit sa petite sœur de caresses. Quant à Petit-Jean, on le mit devant un grand feu, et il parut se ranimer. Ses yeux roulaient de côté et d'autre avec terreur, et ses lèvres laissèrent enfin passer ce mot, le *follet !*

— Tu as vu des feux follets ? demanda M. de Louvres à Laure.

— Oui, oncle ! beaucoup qui dansaient sur les eaux, et Petit-Jean a dit que c'étaient eux qui nous perdraient.

— Le pauvre ignorant ! dit l'oncle Saint-Elme. Partout où il y a des terrains marécageux ou des matières animales en décomposition comme dans les cimetières, il se dégage un gaz qui, par sa nature phosphorescente, s'enflamme à l'air ; comme il est très léger, il est poussé de ci, de là, par les moindres fluctuations de l'atmosphère ; il n'en a pas fallu davantage pour donner lieu à des fables adoptées par les gens ignorants et crédules. On a voulu y voir de malins esprits qui allumaient ces flammes et qui les faisaient briller pour égarer les voyageurs. Allons, Petit-Jean, te voici encore notre malade ; n'aie pas peur, nous te remettrons bientôt sur pied.

CHAPITRE XX

UNE EXPÉDITION AVENTUREUSE.

Les araignées aquatiques. — Les libellules. — La population d'un aquarium. — Les grenouilles. — Les paratonnerres et les effets de la foudre. — Les ombellifères. — Les solanées. — Le téléphone. — Le retour de M. de Mussy.

Le lendemain matin, à la première heure, Gros-Grain, suivi de Maxime, se présenta à la porte de l'habitation de M. de Louvres. Maxime, souriant comme un jeune homme dont la conscience est tranquille, salua son oncle d'un air dégagé et grimpa bien vite vers sa mère. Gros-Grain roulait de gros yeux et, après s'être débarrassé d'un paquet assez volumineux, il ôta son bonnet de matelot et vint se planter devant son capitaine, dans l'attitude militaire.

— D'où viens-tu, toi? lui demanda M. de Louvres avec une brusquerie qui différait singulièrement de son aménité habituelle.

— Mon commandant, je reviens de plus loin que je ne devrais; je me suis conduit comme un mousse; grondez-moi, battez-moi, punissez-moi. Mais il n'y a pas à dire, c'était plus fort que moi.

— Que signifient ces paroles? je n'aime point qu'on parle par énigmes. Je t'avais donné mon neveu à surveiller dans la pêche qu'il projetait pour peupler son aquarium. On ne vous revoit plus, la mère mourait d'inquiétude; Pierret et moi avons passé la nuit à vous chercher à travers champs et à travers bois.

— Oh! pour la pêche, mon commandant, vous pouvez être tranquille, elle a été favorable; et M. Maxime pourra se vanter d'avoir un bel aquarium.

— Cela ne m'explique pas comment tu n'es pas rentré hier soir.

— Oui! je sais bien, reprit Gros-Grain en se grattant l'oreille; c'est justement ce qui me gêne.

En ce moment, Madeleine suivie de Maxime accourait vers Gros-Grain; Pierret averti de son retour venait également.

— Bon! dit le matelot, il va falloir se confesser devant tout le village. Allons, Gros-Grain, va, mon vieux!

Pour lors, mon commandant, l'idée m'était venue comme ça que le neveu de mon commandant, au lieu de piétiner tout le temps sur le plancher des vaches, ne serait point mécontent de naviguer un brin avec un vieux loup de mer. Ça lui donnera peut-être le goût d'être marin, je me disais. — On a vu des vocations naître comme ça, tout d'un coup. — Et puis, en pleine eau, il avait plus de chance de ramasser toute espèce d'échantillons. Oui, mais les barques sont toutes à réparer. Alors j'ai pensé à la petite pirogue des îles Marquises, vous savez, mon commandant, celle qui vous a été donnée lors de notre dernier voyage autour du monde. Ça ne pèse rien ; je l'ai descendue, mise à l'eau, et M. Maxime et moi, nous étions là-dedans comme dans notre lit, hein ! monsieur Maxime ?

— Comme dans notre lit, Gros-Grain, répéta Maxime.

— Alors, au lieu de rester comme des tortues sur cette eau qui dort, j'ai enfilé la petite rivière, elle était très grosse et portait bien ; nous courions entre les deux rives comme une flèche. Si nous allons toujours de ce train-là, en trois heures nous arriverons à la mer. Cette idée m'avait poussé tout de suite. M. Maxime avait voulu s'arrêter ; il pêchait et emplissait ses boîtes. Tout à coup, je rame à tour de bras. Ça allait bien. Il me semblait que je sentais l'air salin. Quand un grand diable de nuage vient nous cacher le soleil. Je le regarde d'un mauvais œil, et je dis : « Toi, tu vas nous amener un gros grain. » Mais ça ne se décidait pas. Il faisait chaud. M. Maxime veut encore descendre pour chercher une bête qu'il avait vu sauter. Je mets le cap sur un petit coin vert tout fleuri et nous abordons. Nous y étions à peine, qu'une voix brutale et furieuse nous dit :

« Que faites-vous ici ? Vous êtes des voleurs qui venez me pêcher mon poisson. Ça ne se passera pas comme ça. »

C'était une espèce de paysan qui surveillait son bien.

Je me fâche tout rouge, et je l'appelle « Peau rouge, être inhospitalier ! » M. Maxime essaie de me calmer ; mais ce n'était pas possible.

— La rivière est à tout le monde, lui dis-je.

— La rivière, possible ! mais pas sur ce bras qui est ma propriété. Vous me devez deux cents francs.

— Je retourne à la barque et je saute dedans, mais le maudit paysan saisit Maxime et dit :

— Partez si vous voulez ; je garde ce garçon et je vais vous faire un procès.

— J'ai eu beau parlementer, le sauvage n'a rien voulu entendre ; il criait : « Deux cents francs ! » comme si nous avions là, cette somme. Bref, il a fallu en passer où il voulait, c'est-à-dire aller verbaliser chez un garde-champêtre qui a déclaré notre barque de bonne prise ; elle devra figurer comme pièce à conviction.

— S'il n'y a que cela, on paiera, dit M. Saint-Elme.

Alors ce voleur de barques nous a donné l'ordre de quitter son domaine ; nous nous sommes trouvés sur une route complètement déserte, et l'orage a commencé à éclater. Je n'avais point peur pour moi, mais s'il devait arriver quelque chose à M. Maxime, me disais-je, je ne me consolerais pas. Nous hâtons le pas, et nous marchions ferme, quand, par bonheur, nous avons avisé quelques chaumières. C'était l'entrée d'un hameau. Je pris sur moi d'y chercher un abri pour achever la nuit. Nous étions à six lieues de Malaunay. Il n'y avait pas moyen de vous avertir. Ah ! mon commandant, j'ai fait une rude bêtise, mais j'ai passé une diable de nuit. A cinq heures du matin, nous avons gagné X..... où passe le chemin de fer, nous sommes montés dans le premier train, et nous voilà.

— Allons ! allons ! il n'y a pas grand mal.

— Pas grand mal ! mon commandant, un matelot qui se laisse confisquer son bateau ; vous êtes bien indulgent !

Et Gros-Grain, en vérité, très mortifié, alla, sombre, s'enfoncer dans sa cuisine, où il reprit ses fonctions ordinaires.

— C'est égal, nous l'avons tous échappé belle, cette nuit, dit Maxime en écoutant le récit que lui faisait, à son tour, Madeleine.

Laure avait grand'peine à se réchauffer ; elle avait, le matin, ressenti plusieurs frissons ; Pierret fut envoyé chercher le médecin auquel M. de Louvres désirait faire voir son Petit-Jean, qui n'avait pas l'air de reprendre tous ses esprits.

Maxime était tenace, il n'abandonnait pas l'idée de l'aquarium ;

il avait, à grand'peine, porté ses boîtes à travers toutes leurs pérégrinations et, en attendant qu'on lui fabriquât une grande caisse en fer-blanc pour y enfermer ses conquêtes, il se contenta d'un baquet d'eau dans lequel, aidé de Madeleine, il jeta de petits cailloux et du sable, avec de la mousse d'eau et quelques algues qui furent arrachées à l'étang. M. Saint-Elme vint lui-même donner un coup d'œil à ce qu'avait recueilli son neveu. Le premier insecte qui s'élança hors de la boîte avait des pattes énormes, minces comme des fils, et un tout petit corps ; il se mit à marcher sur l'eau du baquet et à le parcourir en tous sens avec une vitesse extrême.

— Ah! fi! une araignée, dit Madeleine.

— C'est en effet une araignée aquatique ; on la nomme l'hydromètre des étangs, et elle jouit de la propriété de pouvoir marcher sur l'eau sans se mouiller les pattes. Il y a encore une sorte d'araignée appelée la lycose narbonnaise qui peut aussi traverser les eaux sans se mouiller ; c'est une singulière arachnide, rapide, vorace, mais excellente mère ; elle porte partout avec elle ses œufs dans un sac suspendu à son dos ; quand ses petits sont nés, elle les emmène sur son dos, partout avec elle, jusqu'à la fin de l'automne ; alors, elle s'établit avec eux dans un souterrain qu'elle a creusé et dont elle bouche l'orifice avec un mélange de paille et de terre. Ils restent ainsi en famille, car les petites lycoses sont très sensibles au froid.

Maxime. — Tu vois, Madeleine, que les araignées sont tout aussi intéressantes que les autres insectes.

L'oncle Saint-Elme. — Halte-là! ami Maxime : les insectes respirent par des trachées; les araignées, par des poumons. Elles ont besoin d'air ; en regardant avec soin dans les mares voisines, tu trouveras un des individus les plus curieux du genre, je veux parler de l'argyronète, autre araignée aquatique qui se nourrit de petits insectes, ne vivant qu'au fond de l'eau ; elle se bâtit une coque qu'elle attache par des fils à des plantes aquatiques, et la remplit d'air.

Madeleine. — Comment peut-elle faire ?

L'oncle Saint-Elme. — Elle monte à la surface, respire, emplit ses poumons d'air, et, plongeant, elle va dégager cet air dans sa coque.

Quand elle est pleine d'air, elle s'y loge et en fait un piège pour les proies qu'elle convoite.

MADELEINE. — Aime-t-elle ses petits, celle-là aussi ?

L'ONCLE SAINT-ELME. — Toutes les araignées sont d'excellentes mères, bien qu'entre elles elles soient féroces et ne puissent vivre ensemble sans se livrer des combats à mort. C'est ce qui a empêché

Le nid de l'argyronète.

d'utiliser leur soie dans l'industrie. Maxime, montre-nous autre chose.

MAXIME. — Voici, attachée à cette feuille, une bête qui a perdu ses bras à la bataille.

M. SAINT-ELME. — Elle n'a rien perdu du tout; c'est une *libellule* qui en est à sa seconde métamorphose. De ces moignons, sortiront de belles ailes en gaze, brillantes. C'est la grande *libellule* ou *Julie;* les ailes déployées, elle a bien 8 centimètres de large. Vous appelez ces insectes « des demoiselles. » Celle-ci ne relève jamais ses ailes quand elle se pose. Vous en verrez voler d'autres sur les ruisseaux; charmantes avec leur corps souple vert d'émeraude, rouge ou bleu d'acier bruni.

MADELEINE. — Quelle est cette longue bête semblable à un ver et qui nage si vite?

L'ONCLE SAINT-ELME. — Mon neveu, en introduisant cette nouvelle venue dans ton aquarium, tu ouvres la porte de la bergerie au loup;

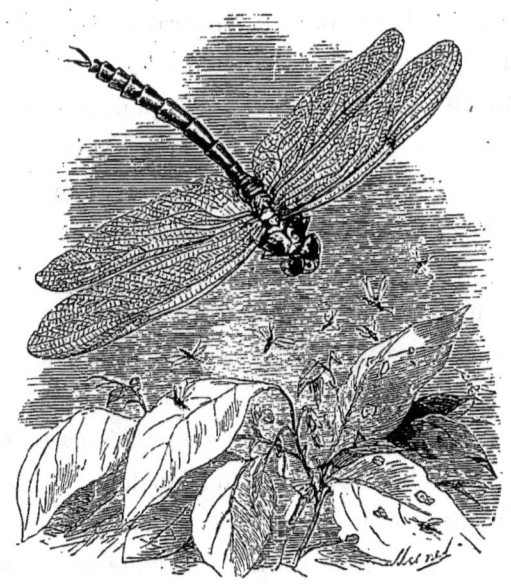

La libellule.

laisse-la faire et, dans quelques jours, ton aquarium sera un désert.

MADELEINE. — Quel est ce féroce animal?

L'ONCLE SAINT-ELME. — Féroce est le mot; c'est la larve *assassine* du *dytique*. Elle dévore tout, autres larves, araignées, petits poissons, têtards des grenouilles, salamandres. Je t'engage à la jeter. Elle ne peut vivre hors de l'eau.

MAXIME. — Non, je la mettrai à part dans un bocal et je lui ferai sa part d'insectes.

L'ONCLE SAINT-ELME. — Et de viande crue ; va, elle en mangera bien ;

et tu auras le plaisir de la voir faire ses métamorphoses et se changer en un gros hanneton noir.

Maxime. — N'est-ce pas cette bête brune que voilà? Oh! la méchante! elle m'a piqué; quel dard, mes amis! Et Maxime rejeta au loin un gros insecte brun, de forme elliptique, au corps très bombé!

Madeleine. — Pauvre Maxime! il saigne.

L'oncle Saint-Elme. — Laisse saigner; cet insecte n'est pas le dytique, mais l'hydrophile. Ses larves, qu'on appelle aussi *vers assassins*, sont très voraces; mais eux, à l'état d'insectes parfaits, ne se nourrissent que de végétaux; tu leur donneras des feuilles de salade. Je t'engage à ne les prendre que par le milieu du corps, sans quoi ils te blesseraient encore avec la pince aiguë qu'ils ont sous le thorax.

Ah! voici un *dytique*. C'est un mâle, car ses élytres sont lisses. Il fera des ravages dans ton aquarium, Maxime, mais moins que sa larve. Son nom signifie *plonger*, parce que, comme l'araignée, il habite le fond des eaux, et, pour respirer, est obligé de venir souvent à la surface. La femelle enferme aussi ses œufs dans un cocon. — Comment, encore une larve! si tu les laisses en présence, il est probable qu'elles se dévoreront.

Madeleine. — Ces petites bêtes sont donc toujours en guerre?

L'oncle Saint-Elme. — Elles ont quelquefois des mœurs plus cruelles que celles des tigres et des lions. Voici des gyrins, regarde-les tournoyer, c'est pour cela qu'on les nomme *tourniquets;* leurs larves sont cruelles, mais moins que celles dont nous avons parlé.

N'essaye pas de toucher à ces petits poissons si bien cuirassés, qui portent des épines sur le dos et qu'on a nommés pour cette raison épinoches. Ils sont jolis et agiles. Leur piqûre est mauvaise; vous en trouverez par centaines dans le ruisseau du bout du pré, et je vous ferai voir le nid qu'ils construisent si adroitement dans les roseaux.

Madeleine. — Qu'est-ce que ces petits tuyaux qui se tiennent si bien sur l'eau?

L'oncle Saint-Elme. — Ce sont des *vers* à fourreau, larves d'une espèce de papillon de nuit. Ils sont renfermés dans ces tubes et naviguent ainsi, jusqu'au jour où ils sortiront insectes parfaits. En attendant, les pêcheurs les recherchent, et s'en servent d'appât pour le poisson.

Enfin, voici des têtards de grenouille et de salamandre ; cela nous intéressera de suivre leurs transformations. Ceux-ci sont tout jeunes ; ils n'ont que leur grosse tête aplatie et une queue qui frétille et s'agite. Sont-ils assez vifs! Bientôt cette grosse tête s'allongera, et il

Les épinoches.

sortira de ce corps des rudiments de pattes, deux, puis quatre ; la queue diminuera ; les pattes de devant paraîtront et se développeront, puis les pattes antérieures suivront, et monsieur le têtard, au lieu de procéder par bonds et par cabrioles comme il le fait dans sa première enfance, prendra une allure plus mesurée ; il nagera en grand garçon ; en même temps, sa respiration, d'aquatique qu'elle était, deviendra aérienne. Quand il était petit, il respirait comme un poisson, par des branchies qui, placées des deux côtés de la tête, semblaient deux petits panaches ; les branchies disparaissent, la queue se rentre et, un beau jour, il sort de l'eau à l'état de grenouille parfaite, s'en va s'ébattre sur l'herbe et danser au soleil.

Madeleine. — Croyez-vous, mon oncle, que ces têtards voudront bien se transformer dans l'aquarium, comme dans les étangs.

L'oncle Saint-Elme. — Tu en es sûre ; les têtards n'ont pas de préjugés. Seulement pour leur faire une illusion plus complète, je vous engage à tapisser votre aquarium de plantes d'eau, de conferves, d'algues. Ceci est tout à fait nécessaire pour suivre le développement de vos jeunes pensionnaires.

Madeleine. — Tiens! voilà un ver noir! comme il est gros!

L'oncle Saint-Elme. — Laisse cela, mignonne! C'est une sangsue. Maxime ne réserve aucune place pour cette bête, utile mais repoussante, dans son aquarium.

Madeleine. — Oh! là! là! Elle me pique! Je ne puis m'en débarrasser, elle est collée au fond de ma main!

L'oncle Saint-Elme. — Ce n'est rien ; ne tremble pas ainsi! oh! oh! la coquine est affamée ; nous allons cependant la déloger.

Maxime. — Prends-lui la queue et tire, Madeleine.

L'oncle Saint-Elme. — Gardez-vous en bien ; elle est tellement fixée par ses lèvres ou ventouses, qu'elle ne lâchera pas.

Et l'oncle Saint-Elme qui, tout en parlant, avait tiré sa blague, jetait une pincée de tabac sur le dos de l'animal. Madeleine était pâle et n'osait bouger. Au bout de quelques instants, la sangsue se détacha et la pauvrette poussa un gros soupir de soulagement.

— Si jamais je touche à ton aquarium, dit-elle à Maxime, j'aime mieux que le loup me croque.

— Ou que les sangsues me piquent, dit Maxime en riant.

— Me mordent, Maxime, fit observer l'oncle Saint-Elme. Leur mâchoire est munie de dents aiguës qui mordent bien. La preuve est que la pauvre main de Madeleine saigne toujours. Va te faire mettre une compresse d'eau chaude par Gros-Grain, et cela passera.

Madeleine obéit, la tête un peu basse, et croisa sa maman qui descendait avec Laure, reposée et calmée par un bon sommeil.

— Et petit Jean, oncle, demanda-t-elle en courant à son oncle, est-il toujours mort ?

— Moins que jamais, Laurette, dit Monsieur Saint-Elme en l'embrassant. Il est revenu à lui et Pierret a été lui chercher sa mère.

— Ah ! tant mieux ! dit Madame de Mussy en poussant un soupir de soulagement. Depuis hier, je ne vis plus ; vraiment, nous avons tous grand besoin de calme.

Laure. — Oh ! moi, je sens bien qu'à présent j'aurai toujours peur de l'orage. A tout moment, il me semble qu'il tonne !

Madame de Mussy jeta vers son oncle un long regard tout chargé d'inquiétude.

— Tu aurais bien tort de craindre, ici, Laurette, dit-il en attirant affectueusement la fillette vers lui. Tiens, lève les yeux et regarde sur le toit ? Que vois-tu ?

Laurette. — Une grande branche en fer ! oncle !

L'oncle Saint-Elme. — Cette grande branche est ce qu'on appelle un paratonnerre. Vous rappelez-vous ce que nous avons dit de l'électricité, le soir des expériences de Maxime ?

Madeleine qui est revenue avec sa main enveloppée. — Je me le rappelle un peu. Les électricités de nom contraire s'attirent.

L'oncle Saint-Elme. — Très juste, et le fluide électrique a le pouvoir de s'écouler par les pointes ; quand un nuage, chargé d'une électricité d'un nom opposé, se trouve en présence du paratonnerre, il attire l'électricité de la tige par influence et, en les recomposant, les neutralise. Si la foudre tombe sur la maison, elle se portera vers le métal bon conducteur, et le suivra sans atteindre les constructions jusqu'au puits où les fils, qui forment le câble, sont divisés pour répandre le fluide dans la terre humide.

Maxime. — Comment se fait-il que la foudre ne fonde pas le fer ?

L'oncle Saint-Elme. — Pour éviter cet accident, on établit la pointe du paratonnerre en platine, métal très résistant à la fusion. La tige du paratonnerre doit être de 9 mètres ; il doit dépasser les objets qu'il est appelé à protéger.

Madeleine. — Pourquoi donc, oncle, met-on plusieurs paratonnerres sur le même édifice ?

L'oncle Saint-Elme. — Parce que le paratonnerre ne protège que dans un rayon d'environ deux ou trois fois la longueur de sa tige.

Laure. — Alors, avec un paratonnerre, on n'a rien à craindre ?

L'oncle Saint-Elme. — S'il est bien construit et bien entretenu, non !

Madeleine. — Quelle belle invention !

Maxime. — N'est-elle pas due à Franklin ?

L'oncle Saint-Elme. — A Franklin, en vérité. Et remarquez que ce n'était pas un savant à proprement parler, mais un sage, un observateur, qui a été conduit à sa découverte par le bon sens et l'attention. Ce fils d'un pauvre fabricant de savon, après avoir été ouvrier imprimeur, puis directeur d'une imprimerie, puis député, fut président de l'assemblée des États de Philadelphie. Sa sagesse, sa bienveillance, son désir d'instruire les hommes et de les rendre bons en ont fait une figure des plus sympathiques. Comme beaucoup de physiciens de tous pays, il avait été frappé de la ressemblance de l'étincelle électrique avec l'éclair et, le premier, il établit solidement cette identité. « Les éclairs font des zigzags comme l'étincelle ; le tonnerre frappe de préférence les objets élevés et aigus ; de même, les corps pointus sont plus accessibles à l'électricité.

« Le tonnerre met le feu aux matières combustibles, il fond les métaux, tue les animaux, ainsi fait encore l'électricité. » Enfin, il pensa qu'une verge de fer pointue, élevée dans les airs et communiquant au sol par une chaîne métallique, pourrait, en enlevant aux nuages orageux leur électricité, prévenir l'explosion de la foudre. C'est alors que, pour démontrer la présence de l'électricité dans les régions très élevées, il imagina son cerf-volant électrique ; il obtint des étincelles. Vous jugez de la joie qu'il ressentit ; ses suppositions étaient désormais des certitudes. Quel triomphe pour un inventeur. En 1760, Franklin fit construire le premier paratonnerre, à Philadelphie, et la foudre y étant tombée ne causa aucun dommage à la maison. L'expérience était concluante.

Madeleine. — Quel dommage que ce Franklin ne soit pas un Français; il a fait là une belle découverte!

L'oncle Saint-Elme. — Ne regrette rien, mignonne. Nous avons eu un physicien aussi hardi et non moins courageux que Franklin, et il est prouvé que, pour faire ses expériences, il n'a rien emprunté à l'Amérique. Il se nommait de Romas et habitait Nérac ; fit, à plusieurs fois, des expériences magnifiques pour prouver la présence de l'électricité dans l'air. Afin de mieux démontrer, il choisit un temps d'orage, et, devant une foule curieuse et étonnée, il tira des étincelles d'une longueur de plus de trois mètres.

Laure. — Et il n'avait pas peur!...

Madeleine. — Il savait sans doute qu'il ne courait pas de dangers?

L'oncle Saint-Elme. — Il en courait de réels, ma fillette; mais son amour pour la science les lui faisait braver, en riant. A un moment, cependant, il fit écarter la foule ; aussitôt, un bruit retentit, semblable au tonnerre ; c'était l'électricité du conducteur attaché au cerf-volant, qui se déchargeait sur le sol.

Madeleine. — Après cette découverte, tout le monde dut se faire construire un paratonnerre.

L'oncle Saint-Elme. — Tu te trompes bien? Beaucoup de savants déclarèrent l'invention dangereuse ; ce ne fut qu'après l'Amérique qu'on se décida en France; les Anglais tardèrent encore plus que nous. Enfin, vers 1787, les autres pays de l'Europe suivirent notre exemple.

Laure. — A présent, je suis tout à fait rassurée. Je vais aller raconter cela à mon pauvre Petit-Jean, et, quand il y aura de l'orage, nous ferons rentrer ici tout le monde, sans oublier Blidah, ni le petit Scops.

Et Laure rentra dans la maison pour aller rejoindre le berger qui, par bonheur, n'avait eu d'autre mal qu'une violente commotion. Il devait rester nerveux et comme étonné pendant quelques jours encore ; là, se borneraient les suites de l'accident.

Les effets de la foudre sont des plus bizarres, continua M. de Louvres, quand Laure se fut éloignée. Outre qu'elle fond les métaux et brise, détruit ou tue, elle se conduit quelquefois comme les malins génies des contes de fées, qui multipliaient les méchants tours pour tourmenter les humains.

MADELEINE. — Mon oncle, dites-nous donc ces malices?

L'ONCLE SAINT-ELME. — On l'a vue enlever le verre des mains d'un buveur ou les aiguilles à tricoter d'une vieille paysanne, sans leur causer d'autre dommage. A bord de la *Simonne*, j'ai vu un de mes matelots tomber renversé par le fluide; nous le croyions mort, l'homme se relève un peu étourdi; il n'a rien, seulement ses souliers ont disparu; impossible de les retrouver. Dans le même orage, un des plus terribles que j'aie vus, une des ancres a été fondue; il n'en restait qu'un lingot informe. Un des faits les plus étranges est celui-ci : une glace est dépouillée de sa dorure qui se trouve reportée à la rosace du plafond. La foudre enlève les pavés avec une dextérité inouïe. Elle frappe les uns sans laisser de trace, dépouille les autres de leurs vêtements; elle est même un habile photographe; on rapporte qu'un enfant, prêt à dérober un nid, s'est vu peindre en plein visage le nid et la mère qui arrivait pour le défendre.

En ce moment, madame de Mussy accourut vers son oncle, le visage rayonnant de joie. Elle tenait une lettre en main.

— Mon cher oncle, dit-elle, je voudrais vous dire deux mots.

Et prenant le bras de M. de Louvres, elle l'entraîna au jardin.

— C'est peut-être papa qui a écrit, dit Madeleine dont la curiosité se trouvait surexcitée.

— S'il y a de bonnes nouvelles, je suis bien tranquille, dit philosophiquement Maxime, qui n'avait pas cessé de transvaser les hôtes qu'il destinait à son aquarium; maman ne nous les fera pas attendre longtemps.

Mais madame de Mussy, en revenant avec M. de Louvres, se contenta d'embrasser Madeleine, et d'admirer l'aquarium de Maxime; d'autre chose, il ne fut pas question.

— Qu'a donc reçu maman? redemanda Madeleine à son frère, pour avoir l'air si content et ne nous en rien dire.

— C'est une ordonnance du médecin, reprit l'oncle d'un ton moqueur, pour que tout le monde soit bien portant et joyeux.

— Ah ! fit Madeleine, à moitié satisfaite.

— En attendant, dit-il, viens avec moi voir de près une plante contre laquelle je veux vous mettre en garde. Laure, appelée par Madeleine, vint rejoindre M. de Louvres et Maxime.

Les enfants durent attendre un assez long moment, pendant lequel l'oncle Saint-Elme s'entretint à voix basse avec Gros-Grain ; leur curiosité n'en fut que plus grande quand ils virent le matelot partir pour Rouen, d'un air tout à fait mystérieux.

M. de Louvres avait pris le chemin du potager, et, avisant une plante au feuillage d'un beau vert, aux feuilles composées, divisées et aiguës, aux fleurs blanches très petites, partant toutes d'un même point pour venir en se terminant former une sorte de parasol :

— Ceci, mes enfants, dit-il, est le persil, de la famille des ombellifères. Peu de familles ont autant de vertus médicales et économiques. Cela vient de ce qu'elles contiennent une huile aromatique. L'angélique, dont vous croquez les jeunes tiges, sucrées et confites, l'anis, la coriandre, le fenouil, la carotte, le persil, appartiennent à cette famille ; mais parmi ces plantes utiles et honnêtes, il en est qui se glissent presque sous la même livrée, et qui cachent des poisons mortels. Il importe de les reconnaître.

Un fait, que je lis aujourd'hui même dans un de mes journaux, m'a donné l'idée de vous en parler. L'accident s'est produit en Italie, dans un collège. Tous les enfants ont ressenti, après le souper, les effets d'un poison actif et violent. Ils avaient mangé une salade. Or, en étudiant les herbes qui avaient servi à assaisonner cette salade, on reconnut, au lieu de persil, de la ciguë. Plusieurs pauvres petits ont succombé, tous, beaucoup souffert.

Madeleine. — Je vais bien vite avertir maman ; on peut vivre sans persil, il n'en entrera plus chez nous.

L'oncle Saint-Elme. — Toujours les excès et les exagérations ; il s'agit simplement de n'être pas ignorant et de savoir observer. Les feuilles de persil sont deux fois divisées, ses folioles sont larges ; la petite ciguë a ses feuilles divisées trois fois, et les folioles plus étroites et aiguës. L'odeur du persil est aromatique et agréable, celle de la ciguë, nauséabonde et vireuse. Les fleurs du persil sont jaunâtres, celles de la ciguë, blanches.

Au reste, voici une tige de ciguë, comparez.

Madeleine. — Je remarque encore une différence : c'est que la tige de la ciguë est toute lisse et un peu rougeâtre, tandis que celle du persil est cannelée et verte.

L'oncle Saint-Elme. — C'est exact; je tenais à fixer votre attention sur cette empoisonneuse. Les anciens se servaient de ses pro-

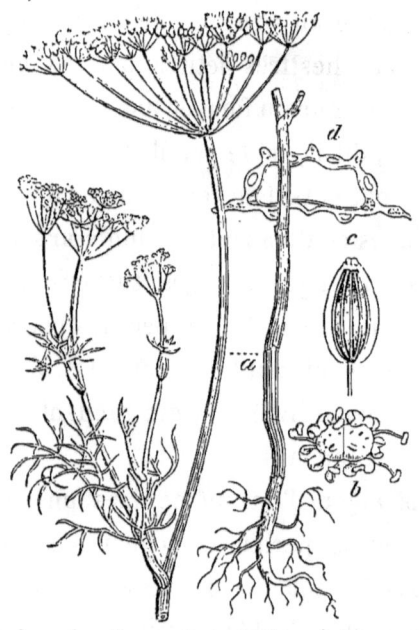

Fenouil commun (*Fœniculum vulgare*). — *a*, plante réduite. — *b*, fleur grossie. — *c*, fruit double. — *d*, fruit coupé, grossi.

priétés narcotiques pour en faire une boisson, qu'on donnait aux condamnés à mort.

Madeleine. — Ah ! c'est avec la ciguë qu'on a empoisonné Socrate !

Maxime. — Et Phocion, petite sœur.

L'oncle Saint-Elme. — Et Phocion, auquel on a eu l'indélicatesse de réclamer le prix du breuvage mortel. C'est avec l'espèce dite grande ciguë; celle dont tu tiens un échantillon, Madeleine, est la petite ciguë. La ciguë vireuse, qui pousse dans les lieux humides, est encore plus active et plus dangereuse.

Laure. — Ainsi même parmi les plantes, il y en a de méchantes, qui font mourir.

L'oncle Saint-Elme. — Oui, et souvent ces empoisonneuses font partie de familles utiles et précieuses, je n'en veux que pour exemple les *solanées*, qui renferment la *pomme de terre*, cette providence des pauvres; l'aubergine, la tomate, les piments la *morelle* dont il faut vous garder de manger les fruits noirs, mais qu'on emploie en médecine, toutes plantes utiles.

A côté de ces dernières, nous voyons le datura dont la grande

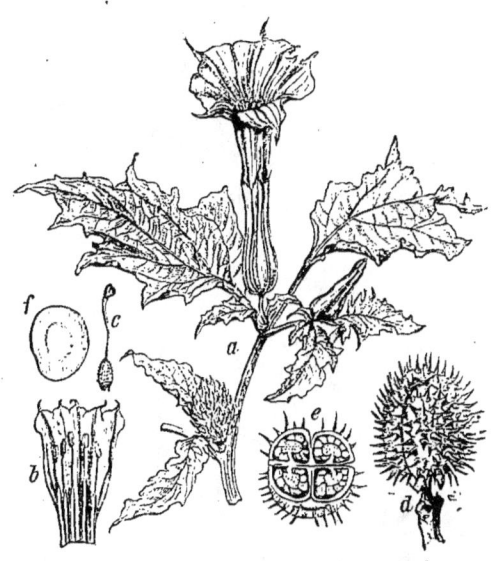

Pomme épineuse datura (*Datura stramonium*). — *a*, plante réduite. — *b*, corolle ouverte, réduite. — *c*, étamine, réduite. — *d*, capsule, réduite. — *e*, capsule réduite, coupée. — *f*, graine, grossie.

fleur parfumée est dangereuse et renferme un poison; la *belladone*, dont les dames d'Italie composaient un fard destiné à les rendre plus belles, d'où son nom *bella donna*; la jusquiame, un des poisons les plus terribles pour l'homme; enfin, le tabac qui lui aussi renferme un principe toxique d'un effet terrible, la nicotine.

Maxime. — Pourtant, oncle, voyez tous les gens qui fument !

L'oncle Saint-Elme. — Trop nombreux, en effet! Et si je t'énumérais les maladies qui proviennent de cette détestable manie, tu en serais effrayé. La paralysie du cerveau brille au premier rang.

Madeleine. — Mon oncle, vous ferez bien de dire cela à papa, qui fume beaucoup,

L'oncle Saint-Elme. — Je n'y manquerai pas!

Madeleine. — Mais quand? Son voyage est bien long et, quoique vous soyez bon et excellent, cher oncle, je ne puis vraiment m'empêcher de trouver que notre père est longtemps absent.

L'oncle Saint-Elme sourit et, posant sa main sur les cheveux de sa nièce,

— La petite Madeleine a un bon cœur, dit-il, un excellent cœur!

Tabac (*Nicotiana tabacum*). — *a*, plante. — *b*, corolle, avec les étamines. — *c*, étamine avec le calice. — *d*, capsule. (Le tout réduit).

Le soir, Gros-Grain revint de Rouen, l'air très affairé; il ramenait avec lui un ouvrier chargé de travaux à exécuter dans la maison.

Le jour suivant se passa en promenade; il faisait beau, et M. de Louvres avait promis de mettre sous les yeux de ses neveux les terribles empoisonneuses dont il leur avait parlé la veille. On rentra après une moisson abondante, et on se croisa avec Petit-Jean qui, tout à fait remis, s'en retournait avec sa mère.

— J'aurai avec vous une causerie touchant ce garçon-là, dit M. de Louvres à la paysanne; vous reviendrez me voir bientôt?

— Demain, not' maître?

— Non, pas demain! mais le jour suivant. Demain!....

Et il s'arrêta subitement.

Pierret arrivait avec plusieurs échantillons que lui avaient demandés M. de Louvres.

— Ah! ah! voici de mauvaises personnes, dit celui-ci, je te présente la famille des renonculacées, Madeleine, tout en t'engageant à t'en défier. Voici d'abord la *renoncule bulbeuse*.

Madeleine. — C'est un bouton d'Or !

L'oncle Saint-Elme. — Les renonculacées sont polypétales, leur feuillage est denté, fortement découpé ; elles ont cinq pétales et un grand nombre d'étamines placées sur plusieurs rangs. Elles renferment un suc âcre et souvent vénéneux. Les Gaulois se servaient, dit-on, du suc de l'une d'elles pour empoisonner leurs flèches. La médecine les emploie en remèdes externes. Les roses de Noël, les anémones, la clématite, sont des renonculacées. Ces jolies fleurs aux couleurs variées, qu'on cultive pour l'ornement des jardins, sont des dauphinelles ou pieds d'alouette. Malgré leur grâce, elles sont vénéneuses.

Ce grand épis de fleurs bleues d'une forme si bizarre, ressemblant à des casques, forme l'*Aconit Napel*, dont les feuilles et la racine renferment un violent poison. mais dont la médecine sait tirer de précieuses ressources. Le plus terrible de la famille est l'*Aconit féroce* qui pousse sur l'Himalaya.

Les soins à prendre des plantes occupèrent une partie de la soirée de Madeleine et de son frère ; l'attention qu'ils apportaient à leur affaire les empêcha de remarquer l'air agité de leur mère.

Le lendemain, en se réveillant, Madeleine demanda à Laure si elle n'avait rien entendu, la nuit ; il lui avait semblé qu'on allait, venait et parlait. Laure avait dormi comme un loir, elle assura à Madeleine qu'elle avait rêvé. Madeleine voulut bien le croire ; elle se mettait en devoir de se lever et de vaquer aux soins de sa toilette, quand madame de Mussy entra tout à coup. Son visage portait l'expression d'une joie très vive, et elle embrassa ses deux filles à plusieurs reprises.

— N'avez-vous point encore essayé la nouvelle invention de notre bon oncle, dit-elle aux enfants, avec un air enjoué.

Et elle leur montrait un appareil posé sur le mur, dont les différentes parties étaient reliées entre elles par deux fils enveloppés de soie verte.

— Je n'avais pas remarqué cela, dit Madeleine ; à quoi cela peut-il servir, maman ?

Dauphinelle des champs, pied d'alouette des champs ou consoude royale (*Delphinium consolida*). — *a*, branches avec fleurs. — *b*, extrémité de la branche avec fruits (grandeur naturelle).

Aconit napel (*Aconitum napellus*). — *a*, épi de fleurs réduit. — *b*, fleur ouverte. — *c*, fond de la fleur (en coupe). — *d*, carpelle. — *e*, graine grossie. — *f*, racine réduite.

— Tu vas voir.

Et madame de Mussy, baissant les pièces d'une pile reliée à l'appareil, on entendit une sonnerie électrique.

Les deux fillettes ouvraient de grands yeux.

— Prends un de ces objets suspendus aux fils, de la main droite, et l'autre, de la main gauche. En même temps que tu parleras par l'orifice de l'un, mets l'autre à ton oreille, et tu verras.

— Mais que dois-je donc dire, maman ? demanda Madeleine.

— Ce que tu voudras! bonjour, papa, par exemple!

— Oh! dit Madeleine, que je serais contente s'il pouvait m'entendre!

Et la fillette, suivant les indications de sa mère, dit d'une voix haute et distincte, en approchant les lèvres du trou rond pratiqué au milieu des objets qui pendaient le long du mur : « Bonjour, mon cher papa. »

— Bonjour, ma petite Madeleine chérie, entendit-elle aussitôt résonner à son oreille. Saisie, toute pâle d'émotion, elle laissa tomber les deux pièces et dit, en se tournant vers sa mère :

— C'est la voix de papa!

— Oh! oh! dit Laure; papa ne peut pas nous parler d'Amérique!

— Non, mais il peut vous parler de plus près encore que par le téléphone qu'a installé l'oncle Saint-Elme, dit M. de Mussy, en se précipitant dans la chambre et en couvrant ses filles de baisers.

— C'est un bon tour de l'oncle Saint-Elme, dit Maxime qui suivait son père; il voulait que, pour le retour de papa, Madeleine étrennât le téléphone; eh bien, il marche joliment! Vive le téléphone donc, vive papa, vive l'oncle Saint-Elme!

Et le grave Maxime, tout à fait excité par l'heureux retour de son père, se mit à sauter, à danser, et à embrasser tout le monde.

M. de Mussy était de retour, en effet; la révolte des noirs était apaisée, son frère était revenu à la santé, et, grâce à son dévouement, aucun dommage n'avait été apporté à la fortune de ce frère pour lequel il avait bravé mille dangers.

— Je savais bien, disait Madeleine en couvrant son père de caresses, que j'avais entendu des allées et venues, cette nuit!

— C'est égal, tant de mois loin de vous, mes amis, c'était bien long! disait M. de Mussy.

Ne regrettez pas ce temps, mon neveu, dit l'oncle Saint-Elme; je crois qu'il n'a pas été perdu; pour vous, qui avez fait une action généreuse; pour vos enfants, qui ont appris à aimer la nature, qui commencent à l'admirer et qui finiront par la comprendre. Madeleine surtout, a profité des conseils du vieil oncle; c'était une petite indifférente, un peu paresseuse, un peu ennuyée; vous retrouverez une jeune fille désireuse de savoir et sachant observer. L'étude, les fleurs, la nature, ont parlé à son esprit, à son cœur, et, ma foi, neveu, cela vaut bien un voyage en Amérique.

— Mon cher oncle, dit M. de Mussy, enchanté, en serrant la main de M. de Louvres, vous ne pouviez me causer une plus vive joie qu'en m'apprenant cette transformation ; j'en suis heureux, j'en suis fier ; comment jamais reconnaître vos bontés !

— En considérant ma maison comme la vôtre, et en me ramenant chaque année ces joyeux et bons enfants !

— Adopté, mon oncle ! Votre influence a été trop heureuse pour que nous nous en privions jamais.

Plusieurs années ont passé sur ces événements, et tous les ans, la famille de Mussy, fidèle à sa promesse, est venue passer l'été près de l'excellent M. de Louvres, dont l'influence a été si heureuse sur ses neveux. Madeleine est une belle personne, instruite, sans pédanterie, des choses utiles à son sexe ; son herbier est des plus complets et elle le soigne avec sollicitude. Laure marche sur les traces de sa sœur ; elle se plaît à l'étude des plantes, et distingue leurs propriétés, de façon à venir en aide aux pauvres paysans qu'elle aime à visiter. Maxime, se livre avec ardeur aux sciences ; il n'a pas de plus grande ambition que de professer plus tard ; ses sœurs l'appellent plaisamment : « Monsieur le professeur Maxime », en souvenir de la bonne soirée d'expériences. Monsieur et madame de Mussy sont heureux de voir que leurs enfants, instruits et éclairés, seront utiles aux autres, et pleins de ressources pour eux-mêmes, dans la vie. L'oncle Saint-Elme travaille toujours, aidé de Gros-Grain et de Pierret. Quant à Petit-Jean, placé à l'école, par les soins de M. de Louvres qui a pris la mère à son service, il a désappris tous ses préjugés, et ses progrès, lents d'abord, se sont accentués. Il deviendra un agriculteur éclairé et savant, assure M. de Louvres, et il contribuera à détruire, dans les campagnes, les idées fausses et les ignorances qui entravent le progrès.

FIN.

TABLE DES MATIÈRES

CHAPITRE PREMIER
UNE MAUVAISE NOUVELLE.

CHAPITRE II
UN DROLE DE CHEVAL.

Départ pour la Normandie. — Le chemin de fer. — Papin, sa marmite et ses malheurs. — Les anciennes diligences. — Les trombes.................... 14

CHAPITRE III
PETITE MAISON ET GRAND JARDIN.

La campagne normande. — L'oxygène. — L'air. — Lavoisier. — La respiration de l'homme et des plantes.. 27

CHAPITRE IV
DEUX NOUVEAUX PERSONNAGES.

La basse-cour. — Naissance d'un poulet. — Un œuf. — L'âne d'Afrique....... 37

CHAPITRE V
LA MÉMOIRE DE MADELEINE.

La classification animale. — Les mammifères. — La baleine. — Les ruminants. — Le chameau. — Le renne. — Le pied fourchu des ruminants............ 47

CHAPITRE VI
NOUS BRULONS — A PROPOS D'UN CHEVEU.

L'air nécessaire à la combustion et à la respiration. — Mécanisme de la respiration. — Circulation du sang. — La vapeur d'eau dans l'air. — L'hygromètre à cheveu. — Le capucin à boyau. — Un cheveu au microscope......... 56

CHAPITRE VII
VOYAGE D'UN GRAIN DE RAISIN. — UNE CONSPIRATION.

La digestion. — Vers blancs. — Les nuages. — Le temps qu'il fera d'après les animaux. — Les plantes.. 64

CHAPITRE VIII
LE CABINET DE TOILETTE.

Zoophytes. — Éponges. — La tortue et l'écaille. — L'éléphant et l'ivoire. — Le savon. — La bougie. — La distillation.................................. 78

CHAPITRE IX
PETIT-JEAN ET LE HIBOU.

Cryptogames. — Mousses. — Les lichens. — Les loups........... 95

CHAPITRE X
MONSIEUR LE PROFESSEUR MAXIME.

La production de l'oxygène et de l'azote. — Le phosphore. — La pression de l'air. — Le vase renversé. — L'œuf dans une carafe. — Le baromètre............. 112

CHAPITRE XI
L'ŒIL ET LES ILLUSIONS DE LA VUE.

Mécanisme de la vision. — Chambre noire. — Prisme. — Disque de Newton. — Thaumatrope. — Phénakisticope. — Perspective. — Myopes. — Presbytes. — Daltoniens. Kaléidoscopes. — Décapité parlant. — Les spectres au théâtre..... 126

TABLE DES MATIÈRES.

CHAPITRE XII
LA LANTERNE MAGIQUE DE L'ONCLE ET CELLE DU BON DIEU.

Le lampascope. — La lanterne magique et la fantasmagorie. — Le mirage. — Une dépêche. — Le jour et la nuit. — L'heure dans les différents pays du monde. ... 150

CHAPITRE XIII
UNE HISTOIRE DE CHAMPIGNON.

Les champignons. — Oïdium de la vigne. — Charbon du blé. — Fermentation. — Truffes. — Fougères. — Parties de la fleur. — Cyclamen. — Mourons. — Le fruit et la graine. — Ortie. — Épine. — Poils et aiguillons. — Petit-Jean s'empoisonne avec des champignons... 160

CHAPITRE XIV
LA FÉE BLEUE.

L'herbier. — L'électricité. — L'aimant. — La pile de Volta. — Le télégraphe Chappe. — Électro-aimants. — Câbles sous-marins. — La gutta-percha. — Le télégraphe Morse. — Une dépêche mal transmise. — La fée bleue dans les forêts vierges... 184

CHAPITRE XV
LE NID DE ROITELETS.

Les petites poulettes du bon Dieu. — Légendes sur le roitelet. — Le troglodyte et le rouge-gorge. — La ballade des enfants dans les bois. — Le hibou nourri par sa mère. — L'amour maternel chez les animaux. — L'architecture des oiseaux. — Les oiseaux-mouches et les colibris. — Le pétrole....................... 200

CHAPITRE XVI
NOUVELLE CHASSE AUX PLANTES.

Tournefort. — Linné. — Horloge et calendrier de Flore. — Les Jussieu. — Les gants jaunes de l'oncle Saint-Elme. — Les poisons. — Un oignon de 6,000 francs pour déjeuner.. 216

CHAPITRE XVII
LES GRAMINÉES.

Le blé. — L'arbre à pain. — L'avoine. — Le seigle. — L'orge. — Le maïs. — Deux anecdotes. — Vers de terre, limaces et escargots. — La canne à sucre. — Les légumineuses.. 236

CHAPITRE XVIII
TOUJOURS LA SCIENCE DE PETIT-JEAN. — VISITE A LA SERRE.

Orvets, couleuvres et vipères. — Le palmier. — Les dattes. — Le cacao. — Les orchidées. — La vanille. — Les plantes vivantes. — Les plantes aquatiques.... 249

CHAPITRE XIX
L'ORAGE.

Le canot d'écorce. — La greffe et la bouture. — Le château des abeilles. — Les labiées. — Les feux follets. — L'orage. — Petit-Jean à demi foudroyé........ 263

CHAPITRE XX
UNE EXPÉDITION AVENTUREUSE.

Les araignées aquatiques. — Les libellules. — La population d'un aquarium. — Les grenouilles. — Les paratonnerres et les effets de la foudre. — Les ombellifères. — Les solanées. — Le téléphone. — Le retour de M. de Mussy.............. 281

FIN DE LA TABLE DES MATIÈRES.

Nouvelle collection de volumes grand in-8 jésus
A 10 FRANCS
Reliure à biseau, toile rouge, tranches dorées, gouttière creuse, plaque riche.

LES
IGNORANCES DE MADELEINE
PAR

Mlle Émilie CARPENTIER

OFFICIER D'ACADÉMIE

RÉCITS DE VIEUX MARINS
Par Albert LAPORTE

LE BUFFON DE LA JEUNESSE
Par A. DE BEAUCHAINAIS

LES
GRIMPEURS DE MONTAGNES
Par L. BAILLEUL

SOUVENIRS D'ALGÉRIE
Par Albert LAPORTE

8560-83. — CORBEIL, TYP. ET STÉR. DE CRÉTÉ.

www.ingramcontent.com/pod-product-compliance
Lightning Source LLC
Chambersburg PA
CBHW071521160426
43196CB00010B/1604